L'homme le plus loin

Un enregistrement d'observation et d'étude en Europe

Parc Robert Ezra, Booker T. Washington

Writat

Cette édition parue en 2023

ISBN : 9789359258003

Publié par
Writat
email : info@writat.com

Contenu

CHAPITRE I
À LA CHASSE À L'HOMME LE PLUS LOIN

Le 20 août 1910, j'ai navigué de New York à destination de Liverpool, en Angleterre. J'avais obtenu un congé de deux mois de mon travail à Tuskegee, à condition que je passe ce temps d'une manière qui me procurerait des loisirs et du repos.

Maintenant, j'ai découvert que la seule façon confortable et satisfaisante pour moi de me reposer est de trouver un nouveau type de travail ou d'occupation. J'ai donc décidé de mettre en œuvre un projet que j'avais depuis longtemps en tête : me familiariser avec la condition des classes pauvres et ouvrières en Europe, en particulier dans les régions d'où un nombre toujours croissant d'immigrants arrivent chaque année dans notre pays. .

De nombreux efforts ont été déployés ces dernières années pour détourner une partie de cette immigration vers les États du Sud, et ces efforts ont été à l'origine de grandes divergences d'opinion dans le Sud. Certains ont soutenu que, parmi ces immigrants, les peuples du Sud trouveraient un jour un substitut au travailleur noir et que, dans cette direction, une solution au problème racial serait trouvée. Dans certaines régions du Sud, en effet, l'expérience consistant à utiliser des immigrants venus d'Europe pour remplacer les Noirs dans les plantations de canne à sucre et dans les champs de coton a été tentée. Naturellement, je me suis intéressé à ces expériences et, par conséquent, aux peuples auprès desquels ces expériences ont été tentées.

La meilleure façon de faire connaissance avec un individu, ou avec un peuple, selon mon expérience, est de lui rendre visite sur son lieu de travail et à son domicile, et de découvrir ainsi ce qu'il cache.

C'est ainsi que j'ai décidé de profiter de mon séjour en Europe pour rendre visite aux gens chez eux, pour discuter avec eux dans leur travail et pour me renseigner autant que possible, non seulement sur leur situation actuelle, mais aussi sur en ce qui concerne leurs perspectives d'avenir, leurs opportunités, leurs espoirs et leurs ambitions.

J'étais curieux, d'une part, de savoir pourquoi tant de ces Européens quittaient les pays dans lesquels ils étaient nés et avaient grandi, pour chercher fortune dans un nouveau pays et parmi des étrangers dans une région lointaine du pays. le monde, et à cette question je pense pouvoir dire que j'ai trouvé, d'une manière générale, une réponse. En ce qui concerne cette question de l'émigration, je pourrais peut-être mentionner ici d'abord un fait général, sans entrer dans les détails. C'est ça:

La majorité des personnes qui arrivent dans ce pays en tant qu'immigrés en provenance d'Europe sont, comme on pouvait s'y attendre, originaires des régions agricoles. Ce sont des ouvriers agricoles ou des fermiers. Il existe maintenant, comme je l'ai découvert, une relation très nette entre la condition de l'agriculture et des peuples agricoles en Europe et l'ampleur de l'émigration vers ce pays. En d'autres termes, partout où dans une partie de l'Europe j'ai trouvé la condition de l'agriculture et la situation des ouvriers agricoles les plus mauvaises, là j'ai presque invariablement trouvé l'émigration au plus haut. En revanche, partout où je visitais une région du pays où l'émigration avait diminué ces dernières années, j'y constatais tout aussi invariablement que la situation de l'homme sur le terrain s'était améliorée.

Ce qui m'intéressait encore plus, c'était le fait que cette amélioration avait été réalisée, dans une très large mesure, grâce à l'influence des écoles. L'enseignement agricole a stimulé une culture intensive du sol ; cela a contribué à multiplier le nombre de petits propriétaires fonciers et à stimuler l'organisation de l'agriculture ; la prospérité qui en a résulté s'est fait sentir non seulement dans les campagnes mais aussi dans les villes. Par exemple, j'ai découvert que là où les gens étaient prospères et satisfaits à la campagne, il y avait moins de gens oisifs, mécontents, affamés et criminels dans les villes. Cela est tout aussi vrai pour les classes pauvres et ouvrières d'Europe que pour les Noirs du Sud : la plupart des problèmes qui surviennent dans les villes ont leurs racines dans les campagnes.

Un autre sujet sur lequel j'espérais obtenir des informations de première main au cours de mon séjour à l'étranger était ce que je pourrais appeler le problème racial européen, par opposition au problème américain. Je savais que dans le sud de l'Europe un certain nombre de races d'origine et de caractéristiques très différentes avaient été rassemblées en contact étroit et en grand nombre, et je soupçonnais que dans ce tourbillon de races et de classes en compétition je trouverais des problèmes - des problèmes de race et des problèmes. des problèmes d'éducation — différents, certes, mais tout aussi compliqués, difficiles et intéressants que dans notre propre pays.

Même si chaque race et chaque nation doit résoudre ses propres problèmes à sa manière, et que pour cette raison il n'est pas possible de faire une comparaison très approfondie entre les problèmes raciaux de l'Europe et de l'Amérique, il y a au moins un certain avantage à sachant que d'autres nations et d'autres peuples ont des problèmes dans leur vie nationale qui sont tout aussi difficiles et déroutants que les nôtres.

Nous pensons et parlons parfois des conditions existant dans notre propre pays comme si elles étaient tout à fait exceptionnelles et sans équivalent dans d'autres parties du monde. Mon séjour en Europe m'a convaincu que notre situation en Amérique n'est pas pire que celle des autres peuples à cet égard.

Même s'ils avaient le choix, je ne crois pas, par exemple, que les peuples du Sud, noirs ou blancs, seraient disposés à échanger leurs propres problèmes, tels qu'ils sont, contre ceux d'une autre nation ou d'un autre groupe de personnes en Europe. ou ailleurs.

Il y avait une autre chose qui rendait le voyage que j'avais décrit particulièrement attrayant pour moi : je pensais trouver dans certaines parties de l'Europe des peuples qui, en ce qui concerne l'éducation, les opportunités et la civilisation en général, étaient beaucoup plus proches du niveau des masses noires. personnes dans le Sud que j'étais susceptible de trouver n'importe où en Amérique. Je croyais aussi que si j'allais assez loin et assez profondément, je trouverais même en Europe un grand nombre de gens qui, dans leurs maisons, dans leur travail et dans leur manière de vivre, étaient peu ou pas du tout en avance sur leur vie. les Noirs dans les États du Sud, et je voulais étudier de première main, autant que possible, les méthodes que les nations européennes utilisaient pour élever les masses populaires qui se trouvaient au bas de l'échelle de la civilisation.

Au vu du plan assez élaboré que j'ai esquissé, je suis certain que certains de mes lecteurs se demanderont comment j'ai espéré pouvoir, dans les huit semaines auxquelles mes vacances étaient limitées, parcourir tout le terrain ou obtenir un résultat définitif ou satisfaisant. notions sur les questions particulières qui m'intéressaient dans les lieux que je me proposais de visiter. Il me semble donc que je devrais dire quelque chose, en guise d'explication et d'introduction, sur la manière dont ce voyage a été effectué et sur la manière dont les impressions et les faits qui composent le reste de ce livre ont été obtenu.

En premier lieu, il faut se rappeler que je cherchais dans tous les pays que je visitais une classe de faits et que je cherchais à me familiariser avec une seule phase de la vie. Durant tout le cours de ce voyage, je me suis donc gardé religieusement de la tentation qui m'était constamment offerte de regarder tout ce qui, si important et si intéressant soit-il, ne concernait pas le but de mon voyage.

En deuxième lieu, j'ai constaté que, s'il y avait de grandes différences à observer dans la condition des différents peuples que j'ai visités, il y avait aussi de nombreuses similitudes générales. J'ai trouvé, par exemple, que ce que j'avais appris à Londres m'était très utile et précieux, à titre de comparaison, pour étudier et observer ce que je voulais voir à Copenhague et au Danemark. J'ai constaté que les choses que j'ai observées parmi les paysans d'Italie m'ont été d'une grande aide lorsque je suis arrivé en Autriche et j'ai pu comparer les conditions de la population agricole dans ces deux pays différents. Le résultat fut que plus j'allais loin et plus je me familiarisais avec la situation générale des classes laborieuses , plus je gagnais en perspicacité et en compréhension de tout ce que je voyais.

En fait , je suis convaincu que s'il y a quelque chose de particulièrement précieux dans les études et les observations que j'ai exposées dans ce livre, ce n'est pas tant dans les faits eux-mêmes que dans la tentative de les rassembler en un seul. point de vue.

L'une des premières choses que j'ai apprises en Europe a été la difficulté de rencontrer l'homme ordinaire, de voir et de se familiariser avec les choses de la vie quotidienne. J'ai vite découvert que les choses les plus difficiles à voir ne sont pas les sites que tout le monde va voir, mais les choses banales que personne ne voit. Pour réaliser le projet que j'avais en tête, il m'a fallu quitter les sentiers battus ordinaires des voyages européens et me plonger dans des régions qui n'ont pas été cartographiées et cartographiées, et où les guides et guides ordinaires sont de peu ou pas d'utilité. en vain.

En fait, j'ai trouvé moins de difficultés à cet égard à Londres que sur le continent, où il me semblait que les chemins de fer, les guides, les guides et les amis que je rencontrais en chemin conspiraient pour contraindre de voir les choses que je ne voulais pas voir et de m'empêcher de voir toutes les choses que je voulais voir.

Par exemple, avant de quitter l'Amérique, j'avais pris la ferme résolution que si je pouvais l' empêcher , je n'entrerais pas dans un seul palais, musée, galerie ou cathédrale. J'ai réussi en partie à respecter cette résolution. Cependant, lorsque j'ai atteint Cracovie en Pologne, mon sort m'a rattrapé. J'avais beaucoup entendu parler des anciennes mines de sel de Wieliczka . Je savais que dans de nombreux endroits, les femmes étaient employées côte à côte avec les hommes pour charger et transporter les produits des mines, et pour cette raison, et parce que j'avais moi-même été mineur en Amérique, j'étais très désireux de voyez comment le travail s'est déroulé en Europe.

Les mines de sel sont à une dizaine de milles de Cracovie, et pour y arriver j'ai dû prendre une voiture. A l'entrée des mines , j'ai été surpris de trouver un grand nombre de touristes attendant de descendre dans le puits, et un sombre soupçon m'a traversé l'esprit que j'avais commis une erreur. Mes pires soupçons se sont confirmés lorsque, après être descendu à environ deux ou trois cents pieds sous la surface, je me suis retrouvé soudain introduit dans une ancienne chapelle souterraine. L'endroit était magnifiquement éclairé et décoré de figures scintillantes qui avaient été taillées dans de solides blocs de sel par les pieux mineurs qui avaient travaillé dans ces mines trois ou quatre cents ans auparavant.

De cette chapelle, nous sommes redescendus, par un passage sombre et humide, dans encore une autre, puis une autre, grande chapelle richement décorée et brillamment éclairée. Dans l'une d'elles, nous avons rencontré une foule nombreuse de plusieurs centaines de personnes portant des torches allumées et accompagnées d'une fanfare. Il s'agissait de paysans qui faisaient un pèlerinage annuel à la mine pour visiter les chapelles souterraines, qui ont acquis une grande renommée dans le pays environnant.

Pendant deux ou trois heures, nous avons erré d'une grande salle à l'autre, nous enfonçant de plus en plus profondément dans la mine, mais sans jamais nous rapprocher, autant que je pouvais voir, des mineurs. Finalement, j'ai commencé à comprendre que, loin d'être dans une véritable mine de sel, j'étais en réalité dans une sorte de musée souterrain. Il y avait des chapelles et des monuments et des foules de gens en tenue de fête ; il y avait des lumières, de la musique et des lanternes en papier, mais rien ne pouvait rappeler la vie quotidienne des mineurs que j'étais venu voir là-bas ; en fait, les seuls mineurs avec lesquels j'ai été en contact étaient ceux qui servaient de guides ou jouaient dans l'orchestre. Tout cela était très étrange et très intéressant, et j'ai appris qu'il n'y avait aucun moyen de s'échapper.

D'après ce que j'ai déjà dit, je crains que certains de mes lecteurs n'aient l'impression, comme beaucoup de personnes que j'ai rencontrées à l'étranger, qu'au cours de mon voyage à travers l'Europe, j'ai dû acquérir une vision très malheureuse et unilatérale des pays et des les peuples que j'ai visités. Il leur semblera peut-être que je recherchais tout ce qu'il y avait de commun ou de mauvais dans les pays que je visitais, et que j'évitais tout ce qui était extraordinaire ou méritait d'être vu d'une manière ou d'une autre. Ma seule excuse est qu'en fait je ne cherchais pas le meilleur, mais le pire ; Je cherchais l'homme le plus bas.

La plupart des gens qui voyagent en Europe me semblent principalement intéressés par deux sortes de choses : ils veulent voir ce qui est vieux et ils veulent voir ce qui est mort. Les itinéraires réguliers traversent des palais, des musées, des galeries d'art, des ruines antiques, des monuments, des églises et des cimetières.

Je n'ai jamais été très intéressé par le passé, car le passé est quelque chose qu'on ne peut pas changer. J'aime le nouveau, l'inachevé et le problématique. Mon expérience est que l'homme qui s'intéresse aux êtres vivants doit les chercher dans la crasse et la saleté de la vie quotidienne. Certes, les choses qu'on y voit ne sont pas toujours agréables, mais les gens qu'on y rencontre sont intéressants, et s'ils sont parfois parmi les pires, ils sont aussi souvent parmi les meilleurs du monde. Quoi qu'il en soit, partout où il y a lutte et efforts, il y a de la vie.

J'ai évoqué la manière dont j'ai essayé et, dans une mesure raisonnable, réussi à limiter mes observations à un certain point de vue défini. En dehors de cela, j'avais certains autres avantages au cours de cette expédition en trouvant ce que je voulais voir et en évitant les choses que je ne voulais pas voir, sans lesquels je n'aurais certainement pas pu parcourir le chemin que j'ai fait, ni trouver mon chemin vers tant de choses. des choses qui avaient pour moi un intérêt particulier et particulier. Il y a quelques années , j'ai fait la connaissance, à Boston, du Dr Robert E. Park, qui m'assiste depuis quelque temps dans mon travail à Tuskegee. Au moment où je l'ai rencontré pour la première fois, le docteur Park était intéressé par le mouvement visant à provoquer une réforme des conditions qui existaient alors dans l'État indépendant du Congo en Afrique ; en fait, il était à cette époque secrétaire de la Congo Reform Association, et c'est grâce à ses efforts pour m'intéresser à ce mouvement que j'ai fait sa connaissance. Il avait l'idée, comme il me l'expliqua, que les conditions des indigènes au Congo, ainsi que dans d'autres régions d'Afrique, ne pouvaient être améliorées de façon permanente uniquement par un système d'éducation, quelque peu similaire à celui de Hampton et de Tuskegee. . La Congo Reform Association, comme il l'a expliqué, était engagée dans un travail de destruction, mais ce qui l'intéressait surtout était ce qu'il faudrait faire en matière de construction ou de reconstruction une fois le travail de destruction terminé. Nous avons eu de fréquentes conversations à ce sujet, et c'est ainsi qu'il s'est finalement intéressé au travail qui se faisait en faveur des Noirs dans les États du Sud. Depuis lors, il passe la plus grande partie de chaque année dans le Sud, m'aidant dans mon travail à Tuskegee et profitant de l'occasion ainsi offerte pour étudier ce qu'on appelle le problème nègre. La raison pour laquelle je fais cette déclaration ici est que le Docteur Park n'était pas seulement mon compagnon tout au long de mon voyage à travers l'Europe, mais il s'est également rendu en Europe quelques mois avant moi et a ainsi eu l'occasion d'étudier la situation et de permettre de voir plus en peu de temps que ce que j'aurais pu faire autrement. En cela et à d'autres égards, il est en grande partie responsable de ce qui apparaît dans ce livre.

Par exemple, c'est le docteur Park qui étudia les plans généraux et les détails de notre voyage. Il agissait également non seulement comme compagnon mais comme guide et interprète. Il m'a aidé également à me procurer des documents et de la littérature dans les différents pays visités, ce qui m'a permis de corriger les impressions que je m'étais formées sur place et de les compléter par des faits et des statistiques sur les conditions que nous avions observées.

Dans plusieurs domaines, le docteur Park était particulièrement apte à me fournir ce genre d'assistance. En premier lieu, au cours des années qu'il avait passées à Tuskegee, il avait acquis une connaissance approfondie de la situation dans les États du Sud et, au cours du voyage d'observation et d'étude au cours duquel il m'avait accompagné, nous avions acquis une connaissance approfondie de chaque pays. autre, afin qu'il comprenne non seulement ce que je désirais, mais ce qu'il était important pour moi de voir en Europe.

En deuxième lieu, peu avant que je le rencontre, le docteur Park revenait tout juste de quatre années d'études en Europe. Il connaissait une grande partie du domaine que nous avions l'intention de couvrir et parlait en même temps la langue la plus utilisée dans la plupart des pays que nous avons visités, à savoir l'allemand.

Deux personnes voyageant ensemble peuvent, en toutes circonstances, voir et apprendre bien plus qu'une seule. Lorsqu'il s'agit de voyager dans un pays nouveau et inconnu, cela est tout à fait vrai. C'est pour cette raison qu'une grande partie de ce que j'ai vu et appris sur l'Europe est directement due à l'aide du docteur Park. Notre méthode de procédure était à peu près la suivante : lorsque nous atteignions une ville ou une autre partie du pays que nous souhaitions étudier, nous partions généralement ensemble. J'avais un carnet dans lequel je notais sur place ce que je voyais et qui m'intéressait, et le docteur Park, qui avait eu une expérience de journaliste, utilisait ses yeux et ses oreilles. Puis, au cours de nos longs trajets en train, nous avons comparé nos notes et nos commentaires et passé au crible, aussi minutieusement que possible, les faits et les observations que nous avions pu recueillir. Puis, dès que nous atteignîmes une grande ville, je me procurai un sténographe et je dictai, aussi complètement que possible, l'histoire de ce que nous avions vu et appris. Ce faisant, j'ai utilisé les observations du docteur Park, je suppose, autant que les miennes. En fait, je ne crois pas être en mesure de dire maintenant dans quelle mesure ce que j'ai écrit est basé sur mes propres observations personnelles et ce qui est basé sur celles du Docteur Park. Ainsi, il ne faut pas oublier que bien que ce livre soit entièrement écrit à la première personne, il contient les observations de deux individus différents.

Dans une autre direction, le Docteur Park a contribué à faire de ce livre ce qu'il est. Pendant que je dictais mon propre récit de nos aventures , il passait généralement son temps à parcourir les librairies et les bibliothèques à la recherche de livres ou d'informations susceptibles d'éclairer le sujet qui nous intéressait. Le résultat fut que nous revînmes avec presque une malle pleine de livres, de papiers et de lettres que nous avions obtenus en différents endroits et auprès de différentes personnes rencontrées. Avec ces documents, le docteur Park s'est alors mis au travail pour redresser et compléter le sujet que j'avais dicté, en complétant et en ajoutant à ce que j'avais écrit. Les chapitres qui suivent en sont le résultat.

Je suis parti d'Amérique, comme je l'ai dit, pour trouver l'homme le plus bas. En six semaines environ, j'ai visité certaines parties de l'Angleterre, de l'Écosse, de l'Allemagne, de l'Autriche-Hongrie, de l'Italie, de la Sicile, de la Pologne et du Danemark. J'ai passé du temps parmi les classes les plus pauvres de Londres et dans plusieurs villes d'Autriche et d'Italie. J'ai étudié, dans une certaine mesure, la condition des populations agricoles en Sicile, en Bohême, en Pologne et au Danemark. J'ai vu beaucoup de choses tristes et déprimantes, mais j'ai aussi vu beaucoup de choses pleines d'espoir et d'inspiration. Aussi mauvaises que soient les conditions dans certains endroits, je ne pense pas avoir visité un endroit où les choses ne soient pas meilleures aujourd'hui qu'elles ne l'étaient il y a quelques années.

J'ai également découvert que le lien entre l'Europe et l'Amérique est beaucoup plus étroit et intime que je ne l'avais imaginé. Je suis sûr que très peu de personnes dans ce pays réalisent à quel point l'Amérique a touché et influencé les masses populaires en Europe. Je pense qu'il est prudent de dire qu'aucune influence qui tend aujourd'hui à changer et à améliorer la condition des travailleurs dans les régions agricoles du sud de l'Europe n'est plus grande que le flux constant d'émigration qui se déverse de l'Europe vers l'Amérique. et retour en Europe. Il ne faut pas oublier que non seulement un grand nombre de ces personnes émigrent vers l'Amérique, mais qu'un grand nombre de ces émigrants reviennent et apportent avec eux non seulement de l'argent pour acheter des terres, mais aussi de nouvelles idées, des ambitions plus élevées et une vision plus large du monde.

Partout où je suis allé, même dans les régions les plus reculées du pays, où les gens ont encore été presque épargnés par les influences de la civilisation moderne, j'ai rencontré des hommes qui parlaient de l'Amérique dans un anglais approximatif, mais avec un véritable enthousiasme. Un jour, alors que j'avais fait un voyage d'une demi-journée en train et en chariot jusqu'à un village éloigné de Pologne, afin de voir un peu la vie dans un village agricole primitif, je fus accueilli avec enthousiasme à la taverne de campagne par le propriétaire et deux ou trois d'autres personnes, qui avaient toutes vécu quelque temps en Amérique et parlaient un peu anglais.

Une autre fois, alors que je visitais les mines de soufre des montagnes de la Sicile centrale, j'ai été surpris et ravi de rencontrer, au fond d'une de ces mines, à plusieurs centaines de pieds sous la surface, un homme avec qui j'ai pu converser familièrement. sur les mines de charbon de Virginie occidentale, où chacun de nous, à des époques différentes, avait été employé aux travaux miniers .

Il ne semblait y avoir aucune partie de l'Europe si lointaine ou si éloignée que la légende de l'Amérique n'y ait pénétré ; et l'influence de l'Amérique, des idées américaines, se fait certainement sentir d'une manière très précise dans les couches les plus basses de la civilisation européenne.

Mais ce qui m'a le plus impressionné, c'est la condition des travailleuses européennes. Je ne connais pas les statistiques, mais si je peux juger d'après ce que j'ai vu, je dirais que les trois quarts du travail dans les fermes et une partie considérable des travaux pénibles dans les villes d'Europe sont effectués par des femmes. Non seulement cela, mais dans la vie basse des grandes villes, comme Londres, il me semble que les femmes souffrent davantage des mauvaises influences de la vie des bidonvilles que les hommes. Bref, si je puis m'exprimer ainsi, l'homme le plus éloigné d'Europe, c'est la femme. Les femmes ont les perspectives les plus étroites, effectuent les travaux les plus durs, ont le plus grand besoin d'éducation et sont les plus éloignées des influences qui partout élèvent le niveau de vie des masses européennes.

CHAPITRE II
L'HOMME AU BAS À LONDRES

Le *Carmania* , le navire sur lequel j'avais navigué, a débarqué ses passagers samedi soir à Fishguard, au large des côtes du Pays de Galles. Le train spécial qui nous a conduits à toute vitesse vers Londres est arrivé en ville tôt le dimanche 28 août.

Alors que je quittais la gare dans la grisaille du petit matin, mon attention fut attirée par une silhouette étrange, informe et peu recommandable qui sortait furtivement de l'ombre d'un immeuble et se déplaçait lentement et tristement dans la rue silencieuse et vide. Dans ce quartier de la ville, et en comparaison de la solide respectabilité et du confort que représentaient les maisons qui l'entouraient, la figure de cet homme semblait grotesquement misérable. En fait, il m'a semblé être l' objet le plus solitaire que j'aie jamais vu. Je l'ai observé dans la rue aussi loin que je pouvais voir. Il ne se tourna ni à gauche ni à droite, mais avança lentement, la tête penchée vers le sol, cherchant apparemment quelque chose qu'il n'espérait pas trouver. Au cours de mon voyage à travers l'Europe, j'ai vu beaucoup de pauvreté, mais je ne pense pas avoir vu quelque chose d'aussi désespéré et misérable.

Je n'étais pas resté longtemps à Londres avant d'apprendre que cet homme était un type. On dit qu'il y a dix mille de ces hommes et femmes sans abri rien que dans l'Est de Londres. Mais ils ne se limitent à aucun quartier de la ville. On les trouve dans le West End à la mode, se prélassant sur les bancs de St. James's Park, ainsi que dans l'East End, où vivent les masses de travailleurs . L'Armée du Salut a construit pour eux des abris dans de nombreux quartiers les plus pauvres de la ville, où, pour entre deux et huit cents, ils peuvent obtenir une chambre pour la nuit, et parfois un morceau de pain et un bol de soupe. Des milliers d'entre eux ne parviennent pas à réunir la petite somme nécessaire pour obtenir ne serait-ce que ce minimum de nourriture et de confort. Ce sont les exclus et les rejetés, les déchets humains d'une grande ville. Ils représentent l'homme d'en bas à Londres.

Plus tard, au cours de mes pérégrinations dans la ville, j'ai rencontré beaucoup de ces hommes désespérés et brisés. Je les voyais assis, aux beaux jours, non seulement des hommes mais aussi des femmes, affaissés sur des bancs ou étendus sur l'herbe des parcs. Je les ai découverts les nuits pluvieuses, accroupis sous les portes ou blottis dans les coins sombres où une arche ou un mur les protégeait du froid. Je les ai rencontrés tôt le matin, avant que la ville ne soit réveillée, rampant le long du Strand et fouillant avec leurs mains dans les poubelles ; et encore, tard dans la nuit, sur le Thames Embankment, où des centaines d'entre eux dorment – quand le veilleur de nuit le permet – sur les bancs ou étendus sur les trottoirs de pierre. Au bout d'un certain temps , j'ai appris à distinguer le même type sous le déguisement de ces vendeurs ambulants qui se tiennent aux coins des rues et vendent des boutons de col, des allumettes et autres bagatelles, étendant les mains dans une sorte de supplication pitoyable aux passants pour qu'ils achètent. leurs marchandises.

Chaque fois que j'en trouvais l'occasion, je parlais avec certains de ces parias. Peu à peu, en partie grâce à eux-mêmes et en partie grâce aux autres, j'ai appris quelque chose de leur histoire. J'ai découvert que c'était généralement la boisson qui était la cause immédiate de leur chute. Mais il y avait toujours d'autres causes, plus profondes. La plupart d'entre eux, me semblait-il, avaient simplement été accablés par les tentations et la concurrence féroce de la vie dans une grande ville. Il arrive un moment où le commerce est ennuyeux ; les hommes qui avaient l'habitude de dépenser beaucoup d'argent commencent à dépenser moins, et il n'y a plus de travail à trouver. A ces moments-là, ce sont « les moins efficaces, les moins énergiques, les moins forts, les moins jeunes, les moins réguliers, les moins sobres ou les moins dociles » qui sont évincés. De cette façon, ces hommes ont perdu prise et ont coulé au fond.

Je me souviens avoir rencontré un de ces hommes tard dans la nuit, errant le long de la Tamise. Au cours de ma conversation avec lui, je lui ai demandé, entre autres choses, s'il avait voté et, si oui, à quel parti politique il appartenait.

Il m'a regardé avec étonnement, puis il m'a dit qu'il n'avait jamais voté de sa vie. C'est son expression plutôt que ses paroles qui m'a impressionné. Cette expression me disait à quel point il était déconnecté du monde qui l'entourait. En fait, comme je l'ai appris, il n'avait ni famille, ni foyer, ni amis, ni métier ; il n'appartenait à aucune société ; il n'avait, autant que j'ai pu le savoir, aucune vision de la vie. Au milieu de cette grande ville, il était solitaire comme un ermite.

Quelques semaines plus tard, dans un petit village de Galice, j'ai posé la même question à un paysan polonais. "Oh, oui," répondit-il avec empressement ; " tout le monde vote ici maintenant. "

Il y a soixante ans , la plupart des paysans de ce village dont j'ai parlé étaient des serfs, et ce n'est qu'il y a deux ans que le gouvernement leur a accordé le droit de vote à tous. Néanmoins, à l'heure actuelle, les habitants de ce village sont représentés par un des leurs au Parlement impérial de Vienne. En traversant le village, je me suis arrêté au petit magasin tenu par cet homme. J'ai trouvé deux jeunes filles qui s'occupaient du magasin, ses filles, mais le représentant lui-même n'était pas chez lui.

Je ne sais pas pourquoi je devrais mentionner ici cette circonstance, sinon que j'ai été impressionné par le contraste dans la réponse de ces deux hommes, l'un venant d'un paysan de Pologne et l'autre d'un Anglais de Londres.

On dit généralement que le Nègre représente en Amérique l'homme le plus bas. En allant en Europe , j'avais dans l'intention de comparer les masses du peuple noir des États du Sud avec les masses européennes se trouvant à peu près au même stade de civilisation. Il ne serait pas difficile de comparer le nègre du Sud avec le paysan polonais, par exemple, parce que les masses des Polonais sont, comme les masses des nègres, un peuple agricole.

Je ne connais cependant aucune classe parmi les Noirs d'Amérique à laquelle je pourrais comparer l'homme du bas de l'échelle en Angleterre. Quoi qu'on puisse dire du Noir en Amérique, il n'est pas, en règle générale, un mendiant. Il est très rare qu'on voie une main noire tendue pour demander l'aumône. On voit, certes, trop de Noirs oisifs et paresseux au coin des rues et autour des gares du Sud, mais le Noir n'est pas, en règle générale, un dégénéré. S'il est au plus bas en Amérique, ce n'est pas parce qu'il a reculé et s'est effondré, mais parce qu'il ne s'est jamais relevé.

Autre chose à propos du Nègre : bien qu'il soit souvent pauvre, il n'est jamais sans espoir et sans une certaine joie de vivre. Aucune épreuve qu'il a rencontrée jusqu'à présent, que ce soit dans l'esclavage ou dans la liberté, n'a privé le Noir du désir de vivre. La race a constamment grandi et augmenté dans l'esclavage, et elle a considérablement plus que doublé dans la liberté. Il y a des gens parmi les membres de ma race qui se plaignent des difficultés que subissent les Noirs, mais aucun d'entre eux, à ma connaissance, n'a jamais recommandé le « suicide racial » comme solution au problème racial.

Je mentionne cela parce que j'ai constaté le contraire en Angleterre. Je ne pense pas que quoi que ce soit que j'ai vu ou entendu pendant que j'étais en Angleterre m'ait donné une impression plus poignante des difficultés du travailleur en Angleterre que la découverte de l'un des hebdomadaires les plus lus en Angleterre, sous le titre " Les Esclaves Blancs de la Moralité » menaient une campagne publique en faveur de la réduction de la taille des familles dans les classes populaires.

Les articles auxquels je fais référence, écrits par une femme, étaient une protestation, d'une part, contre le clergé parce qu'il enseignait qu'il serait immoral pour les femmes de refuser d'avoir des enfants, et, d'autre part, contre le des médecins qui ont caché à ces femmes les connaissances qui leur permettraient de limiter la taille de leur famille. Ces articles étaient suivis de semaine en semaine par des lettres prétendument émanant d'hommes et de femmes qui racontaient la lutte déchirante qu'ils menaient pour subvenir aux besoins de leurs enfants avec les salaires qu'ils étaient capables de gagner.

Ce qui rendait ces articles d'autant plus surprenants, c'était qu'au moment même où ils proposaient aux travailleurs anglais ce que l'ancien président Roosevelt a défini comme un « suicide racial », des milliers d'immigrants du sud de l'Europe affluaient chaque jour à Londres. année pour prendre les places laissées vacantes par la récession des autochtones anglo-saxons.

Lors de mon précédent voyage en Angleterre , j'avais été frappé par ce qui me semblait le caractère froid et formel des journaux anglais. Il me semblait qu'ils manquaient totalement d'intérêt humain. Lors de ma dernière visite, mon opinion à l'égard des journaux de Londres a été considérablement modifiée. Une étude minutieuse du quotidien, ai-je découvert, sera récompensée par quiconque souhaite avoir un aperçu des conditions sociales en Angleterre.

Je n'étais à Londres que depuis un jour ou deux, par exemple, lorsque mon attention fut attirée par l'article suivant dans l'un des journaux du matin :

FAMILLE AFFAMÉE

APPEL DU CORONER AU PUBLIC À L'AIDE

> Racontant un terrible cas de famine au tribunal du coroner de Stoke Newington, le Dr Wynn Westcott, le coroner, a demandé à la presse de porter un cas méritoire à l'attention du public charitable.
>
> Il a déclaré qu'il avait mené une enquête sur un bébé de trois semaines, mort de faim. Son père n'avait eu aucun travail régulier depuis trois ans, et seulement un petit travail occasionnel pendant cette période. Il y avait si peu d'argent que la mère, Mme Attewell , de White Hart Street, Stoke Newington, était également à moitié affamée. Elle n'avait eu qu'une croûte de pain pour subvenir à ses besoins le jour de la mort de son enfant, alors qu'elle avait fait neuf heures et demie de lessive pour aider le foyer.
>
> La maison était parfaitement propre, bien que pratiquement dépourvue de meubles. C'était un cas des plus méritants.

Après avoir lu cet article, j'ai commencé à étudier les articles de plus près et j'ai été surpris de la fréquence avec laquelle des articles de ce genre se produisaient. J'ai appris que le Local Government Board, qui est représenté au Cabinet anglais par M. John Burns, publie depuis 1871 un rapport annuel, ou rapport, comme on l'appelle, des cas dans lesquels, après enquête formelle d'un jury de coroner , il semble que les personnes soient mortes de faim à Londres. J'ai obtenu une copie du rapport de 1908, dans lequel sont incluses les statistiques sur la famine non seulement pour Londres mais pour le reste de l'Angleterre et du Pays de Galles.

Les formulaires remis aux coroners étaient explicites. Ils prévoyaient que le rapport ne devrait inclure que les cas dans lesquels le jury avait conclu que la mort avait été provoquée par la famine ou par la privation due à la misère. Les cas dans lesquels la mort était causée par le froid, la faim, le froid, etc., sans rapport avec la misère, n'étaient pas inscrits dans cette déclaration. Sur les cent vingt-cinq cas de famine signalés, cinquante-deux se sont produits à Londres. Dans onze cas, la mort a été décrite comme étant due à la famine en conjonction avec une autre cause, c'est-à-dire la maladie, la boisson, l'exposition ou la négligence de soi. Dans quatre-vingts des cent vingt-cinq cas, aucune demande d'aide aux pauvres n'a été déposée, ou une demande n'a été déposée que lorsque le défunt était mourant.

Quelques jours après avoir réussi à obtenir ce rapport, mon attention fut un matin attirée par le titre d'un article de journal : « Comment meurent les pauvres ». L'article racontait la découverte du corps d'une inconnue dans une cave située au sous-sol d'une maison, non loin de l'endroit où je m'arrêtais.

"Il semble", dit l'article, "qu'au début de la matinée, un locataire de l'immeuble a observé une femme dormant dans la cave, mais cela n'a pas été particulièrement remarqué car des étrangers utilisaient fréquemment la cave pour à ces fins. M. Oliver, l'un des occupants de l'immeuble, a eu l'occasion de descendre et a vu la femme. Elle était accroupie dans un coin et sa tête était couchée en arrière. La police a été appelée et les services du docteur Barton ont été réquisitionnés... Bien que la cause du décès ne soit connue qu'après une autopsie du corps, on pense que la mort était due à la famine. La femme mesurait environ six pieds, entre quarante et âgé de cinquante ans, et était dans un état très émacié et vêtu de vêtements très maigres.

Il n'est pas rare que, dans mes discours publics, j'aie fait référence à la condition des Noirs dans le Sud, certains membres de ma propre race dans le Nord ont objecté parce que, disaient-ils, je n'avais pas peint assez en noir la situation dans le Sud. Durant mon séjour en Angleterre, j'ai eu l'expérience inhabituelle d'être critiqué dans les journaux londoniens pour les mêmes raisons, cette fois par un homme blanc américain. Au moment même où cet homme m'attaquait parce que dans mes entretiens publics j'insistais sur les opportunités plutôt que sur les torts des Noirs du Sud, j'avais en ma possession le document auquel j'ai fait référence, qui retrace l'histoire officielle de cinquante-deux ans. personnes, une pour chaque semaine de l'année, décédées dans la seule ville de Londres, faute de nourriture.

Je n'ai jamais nié que les Noirs du Sud se heurtent fréquemment au tort et à l'injustice ; mais il ne meurt pas de faim. Je ne pense pas qu'on ait jamais entendu parler d'un seul cas, dans le Sud, où un Noir soit mort faute de nourriture. En fait, à moins qu'il ne soit en mesure de travailler pour cause de maladie ou pour toute autre raison, il est relativement rare de trouver un Noir dans un hospice.

Dans tout ce que j'ai écrit, mon objectif n'a pas été de porter un jugement sur les gens ou sur les conditions que j'ai rencontrées dans les pays que j'ai visités. La critique est, au mieux, une tâche ingrate et pour laquelle je ne suis pas bien préparé. Je ne tenterai pas non plus de proposer des suggestions sur la manière dont les conditions pourraient être améliorées ; en fait, je suis convaincu, d'après ce que j'ai appris, que les gens sur le terrain comprennent les conditions bien mieux que moi , et dans un chapitre ultérieur, j'espère parler de l'excellent travail qui a été accompli en Angleterre et ailleurs pour élever le niveau de la population. niveau de vie et de confort des gens qui se trouvent au bas de l'échelle dans les pays que j'ai visités. Ce que je tiens à faire ici, c'est de souligner certains des avantages dont semblent jouir à l'heure actuelle les membres de ma propre race, et particulièrement ceux qui vivent dans les États du Sud. Il n'est pas difficile de découvrir les désavantages dans lesquels travaillent les Noirs du Sud . Tout voyageur qui traverse le Sud constate les conditions existantes et revient fréquemment pour écrire des livres à leur sujet. Il existe cependant un risque que les opportunités auxquelles j'ai fait référence soient négligées ou ne soient pas pleinement appréciées par les membres de ma race jusqu'à ce qu'il soit trop tard.

L'un des domaines dans lesquels les Noirs du Sud ont un avantage est celui du travail . L'une des choses les plus pitoyables que j'ai vues à Londres, à Liverpool et dans d'autres villes anglaises, ce sont les groupes d'hommes désœuvrés qui se tenaient au coin des rues, en particulier autour des bars, parce qu'ils ne parvenaient pas à trouver du travail.

Un jour, alors que je parcourais l'une des principales avenues de la ville, j'ai remarqué une foule inhabituellement nombreuse debout devant un orgue de rue rangé au bord du trottoir. En m'arrêtant pour voir ce qu'il y avait dans cet orgue qui attirait tant d'attention et d'intérêt, j'ai découvert que l'homme qui possédait cet instrument l'utilisait comme méthode pour annoncer sa pauvreté.

Sur toute la façade de l'orgue étaient placardés des papiers et des documents de toutes sortes. D'un côté, il y avait une liste d'annonces coupées dans les colonnes « Want » des quotidiens. En pièce jointe était une déclaration selon laquelle il s'agissait de quelques-uns des endroits où l'homme s'était rendu la veille à la recherche de travail et qu'il n'avait pas pu trouver. De l'autre côté de l'orgue étaient attachés six ou sept billets de gage, avec la mention : « Ce sont quelques-uns des objets que ma chère épouse a mis en gage pour acheter de la nourriture pour nos enfants ». Cela a été suivi d'un pitoyable appel à l'aide. Ce qui était pathétique, c'était que les seules personnes qui s'arrêtaient pour regarder ces expositions, à part moi, étaient un groupe d'hommes affamés et d'apparence peu recommandable, qui étaient manifestement dans un besoin aussi grand que l'homme qui avait ancré l'orgue. J'ai observé ces hommes. Après avoir lu les panneaux, ils regardaient les autres membres du groupe d'un air interrogateur, puis retombaient dans le même silence impassible que j'avais remarqué tant de fois chez les silhouettes désespérées qui remplissaient les bancs des parcs.

Il me semblait qu'ils plaignaient et admiraient tous deux l'homme qui avait conçu cette nouvelle manière d'annoncer son malheur. J'ai remarqué ces mêmes personnes dans d'autres cas où il me semblait qu'ils regardaient avec quelque chose comme de l'envie un mendiant aveugle ou boiteux ou ayant un autre malheur intéressant qui lui permettait de gagner la sympathie du public.

Bien entendu, les personnes que j'ai tenté de décrire ne représentent pas les classes laborieuses . Ils représentent l'homme d'en bas, qui vit de mendicité ou de travail occasionnel . Cela montre néanmoins à quel point la lutte pour l'existence est âpre au sein de la classe ouvrière d'en haut, alors que la classe d'en bas, la classe qui vit dans une pauvreté réelle, est si nombreuse et si visible.

Pendant que j'étais à Londres , j'ai reçu des lettres d'un grand nombre de personnes de toutes classes et conditions. L'un d'eux provenait d'un homme de couleur né et élevé dans le Sud et impatient de rentrer chez lui. Je suis tenté de citer ici quelques passages de sa lettre, car ils montrent à quel point les conditions ont impressionné un homme de couleur du Sud qui s'est rapproché d'elles plus que moi. Il vivait, disait-il, à Londres depuis quatorze mois sans travail.

"J'ai essayé de postuler pour du travail", a-t-il poursuivi. « Ils ont dit qu'ils voulaient des Anglais. Il me semble que toute la Grande-Bretagne est contre la race noire. Certains disent : « Retournez dans votre propre pays », sachant que si j'en avais les moyens, je prendrais l'avion demain.

Peut-être ferais-je mieux de citer textuellement certains passages de sa lettre. Il dit:

> Je ne parviens pas à obtenir un passage ; être seul à Londres sans aucune aide ni argent, comme une épingle dans une botte de foin, rien que du chagrin et de la détresse. En entendant que M. BT Washington était à Londres, je lui fais appel au nom de Dieu Tout-Puissant s'il peut éventuellement m'aider avec un billet pour traverser, car la dame qui a eu la gentillesse de me donner un abri est elle-même sans fonds ; étant une femme chrétienne, elle m'a

donné de la nourriture pour ce qu'elle pouvait se permettre. La nuit, je dois dormir dans une maison avec une veuve qui a deux enfants qui doivent gagner leur vie en coupant du bois et qui, un jour , ne gagne pas assez pour acheter un pain pour ses enfants. L'hiver approche et j'aime rentrer à la maison pour décortiquer du maïs ou me rendre dans le Maryland pour déguster une huître dragginée . Cela faisait longtemps que je n'avais pas mangé de pastèque, de pattes de porc et de maïs. Dites, M. Washington, si jamais vous saviez ce qu'est un homme dans un trou, je suppose que je suis dans un trou et la couverture est découverte. Je peux voir les côtelettes de porc, le pain de maïs et les biscuits chauds qui m'appellent pour venir en chercher et j'ai souvent essayé mais échoué. Je ne peux pas les atteindre ; le grand océan Atlantique m'arrête et je reste

Votre obéissant serviteur,———

Cette lettre, dont j'ai donné quelques extraits, n'est qu'une des nombreuses lettres que j'ai reçues pendant mon séjour à Londres, non seulement d'Américains de couleur , mais aussi d'Américains blancs venus en Angleterre pour améliorer leur condition ou chercher fortune.

Ces lettres m'ont encore plus impressionné par le fait que les masses de mon propre peuple dans le Sud n'apprécient pas pleinement les avantages qu'elles ont à vivre dans un pays où il y a une demande constante de main-d'œuvre de toutes sortes et où même les pauvres les gens ne meurent pas de faim.

Si l'on me demandait quel serait, à mon avis, le plus grand bienfait qui puisse être conféré au travailleur anglais , je dirais que ce serait pour lui d'avoir les mêmes possibilités de travail constant et régulier que le Noir a maintenant dans le Sud. Si l'on me demandait quel serait le prochain plus grand bénéfice qui pourrait être conféré au travailleur anglais, je dirais que ce serait d'avoir des écoles dans lesquelles chaque classe pourrait apprendre à bien faire quelque chose – d'avoir, en d'autres termes, le bénéfice du genre d'éducation industrielle que nous cherchons, dans une certaine mesure, à donner aux Noirs à l'heure actuelle dans les États du Sud.

CHAPITRE III
DE LA VOIE DES JUPES AU CHÂTEAU DE SKIBO

La première chose qui m'a impressionné à Londres, c'est sa taille ; la seconde était la grande division entre les différents éléments de la population.

Londres n'est pas seulement la plus grande ville du monde ; c'est aussi la ville où la ségrégation des classes est allée le plus loin. Le West End, par exemple, est la demeure du roi et de la cour. Voici les Chambres du Parlement, l'abbaye de Westminster, le British Museum, la plupart des monuments historiques, les galeries d'art et presque tout ce qu'il y a d'intéressant, de raffiné et de beau dans la vie des sept millions de personnes qui composent les habitants du pays . ville.

Cependant, si vous prenez un taxi à Trafalgar Square et descendez le Strand vers l'est en passant par Fleet Street, où sont publiés tous les principaux journaux de Londres, en passant devant la Banque d'Angleterre, la cathédrale Saint-Paul et les sites et scènes intéressants de la partie la plus ancienne de la ville, vous arrivez tout d'un coup dans une région très différente, dont le centre est la célèbre Whitechapel.

La différence entre l'East End et le West End de Londres est que l'Est de Londres n'a pas de monuments, pas de banques, pas d'hôtels, de théâtres, de galeries d'art ; pas d'histoire, rien d'intéressant et d'attrayant si ce n'est sa pauvreté et ses problèmes. Tout le reste est terne et banal.

C'est cependant une erreur, comme je l'ai vite appris, de supposer que l'Est de Londres est un bidonville. C'est, en fait, une ville à part entière, et une ville très remarquable, car elle compte, y compris ce que l'on peut appeler ses banlieues, East Ham et West Ham, une population d'environ deux millions d'habitants, composée en grande partie de des travailleurs travailleurs et économes . Il a aussi ses endroits sombres, mais j'ai visité plusieurs quartiers de Londres pendant mon séjour dans la ville qui étaient considérablement pires à tous égards que tout ce que j'ai vu dans l'East End.

Néanmoins, on dit que plus de cent mille habitants de cette partie de la ville, malgré tous les efforts déployés pour les aider, vivent au bord de la famine. Ces gens sont si pauvres et si impuissants qu'il a été sérieusement proposé à une époque de les séparer du reste de la population et de les envoyer seuls dans une ville où ils pourraient vivre et travailler entièrement sous la direction de l'État. . On proposa de mettre ces cent mille très pauvres sous la direction et les soins de l'État parce qu'ils n'étaient pas capables de se soigner eux-mêmes, et parce qu'il fut déclaré que tout le service qu'ils rendaient à la communauté pouvait être rendu par la partie restante de la population dans ses moments de loisirs, de sorte qu'ils n'étaient en fait pas une aide mais un obstacle à la vie de la ville dans son ensemble.

J'ai eu mon premier aperçu de l'un des sites caractéristiques de la vie de l'East End à Middlesex Street, ou Petticoat Lane, comme on l'appelait autrefois. Petticoat Lane se trouve au centre du quartier juif et le dimanche matin se tient un célèbre marché dans cette rue. Des deux côtés de l'artère, allant vers le nord depuis Whitechapel Road jusqu'à ce qu'ils se perdent dans certaines des rues secondaires, on voit une double file de chariots sur lesquels toutes sortes d'articles imaginables, depuis les alliances jusqu'aux anguilles en gelée, sont exposées pour vente. Des deux côtés de ces chariots et au milieu de la rue, une foule hétéroclite de chineurs se fraye un chemin à travers la foule, s'arrêtant pour examiner les curieuses marchandises dans les chariots ou pour écouter les cris stridents de quelque colporteur vendant des analgésiques. ou une autre sorte de panacée magique.

Presque tous les marchands sont juifs, mais la majorité de leurs clients appartiennent aux tribus des Gentils. Entre autres j'ai remarqué une classe de clients professionnels. Il s'agissait évidemment d'artisans d'une sorte ou d'une autre, venus choisir parmi les marchandises exposées à la vente un rabot ou une scie ou quelque autre sorte d'outil d'occasion ; il y en avait d'autres qui cherchaient des morceaux utiles de vieux fer, des boulons, du laiton, des ressorts, des clés et d'autres choses de ce genre dont ils pourraient se servir à quelque usage dans leur métier.

J'ai passé une heure ou plus à errer dans cette rue et dans la ruelle voisine dans laquelle débordait ce petit trafic de charrettes. Les vêtements d'occasion, les articles ménagers d'occasion, les déchets de viande du marché du samedi, toutes sortes d' objets usés et rebutés qui avaient été repêchés dans les ferraille de la ville ou chassés des circuits réguliers du commerce, trouvez ici un marché prêt.

Je pense que ce qui m'a le plus impressionné n'était pas la pauvreté, qui était assez évidente, mais le ton sombre de la foule et de tout ce qui se passait. Ce n'était pas une foule joyeuse ; il n'y avait pas de couleurs vives et très peu de rires. C'était une foule mal habillée, composée de gens habitués depuis longtemps à vivre pour ainsi dire de seconde main et en relations étroites avec le prêteur sur gages.

Dans les États du Sud, il serait difficile de trouver un homme de couleur qui n'ait pas modifié son apparence dimanche. Le travailleur noir n'est jamais si pauvre qu'il oublie de mettre un col propre ou une cravate brillante ou quelque chose qui sort de l'ordinaire par respect pour le sabbat. Au milieu de cette foule agitée et pressée, il m'était difficile de me rappeler que j'étais en Angleterre et que c'était dimanche. D'une manière ou d'une autre, j'avais une conception très différente du sabbat anglais.

Petticoat Lane se trouve au milieu du quartier de la « transpiration », où sont fabriqués la plupart des vêtements bon marché de Londres. À travers les fenêtres et les portes ouvertes , je voyais les visages pâles des confectionneurs penchés sur leur travail. Il y a aussi beaucoup de meubles fabriqués dans cette région, je comprends. En regardant dans certaines caves en passant, j'ai vu des hommes travailler aux tours. Au bout de la rue se trouvait un bar qui faisait des affaires précipitées. D'après ce que j'ai compris, la loi à Londres stipule que les voyageurs peuvent être servis dans un bar public le dimanche, mais pas dans les autres. Pour être un voyageur , un véritable voyageur , vous devez être venu d'une distance d'au moins trois miles. Il y avait beaucoup de voyageurs à Petticoat Lane le dimanche matin où j'y étais.

Ce même matin , j'ai visité Bethnal Green, un autre quartier tout à fait différent de l'East End. Il existe un certain nombre de ces différents quartiers de l'East End, comme Stepney , Poplar, St. George's dans l'Est, et ainsi de suite. Chacun d'eux a son type particulier de population et ses propres conditions particulières. Whitechapel est juif ; St. George's, à l'Est, est juive d'un côté et irlandaise de l'autre, mais Bethnal Green est anglaise. Sur près d'un demi-mile le long de Bethnal Green Road, j'ai trouvé un autre marché dominical en plein essor, et il était, au contraire, plus bruyant et plus pittoresque que celui de Petticoat Lane.

Il était environ onze heures du matin ; les ménagères de Bethnal Green étaient dans la rue à la recherche de bonnes affaires en viande et en légumes pour le dîner du dimanche. L'un des groupes les plus intéressants que j'ai croisés était rassemblé autour d'une charrette où trois vieilles femmes robustes, criant à pleins poumons, dévidaient boulon après rouleau de tissu de coton bon marché à une foule de femmes rassemblées autour de leur charrette.

À un autre moment, un homme « renversait » aux enchères des coupes bon marché de bœuf congelé en provenance d'Australie à des prix allant de 4 à 8 cents la livre. Un autre vendait du poisson, un autre de la vaisselle, un troisième de la ferblanterie, et ainsi de suite toute la liste des produits de première nécessité.

Le marché de Bethnal Green Road s'étend sur une rue appelée Brick Lane et bifurque à nouveau vers d'autres rues plus étroites. Dans l'un d'eux, il y a un marché exclusivement pour les oiseaux, et un autre pour diverses sortes d'articles de fantaisie qui ne sont pas de première nécessité. Ce qu'il y avait d'intéressant dans tout ce trafic, c'était que, même si personne ne semblait exercer un quelconque contrôle sur lui, les différentes classes de commerce étaient parvenues à s'organiser de telle sorte que toutes les marchandises d'un type particulier étaient exposées en un seul endroit et que toutes les marchandises d'une autre sorte dans une autre, le tout dans un ordre régulier et systématique. Les rues étaient si animées et bondées que je me demandais s'il restait des gens dans cette partie de la ville pour aller aux églises.

L'une des merveilles de Londres est le nombre d'églises belles et majestueuses. On rencontre ces beaux édifices partout, non seulement dans le West End, où il y a suffisamment de richesses pour les construire et les entretenir, mais dans les rues bondées du quartier des affaires de la ville, où il n'y a plus personne pour les visiter. Même dans les quartiers les plus crasseux de l'East End, où tout n'est que saleté et misère, on risque de tomber à l'improviste sur l'une de ces belles vieilles églises, avec son cimetière tranquille et son petit espace vert, rappelant l'époque où la région, qui est maintenant peuplée d'interminables rangées d'habitations urbaines sordides, elle était peut-être parsemée d'agréables villages de campagne. Ces églises sont belles, mais d'après ce que j'ai pu voir, elles étaient pour la plupart silencieuses et vides. Les masses populaires profitent des espaces verts à l'extérieur, mais, en règle générale, je le crains, n'assistent pas aux services religieux à l'intérieur. Ils sont trop occupés.

Ce n'est pas parce que les Églises ne font pas d'efforts pour atteindre les gens que les masses ne vont pas vers elles. Il suffit de lire les avis affichés à l'extérieur des bâtiments de l'église concernant les écoles du soir, les conférences, les clubs d'hommes et de femmes, et bien d'autres organisations de toutes sortes, pour savoir qu'il y a beaucoup de sérieux et d'efforts de la part de les églises à tendre la main et à aider les gens. Le problème semble être que les gens ne s'adressent pas en même temps à l'Église. C'est l'un des résultats de la distance entre les classes qui gouvernent et les classes qui travaillent. C'est trop loin de Whitechapel à St. James's Park. Ce que dit M. Kipling, sous un autre rapport, semble être vrai pour Londres :

Est est l'Est et l'Ouest est l'Ouest,

Et jamais ces deux-là ne se rencontreront. »

Tandis que d'un côté de Bethnal Green Road les colporteurs criaient et que la foule était occupée à chercher de la nourriture et des vêtements, j'ai remarqué de l'autre côté de la rue un prédicateur au bord de la route. Je suis allé écouter ce qu'il avait à dire, puis j'ai noté l'effet de ses paroles sur ses auditeurs. Il avait rassemblé autour de lui une douzaine de personnes, dont la plupart semblaient cependant être ses propres partisans, venus à la réunion simplement pour lui apporter leur soutien moral. La grande masse des gens qui passaient dans la rue ne lui prêtait pas la moindre attention. Il n'y avait aucun doute sur le sérieux et la sincérité de cet homme, mais en écoutant ce qu'il avait à dire, je n'ai rien trouvé dans ses paroles qui me paraissait toucher d'une manière directe ou définie la vie des gens qui l'entouraient. En fait, je doutais que la majorité d'entre eux puissent vraiment comprendre de quoi il parlait.

Un peu plus tard, dans un autre quartier de la ville, j'ai eu l'occasion d'écouter un autre de ces prédicateurs de rue. Dans ce cas, il s'agissait d'un jeune homme, apparemment fraîchement sorti de l'université, et il faisait un effort très réel, me semblait-il, pour atteindre et influencer de manière pratique les personnes que les lumières des torches et la musique avaient attirées. à la rencontre. J'ai observé que les gens écoutaient respectueusement ce qu'il avait à dire, et je suis convaincu qu'ils ont été impressionnés, comme moi, par son désir évident de les aider. Mais il n'était que trop évident qu'il parlait une autre langue que la leur ; qu'en fait, on pourrait presque dire qu'il appartenait à une race différente. Le fossé entre eux était trop grand.

Après avoir écouté cet homme , j'ai cru pouvoir comprendre d'une manière que je n'avais jamais comprise avant le grand succès que l'Armée du Salut a eu à une époque parmi les masses de la population de l'Est de Londres. Au moins à ses débuts, l'Armée du Salut était une organisation populaire ; il choisissait ses prédicateurs dans les rues ; il a fait appel aux masses qu'il cherchait à aider pour obtenir son soutien ; en fait, il a mis les bidonvilles au travail pour se sauver. L'Armée du Salut n'est plus aussi populaire dans l'Est de Londres, je crois, comme elle l'était autrefois. L'un des problèmes de l'Armée du Salut, comme de la plupart des efforts déployés pour aider les habitants de l'Est de Londres, est qu'elle cherche à atteindre uniquement ceux qui sont déjà en difficulté ; il ne tente pas de résoudre le problème plus vaste et plus profond du salut de ceux qui ne sont pas encore tombés.

Le problème de l'homme d'en bas, qu'il vive en Amérique ou en Europe, qu'il soit noir ou blanc, n'est pas, à mon avis, simplement un problème de conversion, mais aussi d'éducation. En d'autres termes, il est nécessaire d'inspirer aux masses des couches inférieures de la vie la disposition à vivre une vie sobre, honnête et utile, mais il est également nécessaire de leur donner l'opportunité et la préparation pour vivre une telle vie. après avoir acquis la disposition à le faire.

Le Noir d'Amérique, quels que soient ses inconvénients dans d'autres domaines, n'est pas indifférent aux influences religieuses. Le Noir n'est pas seulement naturellement religieux, mais la religion dont il jouit en Amérique est la sienne dans un sens qui n'est pas vrai, me semble-t-il, pour une grande partie de la vie et du travail religieux parmi les habitants de l'Est de Londres.

L'organisation la plus puissante et la plus influente parmi les Noirs d'Amérique aujourd'hui est l'Église noire, et les Noirs soutiennent leurs propres églises. Ils soutiennent non seulement les églises et les ministres, mais ils soutiennent également un grand nombre d'écoles et de collèges dans lesquels leurs enfants, et surtout ceux qui désirent devenir ministres, peuvent recevoir leur éducation. Ces petits séminaires théologiques sont souvent mal équipés et manquent de presque tout sauf de bonnes intentions ; cependant, ils sont généralement aussi bons que les gens sont capables de les fabriquer. Les ministres noirs des districts reculés du Sud sont souvent grossiers et ignorants et parfois immoraux, mais ils ont cet avantage qu'ils sont issus du peuple et le représentent, et la religion qu'ils prêchent est une religion qui s'est développée en réponse à les besoins et les sentiments réels des masses du peuple noir. En d'autres termes, la religion des Noirs en Amérique repose sur des bases solides, parce que l'Église noire n'a jamais perdu le contact avec les masses du peuple noir.

Après avoir quitté l'Est de Londres lors de mon premier dimanche en Angleterre, j'ai parcouru environ quinze miles à travers la célèbre forêt d'Epping jusqu'à Waltham Abbey, la résidence de campagne de Sir T. Fowell Buxton , petit-fils de Sir T. Fowell Buxton, qui a succédé à Wilberforce à la tête de le parti anti-esclavagiste au Parlement et qui a élaboré le projet de loi qui a finalement abouti à l'émancipation des esclaves dans les Antilles anglaises.

Il n'y a certainement pas de pays plus beau à admirer que l'Angleterre rurale. Des vignes en fleurs recouvrent l'humble chaumière de l' ouvrier agricole ainsi que les luxueuses demeures de campagne des propriétaires terriens, et donnent un charme à tout ce sur quoi le regard se pose. J'étais d'autant plus impressionné par la fraîcheur épanouie du pays que j'étais sorti de la vie étouffante de la ville surpeuplée. J'ai cependant appris que l'Angleterre rurale perd depuis longtemps régulièrement sa population. De 1891 à 1900, on dit que le nombre des ouvriers agricoles en Angleterre a diminué de 20 pour cent, et on a estimé que la population rurale de l'Angleterre et du Pays de Galles a diminué d'environ 30 à 40 pour cent. au cours du siècle dernier, à une époque où la population urbaine s'est multipliée à plusieurs reprises.

Il y a bien entendu de nombreuses raisons à cette diminution de la population agricole. La première est qu'à l'heure actuelle, ce chiffre ne dépasse pas 15 pour cent. de la terre en Angleterre est cultivée par ceux qui en sont propriétaires. Trente-huit mille propriétaires fonciers possèdent les quatre cinquièmes de toutes les terres agricoles d'Angleterre.

Quelques jours après ma visite à Sir Fowell Buxton à l'abbaye de Waltham, je me suis rendu dans le nord de l'Écosse pour rendre visite à M. Andrew Carnegie au château de Skibo . Pendant que j'étais là-bas , j'ai eu l'occasion de me familiariser en quelque sorte avec les conditions agricoles dans cette partie du monde.

En Ecosse, les possibilités pour les petits agriculteurs d'obtenir des terres sont encore moindres qu'en Angleterre. Il y a quelques années, on dit que vingt-quatre personnes possédaient en Écosse des domaines de plus de 100 000 acres. Le duc de Sutherland possède un territoire qui s'étend, m'a-t-on dit, à travers l'Écosse d'un océan à l'autre.

Dans aucun pays au monde, une proportion aussi petite de la population est engagée dans l'agriculture comme c'est le cas en Angleterre. Par exemple, 68 pour cent. de la population de la Hongrie, 59 pour cent. de la population italienne, 48 pour cent. de la population du Danemark, 37,5 pour cent. de la population des États-Unis est engagée dans l'agriculture. En Angleterre et au Pays de Galles, en 1901, seulement 8 pour cent. étaient engagés dans l'agriculture.

Non seulement il est vrai qu'une plus grande proportion de la population de l'Angleterre que celle des autres pays a quitté la campagne pour la ville, mais en Angleterre aussi la distance entre l'homme de la ville et l'homme de la terre est plus grande que celle des autres pays. autre part. Par exemple, en Italie, la distinction entre l' ouvrier agricole et l' ouvrier urbain n'existe guère ; l'homme qui, à une partie de l'année, trouve du travail en ville, se trouvera très probablement au travail à une autre époque de l'année à la campagne.

En Allemagne également, j'ai remarqué qu'un grand nombre d'usines manufacturières étaient situées à la campagne, où les ouvriers d'usine avaient la possibilité de cultiver un petit lopin de terre. Dans la mesure où il a pu produire sa propre nourriture, l'ouvrier d'usine en Allemagne s'est rendu indépendant des fabricants et du marché.

En Hongrie, on m'a dit qu'au moment des récoltes, les travaux publics étaient déserts et que de nombreuses usines étaient obligées de fermer leurs portes, parce que tout le monde partait à la campagne pour travailler dans les champs.

Or, ce qui m'intéressait en observant la vaste dislocation de la population rurale d'Angleterre, représentée par cette vaste communauté ouvrière de l'Est de Londres, c'était à quel point le travailleur anglais , en passant de la campagne à la ville, avait perdu son sens du travail. indépendance naturelle.

En perdant son emprise sur le sol, le travailleur anglais s'est rendu particulièrement dépendant de l'organisation de la société qui l'entoure. Il ne peut, par exemple, ni construire sa propre maison, ni produire sa propre nourriture. A la ville, il doit payer un loyer beaucoup plus élevé qu'il ne lui serait nécessaire de payer à la campagne. Il doit travailler plus régulièrement pour vivre, et il doit dépendre de quelqu'un d' autre pour lui donner la possibilité de travailler. A cet égard, même si l' ouvrier anglais est probablement mieux payé et mieux nourri que n'importe quel autre ouvrier en Europe, il est moins protégé des effets de la concurrence. Il risque davantage de souffrir du manque de possibilités de travailler.

De la même manière, l'Angleterre dans son ensemble est plus dépendante des pays étrangers pour la vente de ses produits manufacturés et l'achat de ses approvisionnements alimentaires que tout autre pays d'Europe. On constatera ainsi que la plupart des grandes questions qui agitent actuellement l'Angleterre, comme la plupart des grandes questions qui agitent d'autres pays d'Europe, concernent plus ou moins directement la question de l'agriculture et la condition du travailleur sur le territoire. atterrir.

J'ai dit dans le chapitre précédent que l'un des avantages qu'avaient les Noirs du Sud était la possibilité de travailler pour ceux qui le demandaient. Le Noir du Sud a des opportunités dans une autre direction qu'aucun autre homme dans sa position, en dehors de l'Amérique : il a l'opportunité d'obtenir des terres. Quiconque n'a pas visité l'Europe ne peut comprendre ce que la possibilité d'obtenir des terres signifie pour une race qui a si récemment conquis sa liberté.

Quiconque n'a pas été témoin des difficultés rencontrées par l'ouvrier moyen dans une grande ville comme Londres ne peut comprendre le privilège que nous, les États du Sud, avons de vivre dans les régions rurales, où il y a l'indépendance et un moyen de subsistance pour chaque homme, et où nous avons la possibilité de nous fixer pour toujours sur le sol.

CHAPITRE IV
PREMIÈRE IMPRESSION DE LA VIE ET DU TRAVAIL SUR LE CONTINENT

Par un matin clair et froid, vers le premier septembre, j'ai pris un train à Bonar Bridge, au nord de l'Écosse, en direction du sud. Il y avait un vent froid qui soufflait et Bonar Bridge se trouve à peu près à la latitude, comme je l'ai appris en regardant mon atlas, du nord du Labrador – plus au nord, en fait, que je n'avais jamais rêvé d'aller de ma vie.

J'ai passé les quatre ou cinq heures suivantes à regarder par la fenêtre d'une voiture à travers les landes sombres et brunes, à étudier les troupeaux de moutons et les petites chaumières accrochées aux flancs des collines solitaires.

Trois jours plus tard, j'étais dans la magnifique région montagneuse au-dessous de Dresde, en route vers Prague, la capitale de la Bohême. À bien des égards, les conditions dans les régions agricoles de Bohême sont tout aussi primitives que celles des agriculteurs du nord de l'Écosse. Il y a, par exemple, un plus grand nombre de petits agriculteurs possédant leurs propres terres en Bohême qu'en Écosse, mais le fermier écossais, bien qu'il reste locataire d'un grand domaine, jouit à l'heure actuelle d'une situation plus sûre. sur le sol que l'homme qui loue sa terre en Bohême. A d'autres égards, les Scotch Highlanders, dont je venais de quitter le pays, et les Tchèques, dans lesquels je venais d'entrer, sont, devrais-je dire, à peu près aussi différents qu'on pourrait l'imaginer.

Entre autres choses, j'ai remarqué que les agriculteurs de cette partie du monde ne vivent pas isolés, dispersés en rase campagne, comme ils le font en Écosse et comme c'est le cas partout en Amérique. Au contraire, les paysans de Bohême vivent regroupés dans de petits villages, au centre des champs environnants, d'où ils partent le matin pour leur travail et où ils reviennent le soir.

Ces différentes manières de s'établir sur le sol sont une des marques par lesquelles les peuples du nord de l'Europe se distinguent de ceux du sud. Les peuples du Nord s'installent dans des fermes très dispersées, tandis que les peuples du Sud se rassemblent invariablement dans de petits villages, et chaque individu devient, dans une large mesure, dépendant de la communauté et se perd dans la vie qui l'entoure. Cela explique, dans une large mesure, la différence de caractère entre les peuples du Nord et ceux du Sud. Au nord, les gens sont plus indépendants ; dans le sud, ils sont plus sociaux. Les gens du Nord ont plus d'initiative ; ce sont des pionniers naturels. Les habitants du Sud sont plus dociles et s'entendent mieux malgré les contraintes et les restrictions de la vie citadine. On dit aussi que cela explique pourquoi les gens qui viennent maintenant du sud de l'Europe en Amérique, bien que la plupart soient originaires de la terre, ne vont pas dans les régions rurales de l'Amérique, mais préfèrent y aller. vivent dans les villes ou, comme cela semble être le cas des Italiens, colonisent les banlieues des grandes villes.

Une autre chose qui m'intéressait était la vue des femmes travaillant la terre. A peine étais-je parti de Berlin vers le sud que mon attention fut attirée par le nombre de femmes dans les champs. Au fur et à mesure que je progressais vers le sud, le nombre de ces travailleuses augmentait régulièrement jusqu'à égaler , voire dépasser, le nombre des hommes. J'en ai eu un que j'ai eu l'occasion de voir de près ; elle était grossièrement vêtue, pieds nus et portait un râteau sur l'épaule. J'avais déjà vu des photos de quelque chose comme ça, mais jamais de choses réelles.

En dehors de l'Italie, j'ai rarement vu des hommes marcher pieds nus, soit à la campagne, soit à la ville, mais dans le sud de l'Europe, cela semble être une coutume parmi les travailleuses, et j'ai pris cela comme une indication de la position inférieure qu'occupent les femmes parmi les femmes. des peuples du sud de l'Europe par rapport à la position qu'ils occupent en Amérique. J'ai vu beaucoup de femmes pieds nus plus tard au cours de mon voyage, tant sur le terrain qu'ailleurs. J'avoue cependant que j'ai été surpris de rencontrer à Vienne, en Autriche, comme je l'ai fait à plusieurs reprises lors de mon séjour, des femmes marchant pieds nus sur les trottoirs d'une des rues les plus branchées de la ville. Un jour, en discutant avec un Autrichien d'origine, j'ai exprimé ma surprise face à ce que j'avais vu.

"Oh, eh bien," répondit-il, "ce sont des Slovaques."

Avec quelle vivacité cela m'a rappelé une remarque parallèle que je connaissais : « Oh, eh bien, ce sont des nègres !

C'est le ton de cette réponse qui a retenu mon attention. Cela a mis en évidence ce que j'ai vite découvert comme étant une autre caractéristique distinctive de la vie dans le sud de l'Europe. Partout où je suis allé en Autriche et en Hongrie, j'ai trouvé les gens divisés selon la race à laquelle ils appartenaient. Il y avait une race au sommet, une autre en bas, et puis il y avait peut-être deux ou trois autres races qui occupaient des positions relativement plus élevées ou plus basses entre les deux. Dans la plupart des cas, c'était une partie de la race slave, dont il existe cinq ou six branches différentes dans l'empire autrichien, qui se trouvait au bas de l'échelle.

Plusieurs fois, dans mes efforts pour découvrir quelque chose sur ces soi-disant « personnes inférieures », je me suis renseigné à leur sujet auprès de leurs voisins les plus prospères . Dans presque tous les cas, quelle que soit la race à laquelle je faisais référence, j'ai reçu la même réponse. On m'a dit qu'ils étaient paresseux et qu'ils ne travailleraient pas ; qu'ils n'avaient aucune initiative ; qu'ils étaient immoraux et incapables de se gouverner eux-mêmes. En même temps, je les ai trouvés effectuant presque tout le travail vraiment pénible, désagréable et mal payé qui était accompli. Habituellement, je constatais aussi qu'avec moins d'opportunités que les gens qui les entouraient, ils faisaient des progrès.

J'ai souvent été surpris par l'amertume entre les courses. J'ai entendu des gens parler plus violemment, mais je ne pense avoir entendu personne Il n'y a rien de pire à l'égard des Noirs que certaines des déclarations faites par les membres d'une race en Autriche à l'égard des membres d'une autre.

J'ai atteint la ville de Prague tard dans la nuit et je me suis réveillé le lendemain matin dans un monde totalement nouveau pour moi. Ce n'était pas que Prague soit si différente des autres villes européennes que j'avais vues, mais la langue semblait plus étrange que tout ce que j'avais jamais entendu. Je ne prétends pas comprendre l'allemand, mais il me semblait que cette langue avait quelque chose de familier et d'amical par rapport au tchèque.

Les Tchèques ne sont qu'une des dix-sept races de l'Autriche-Hongrie, dont chacune, à l'exception des Juifs, qui sont une exception à tout, cherche à conserver sa propre langue et, si possible, à contraindre tous ses voisins pour l'apprendre. Préserver sa propre langue n'est pas difficile dans les campagnes, où chaque race vit séparément dans son propre village et conserve ses propres coutumes et traditions. C'est plus difficile dans les grandes villes comme Vienne et Budapest, où les différentes nationalités entrent en contact intime les unes avec les autres et avec le monde européen dans son ensemble.

Il existe une région du nord-est de la Hongrie où, au cours d'une journée de randonnée, on peut traverser, l'un après l'autre, des villages habités par jusqu'à cinq races différentes : Ruthènes, Juifs, Roumains, Hongrois et Allemands . Une carte raciale du Double Empire montre des districts dans lesquels une race prédomine, mais ces mêmes districts seront très probablement parsemés de villages dans lesquels survivent encore des fragments d'autres races, dont certaines, comme les Turcs, sont si peu nombreuses qu'elles ne sont pas comptés séparément comme faisant partie de la population. Dans ces circonstances, voyager dans cette partie du monde devient intéressant mais pas facile.

Heureusement, j'avais des lettres d'introduction au Dr Albert W. Clarke, chef de la branche autrichienne du Conseil américain des missions à Prague, et il m'a présenté à certains de ses assistants autochtones qui parlaient anglais et m'a gentiment aidé à trouver ce que je voulais. Je désirais surtout voir la ville et les gens. Grâce à lui, j'ai eu l'occasion de pénétrer dans certains des immeubles dans lesquels vivent les Européens et de voir certains travailleurs chez eux. Je n'ai pas eu l'occasion d'explorer les quartiers de la ville dans lesquels vivent les gens les plus pauvres ; en fait, on m'a dit qu'il n'y avait rien à Prague qui correspondait aux bidonvilles de nos villes anglaises et américaines. Il y a beaucoup de pauvreté, mais c'est une pauvreté qui se respecte – non pas celle de ceux qui ont été vaincus et ont sombré, mais celle de ceux qui ne se sont jamais relevés.

J'ai découvert que l'ouvrier bohème moyen vivait dans deux pièces et travaillait pour un salaire considérablement inférieur à celui que le même type de travail aurait rapporté en Angleterre, et bien inférieur à ce que le même type de travail aurait rapporté en Amérique. Il est cependant très peu utile de comparer les salaires que gagnent les hommes, à moins de pouvoir comparer toutes les conditions environnantes.

Durant mon séjour à Prague , j'ai eu l'occasion de voir de près la vie de la population agricole. Sous la direction d'un des assistants du docteur Clarke, je me rendis un jour en voiture dans un petit village où se trouvaient un certain nombre de personnes tombées sous l'influence de la mission américaine à Prague et où l'on m'assura que je trouverais un accueil .

Ce n'était peut-être pas le meilleur endroit pour se faire une idée de ce qu'il y a de plus caractéristique dans la vie rurale de Bohême. J'avais espéré voir quelque chose des coutumes locales des gens de la campagne, mais, bien que ce fût un jour férié lorsque j'ai fait ma visite, je n'ai pas vu un seul costume de paysan.

Il existe encore de nombreux endroits en Bohême, je crois, où les gens sont fiers de porter les costumes nationaux, et il existe encore de nombreuses régions de l'Empire autrichien où subsistent des reliques d'une civilisation plus ancienne. En effet, j'ai entendu parler d'endroits où, dit-on, les paysans payent encore les anciennes redevances féodales ; ailleurs, l'ancienne condition non libre des paysans se perpétue encore sous la forme du péonage, comme on peut encore le trouver parfois dans nos États du Sud. Dans ce cas, les paysans se sont endettés pour la terre. Ils ne sont pas autorisés à rembourser cette dette, ce qui sert de prétexte pour les maintenir liés au sol. Mais l'éducation et le développement des industries manufacturières ont banni les traces de l'ancienne civilisation de la plus grande partie de la Bohême.

Dans le village que j'ai visité, comme dans la plupart des villages agricoles de cette partie du monde, les maisons des paysans s'alignent assez serrées de part et d'autre de la rue. A l'arrière se trouvent les quartiers des domestiques, les magasins et les écuries, les porcheries et les étables, tous étroitement liés, de sorte que j'étais souvent un peu incertain où s'arrêtaient les quartiers des domestiques et ceux des autres. car les animaux ont commencé. En fait, à certains endroits, aucune distinction très précise n'a été faite.

L'un des endroits les plus intéressants que j'ai visités pendant mon séjour dans ce village était une ferme laitière dirigée par un juif. Il faisait évidemment partie de ceux de la classe inférieure ou moyenne – un type dont on entend beaucoup parler en Europe – qui, avec très peu de connaissances ou de compétences dans le travail agricole proprement dit, ont réussi, grâce à leurs compétences commerciales supérieures, à prendre possession de la terre. et réduire le paysan à une position à peine meilleure que celle d'un serf. Cet homme possédait non seulement une ferme laitière, mais il exploitait en outre deux ou trois briqueteries et avait d'autres intérêts commerciaux importants dans le village. Bien qu'il fût un homme riche et intelligent, il avait sa demeure au milieu d' une concession autour de laquelle étaient regroupées des maisons pour ses ouvriers , des étables à vaches, un atelier de charron et de forgeron, des emplacements pour porcs, poules et chiens, le tout. dans un état de désordre et de saleté indescriptible.

La plus grande partie du travail à la ferme semblait être effectuée par des femmes, dont la plupart étaient pieds nus ou portaient des sabots en bois. Je ne pense pas avoir vu quelqu'un porter des sabots en bois auparavant depuis l'époque de l'esclavage. Ils étaient restés dans mon esprit comme le symbole de la pauvreté et de la dégradation ; mais on les porte partout dans les campagnes d'Europe. En fait, je me souviens d'un jour, alors que je visitais une école d'agriculture, j'ai trouvé l'un des enseignants travaillant dans le jardin portant des sabots en bois. Les gens qui travaillaient dans cette ferme vivaient tous, à ce que je pouvais voir, dans une petite pièce malodorante et sale. Dans les maisons que j'ai visitées, il n'y avait aucun signe de ces industries domestiques pour lesquelles les paysans hongrois sont réputés et qui devraient contribuer à éclaircir et à rendre confortable la maison la plus simple.

Je crois qu'il y a peu de plantations dans nos États du Sud où, même dans de petites cabanes d'une seule pièce, on ne trouverait pas les gens de couleur vivant dans un plus réel confort et plus de propreté que ce n'était le cas ici. Même dans les cabanes noires les plus pauvres du Sud, j'ai trouvé des preuves que le sol était parfois frotté et qu'il y avait généralement une couverture blanche sur le lit, ou des preuves d'un effort pour être rangé.

Prague est l'une des villes les plus anciennes d'Europe. Ce qui m'a impressionné par l'ancienneté de la ville, c'est le fait qu'avant le début de l'ère chrétienne, il y avait un quartier juif dans cette ville. Prague est également l'une des villes les plus modernes d'Europe. En relativement peu d'années, de grandes usines de fabrication se sont multipliées dans tout le pays. La Bohême fabrique, entre autres choses, des fez et les vend à la Turquie ; élève des haricots et les expédie à Boston.

Ce qui est le plus intéressant, c'est que ce progrès a été rendu possible, dans une très large mesure, par l'éducation des masses populaires. Les Bohémiens comptent aujourd'hui parmi les peuples les plus instruits d'Europe. Par exemple, parmi les immigrants venus d'Europe vers l'Amérique, 24,2 pour cent. les plus de quatorze ans ne savent ni lire ni écrire. Pour les immigrés allemands, pas plus de 5,8 pour cent. ne savent ni lire ni écrire. Chez les Bohémiens, le pourcentage d'analphabétisme n'est que de 3 pour cent. Il n'existe qu'une seule catégorie d'immigrés parmi laquelle le pourcentage d'analphabétisme est le plus faible. Parmi les immigrés danois, ce chiffre est de 0,8 pour cent.

Il n'y a aucune région de l'Empire autrichien où l'éducation soit plus largement diffusée et où les écoles soient aussi bien adaptées aux besoins réels de la population. Outre les écoles primaires ordinaires et les gymnases (qui correspondent à nos lycées), il existe plusieurs instituts supérieurs de technologie qui préparent les étudiants à l'industrie et au commerce. Outre ces écoles publiques, il existe un grand nombre d'écoles industrielles gérées par les villes ou par des associations privées. Certaines d'entre elles sont situées dans de petites villes et sont étroitement liées aux industries locales. Parfois, ils sont organisés par les membres des différents métiers et métiers en complément du système d'apprentissage. Par exemple, dans une ville où les habitants travaillent dans l'industrie de la terre, on trouvera des écoles qui donnent des cours pratiques de fabrication de vases et de vaisselle. Dans certaines des plus grandes villes, l'enseignement commercial et industriel est dispensé dans des « écoles de perfectionnement ». Dans ces écoles, les filles qui ont appris les travaux d'aiguille dans les écoles élémentaires apprendront la couture, la couture, la broderie et la dentelle. Il existe également des cours dans lesquels les garçons sont préparés à travailler dans les industries sucrière, brassicole, horlogère et autres industries manufacturières.

Dans les deux instituts technologiques de Prague, dont l'un est destiné aux Bohémiens et l'autre aux Allemands, des cours sont dispensés pour préparer les étudiants à devenir ingénieurs, chimistes, machinistes, architectes, comptables, etc. En relation avec ces cours, il existe également des cours spéciaux. départements où les étudiants sont préparés à devenir des maîtres ouvriers dans des métiers tels que la briqueterie, la menuiserie, l'ébénisterie et la maçonnerie en pierre.

Il y a beaucoup de choses dans la vie et l'histoire du peuple bohème qui intéressent particulièrement une race ou un peuple comme les Noirs, qui luttent eux-mêmes pour accéder à un niveau de vie et de civilisation plus élevé et plus libre.

Jusqu'en 1848, les masses du peuple bohème étaient soumises au servage. Jusqu'en 1867, ils n'étaient pas autorisés à émigrer du pays et étaient donc détenus, comme le sont aujourd'hui les paysans russes, dans une certaine mesure, prisonniers dans leur propre pays. La majeure partie des terres était aux mains de la noblesse, descendante des étrangers arrivés dans le pays lors de sa conquête, un siècle ou plus auparavant. Aujourd'hui encore, cinq familles en possèdent 8 pour cent. de toutes les terres du royaume, et un dixième de la population en possède 36 pour cent. de la superficie du pays. L'Empereur et l'Église catholique sont également de grands propriétaires fonciers.

L'un des effets de cette nouvelle éducation et de la nouvelle vie qui l'accompagne a été de rendre les terres détenues dans des domaines plus vastes moins productives que celles qui sont divisées en propriétés plus petites et cultivées par les hommes qui les possèdent.

J'ai trouvé intéressant d'apprendre que les Bohémiens dans leur propre pays souffrent des mêmes désavantages que les Noirs du Sud. Par exemple, le fonds destiné à l'éducation est partagé entre les races – les Allemands et les Tchèques – tout comme l'argent destiné à l'éducation est partagé au Sud entre les Blancs et les Noirs, mais, comme c'est le cas au Sud, il n'est pas partagé également. entre les courses.

Par exemple, dans la ville de Prague, il y a un gymnase (école) pour 62 000 habitants tchèques, tandis qu'en Allemagne, il y a un gymnase pour 6 700 habitants. Parmi ce qu'on appelle les écoles réelles, où l'enseignement est plus pratique que celui des gymnases, il y en a une pour 62 000 habitants en Bohême, tandis que les Allemands en ont une pour 10 000 habitants. Depuis plusieurs années, même si les Bohémiens représentent 70 pour cent. de la population, ils n'ont reçu qu'un peu plus de la moitié des fonds affectés à l'enseignement secondaire, tant dans les gymnases que dans les écoles réelles. Les salaires des enseignants des écoles élémentaires varient de 155 $ à 400 $ par an ; Toutefois, dans les écoles où la langue allemande est enseignée, les enseignants reçoivent une prime supplémentaire pour leurs services.

Pour surmonter leurs désavantages dans ce domaine, les Tchèques ont complété le travail des écoles publiques par des écoles industrielles, qui sont entretenues grâce aux contributions du peuple, de la même manière que les Noirs dans de nombreuses régions du Sud ont complété le travail du public. écoles afin d'allonger la durée de l'année scolaire et d'introduire des formations industrielles de toutes sortes.

Qui plus est, les masses populaires de Bohême sont limitées et restreintes dans tous leurs mouvements d'une manière que personne en Amérique, s'il n'est pas passé par les mains des inspecteurs de l'immigration d'Ellis Island, ne peut comprendre. Par exemple, le peuple autrichien jouit depuis plusieurs années de la liberté de conscience et, en théorie du moins, chacun est autorisé à pratiquer son culte selon ses propres inclinations et convictions.

Néanmoins, il semble que ce soit autant un crime en Autriche de dire quelque chose qui pourrait être interprété comme irrespectueux envers l'Église catholique que d'insulter le nom de l'empereur. J'ai entendu l'histoire d'une femme qui tenait un petit magasin dans lequel elle utilisait des exemplaires d'un journal catholique pour emballer les articles qu'elle avait vendus à ses clients. La police l'a prévenue que si elle continuait à utiliser ce journal à cette fin, elle s'exposerait à une arrestation. On trouva ensuite dans son magasin des colis enveloppés dans ce papier ; elle a été arrêtée et l'affaire a été portée devant le plus haut tribunal, mais la peine qui lui avait été imposée a été maintenue et elle a été contrainte de purger une peine de prison en guise de punition pour ce délit. Ce n'est qu'avec les plus grandes difficultés, m'a informé le docteur Clarke, qu'il a réussi à obtenir du gouvernement l'autorisation d'établir une branche de l'Association chrétienne des jeunes gens à Prague.

J'ai moi-même eu une certaine expérience de ces restrictions lorsque je parlais devant un auditoire composé en grande partie de jeunes ouvriers bohèmes dans les salles de cette même Association chrétienne de jeunes gens. Pour qu'il me soit permis de prononcer ce discours, il a fallu annoncer le sujet aux officiers du gouvernement trois jours avant mon arrivée dans la ville, et lors de la réunion, j'ai eu l'expérience inhabituelle de voir mes paroles notées par un Un fonctionnaire du gouvernement qui était présent pour veiller à ce que je ne dise rien qui puisse troubler l'ordre public.

Ne sachant pas quoi dire d'autre qui pourrait l'intéresser à ce public, j'ai raconté brièvement l'histoire de ma propre vie et du travail que nous essayons de faire pour nos étudiants de Tuskegee. Je leur ai également dit que l'institution (Hampton Institute) dans laquelle j'avais fait mes études avait été créée par le même Conseil américain des missions qui était responsable de l'existence de la Young Men's Christian Association en Bohême.

Pour que mes auditeurs puissent comprendre ce que je disais, il a fallu que le secrétaire de l'association, un bohème qui parlait très bien anglais, traduise mes propos phrase par phrase. Malgré ces difficultés, je ne crois pas avoir jamais parlé à un public de travailleurs plus intelligents ou plus reconnaissants. Ce fut pour moi un grand plaisir et une grande satisfaction de pouvoir m'adresser à ce public. Je sentais, comme eux je pense, que nous avions quelque chose en commun que d'autres, peut-être, ne pouvaient pas entièrement comprendre, parce que chacun de nous appartenait à une race qui, si différente à d'autres égards, était la même en ceci : qu'elle était luttant vers le haut.

CHAPITRE V
POLITIQUE ET RACES

A Prague, capitale de la Bohême, je rencontrai pour la première fois l'avant-garde, si je puis m'exprimer ainsi, d'une race nouvelle, les Slaves. Je dis une nouvelle race, car bien que les peuples slaves revendiquent une antiquité aussi grande que celle de toute autre race en Europe, les masses de cette race semblent tout juste émerger d'une condition de vie plus primitive que celle de presque tous les autres peuples d'Europe. .

Beaucoup de petites choses, non seulement ce que j'ai vu de mes propres yeux, mais ce que j'ai entendu des autres, m'ont donné l'impression, en voyageant vers le sud, que j'entrais dans un pays où les masses populaires vivaient de manière plus simple et plus primitive. existence que tout ce que j'avais vu ailleurs en Europe. Je me souviens, entre autres, que j'ai été un jour surpris de voir, dans le voisinage des régions minières de Bohême, une demi-douzaine de femmes occupées à charger une barge de charbon, à pelleter le charbon dans des brouettes et à le faire rouler le long d'une planche étroite. du quai à charbon jusqu'au navire à quai.

J'ai été encore une fois impressionné par le fait que plusieurs peuples de l'Empire autrichien – les Moraves et les Ruthènes en sont un exemple – conservent encore leurs anciens noms tribaux. Certains autres de ces peuples conservent encore non seulement les noms tribaux, mais bon nombre des anciennes coutumes tribales. Chez la plupart des peuples slaves, par exemple, la coutume donne encore à la cérémonie du mariage le caractère de troc et de vente. En fait, j'ai découvert que dans l'une des grandes villes de province de l'est de la Hongrie, les anciennes « foires matrimoniales » ont toujours lieu. Chaque année, un certain jour, des centaines de jeunes femmes à marier sont amenées à cette foire par leurs parents, où on peut les voir assises sur leurs malles et entourées du bétail qu'elles espèrent avoir en dot. Naturellement, des jeunes gens viennent de tout le pays pour assister à cette foire, et généralement un avocat s'assoit sous un arbre voisin, prêt à rédiger le contrat de mariage. Dans certains cas , jusqu'à quarante mariages sont ainsi arrangés en une seule journée.

Divisé en petits royaumes ou provinces, chacun parlant une langue distincte, vivant pour la plupart dans les campagnes et soumis à une sorte de sujétion politique et économique, tantôt par les descendants de conquérants étrangers, tantôt, comme dans le cas de les Polonais, en raison de la noblesse de leur propre race, les masses des peuples slaves du sud de l'Europe ont vécu pendant des siècles sans contact avec la vie des villes et, dans une large mesure, avec le monde. Par conséquent, comparés aux peuples de l'Europe occidentale, qui vivent au centre de la vie et du progrès modernes, les peuples slaves se profilent à l'horizon.

Au cours de mes voyages à travers l'Autriche et la Hongrie, je crois avoir rencontré, à un moment ou à un autre, des représentants de presque toutes les branches de la race slave de l'empire. En Bohême, j'ai fait la connaissance, comme je l'ai dit, de la partie la plus progressiste de la race, les Tchèques. En Galice, j'ai vu un peu de la vie du peuple polonais, tant dans les villes que dans les campagnes. A Budapest et à Vienne, j'ai appris quelque chose de la condition des classes ouvrières et paysannes, parmi lesquelles les peuples slaves constituent habituellement la majorité. À Fiume, le port de Hongrie, d'où partent chaque année quarante mille émigrants pour les États-Unis, j'ai rencontré et parlé avec des Dalmates, des Croates, des Slovènes, des Ruthènes et des Serbes, représentants en fait de presque toutes les races de Hongrie. Dans les plaines de la Hongrie centrale, ainsi qu'en Prusse orientale, j'ai vu des bandes d' ouvriers errants , composées d'hommes et de femmes venus dans cette partie du pays en provenance des pays slaves plus au sud et à l'est pour participer aux récoltes sur le terrain. de grands domaines.

Durant cette période, j'ai également fait la connaissance, dans une certaine mesure, de représentants de presque tous les types de civilisation, hautes et basses, parmi les peuples du sud de l'Europe, depuis les bergers dalmates, qui mènent une existence grossière et semi-barbare sur les hautes montagnes arides. le long de la côte de l'Adriatique, aux artisans économes et énergiques de Bohême et à la talentueuse noblesse polonaise, qui sont considérées comme parmi les personnes les plus intellectuelles d'Europe.

Je n'ai pas vu, parmi ces classes que j'ai mentionnées, le peuple le plus primitif de la race slave, ni le type de l'homme de cette race la plus inférieure. En fait, j'ai entendu dire que dans les régions montagneuses du sud de la Galice, il y a des gens qui habitent dans des trous creusés dans le sol ou qui se rassemblent dans de petites huttes construites en terre. Je n'ai pas vu non plus, comme j'aurais aimé voir, la vie de ces peuples slaves du sud-ouest de la Hongrie qui possèdent encore leurs terres en commun et vivent ensemble en communautés patriarcales, plusieurs familles sous un même toit, sous le règne d'un " "un père de maison" et une "mère de maison", élus chaque année pour gouverner la communauté.

Le peu que j'ai vu de la vie des différentes branches de la race m'a donné cependant l'impression d'un peuple aux grandes possibilités, qui, arrivé tardivement en possession des idées et des méthodes modernes, avançait partout, en certains endroits. rapidement et dans d'autres plus lentement, mais en progressant toujours.

Une chose qui a entravé le progrès des Slaves a été la différence dans les langues parlées par les différentes branches de la race. Cette différence de langue est un obstacle si grand qu'il y a quelques années, lors d'un congrès de tous les peuples slaves tenu à Prague, les représentants des différentes branches de la race, n'ayant pas de langue commune, furent obligés de se parler dans des langues différentes. la seule langue qu'ils prétendaient tous détester : l'allemand.

Une autre chose qui a entravé le progrès des Slaves a été les jalousies héritées et les souvenirs qu'ils chérissent des anciennes blessures qu'ils se sont infligées dans le passé. En général, il semble vrai pour les races d'Autriche-Hongrie que chaque race ou branche de la race se hait et se méprise les unes les autres, et cette haine est d'autant plus amère qu'elles sont plus étroitement associées. Par exemple, il existe une querelle de longue date entre les paysans polonais et la noblesse polonaise. Cette division est si grande que les paysans polonais se sont souvent rangés du côté de la noblesse polonaise dans les luttes de celle-ci avec le gouvernement central autrichien. Mais ce sentiment de caste qui sépare les deux classes du peuple polonais n'est rien en comparaison du mépris que tout Polonais, qu'il soit paysan ou noble, éprouverait à l'égard de tout Ruthène, peuple dont le Polonais est très proche. lié par le sang et avec qui il entretient depuis longtemps une étroite association politique. D'un autre côté, le Ruthène de Galicie considère le Polonais tout comme le Tchèque de Bohême considère son voisin allemand : comme son ennemi le plus acharné. Les deux peuples refusent de se mêler socialement ; ils se marient rarement entre eux ; dans de nombreux cas, ils entretiennent des écoles séparées et sont représentés séparément au Parlement impérial, chaque race élisant ses propres représentants. Mais tous sont unis dans la haine et le mépris du Juif qui, bien qu'il ne revendique aucune partie distincte de l'empire et n'ait aucune langue pour se distinguer des autres races qui l'entourent, s'accroche néanmoins avec autant de ténacité que n'importe quelle autre partie de la population. à ses propres traditions et coutumes raciales.

Les peuples slaves, par ailleurs divisés par la langue et la tradition, le sont également par la religion. Les personnes parlant la même langue et partageant à d'autres égards les mêmes traditions sont souvent aussi largement séparées par des différences de religion qu'elles pourraient l'être par des différences de race. Par exemple, parmi les Slaves du sud, la majorité des Slovènes et des Croates sont catholiques, les autres sont protestants. En revanche, la majorité des Serbes, leurs proches voisins , sont membres de l'Église orthodoxe grecque, tandis que d'autres sont mahométans. La division entre les Slaves catholiques et orthodoxes est si grande que, dans certains cas, les membres des branches orientales et occidentales de l'Église appartenant à la même nationalité portent un costume différent afin de souligner les différences de religion qui autrement pourraient être oubliées ou négligé.

En Galice, il n'y a pas seulement les branches romaine et orthodoxe de l'Église, mais aussi trois ou quatre autres branches mineures. L'une d'elles, les Uniates, qui est un compromis entre les deux et est destinée à être une sorte de lien entre les Églises d'Orient et d'Occident, est maintenant, dit-on, tout aussi distincte des deux que n'importe laquelle des autres branches de l'Église. Église. Dans cette région, qui a été le champ de bataille de toutes les religions d'Europe, les distinctions religieuses jouent un rôle bien plus important qu'ailleurs, car les masses populaires n'ont pas encore oublié l'amertume et la dureté des premières luttes des peuples. sectes. Le résultat est que les différences religieuses semblent avoir intensifié les animosités raciales plutôt que de les avoir atténuées.

Malgré les divisions et les rivalités qui existent, il semble se développer, sous l'influence de la lutte contre les autres races dominantes dans l'Empire, et par suite des agitations politiques auxquelles cette lutte a donné lieu, une sens d'un objectif commun et intérêt pour les différentes branches de la race slave; une sorte de conscience raciale, comme on l'appelle parfois, qui semble être l'une des conditions sans lesquelles une race en déclin ne peut pas avoir l'ambition et le courage de se relever.

C'est la présence de cette grande race slave en Europe occidentale, progressant à tâtons dans les conditions et les difficultés que j'ai décrites, qui constitue, autant que je suis en mesure de le définir, le problème racial de l'Europe méridionale.

À bien des égards, la situation des Slaves dans l'Empire austro-hongrois et dans le sud de l'Europe en général ressemble plus à celle des Noirs dans les États du Sud qu'à celle de toute autre classe ou race en Europe. D'une part, la grande majorité de cette race est, comme les Noirs, un peuple agricole. Pendant des siècles, ils ont vécu et travaillé sur la terre, où ils ont été les serviteurs des grands propriétaires terriens, considérés par les classes instruites et supérieures comme « une race inférieure ». Bien qu'ils ne se distinguaient pas des classes dominantes, comme l'étaient les Noirs, par la couleur de leur peau, ils se distinguaient par la langue qu'ils parlaient, et cette différence de langage semble avoir été, en ce qui concerne la compréhension mutuelle et la sympathie. , la barre est plus grande que le fait de la couleur dans le cas de l'homme blanc et de l'homme noir du Sud.

Jusqu'à il y a relativement peu d'années, un Slave instruit ne parlait pas habituellement, du moins en public, la langue des masses populaires. Le docteur Clarke, chef de la mission autrichienne du Conseil américain à Prague, m'a dit qu'il y a trente ans à peine, un Tchèque instruit ne se souciait pas de parler sa propre langue dans les rues de Prague. A cette époque, la langue allemande était encore la langue des classes instruites, et tout le savoir de l'Europe était, dans une très large mesure, un livre fermé pour ceux qui ne parlaient ni ne lisaient cette langue.

Aujourd'hui, les conditions ont tellement changé, me dit le docteur Clarke, que les habitants de certains quartiers de Prague se moquent de quiconque parle allemand dans la rue.

"Lorsque nous rendons visite à un fonctionnaire du gouvernement", a déclaré le docteur Clarke, "nous demandons généralement d'abord quelle langue ce fonctionnaire particulier préfère parler, l'allemand ou le tchèque. Il est sage de le faire car la plupart des fonctionnaires , surtout s'ils représentent le gouvernement central de Vienne, parlent allemand ; mais un Tchèque fidèle à sa race ne parlera pas l'allemand détesté à moins d'y être obligé.

Le docteur Clarke m'a raconté, pour illustrer le fanatisme des Bohémiens en matière de langue, que ses petites filles, qui avaient été élevées dans des écoles allemandes et préféraient parler cette langue entre elles, avaient plus d'une fois été huées, et même lapidé par de jeunes bohémiens dans le quartier de la ville où il habite, parce qu'ils parlaient une langue que les masses populaires avaient été élevées à détester.

Un autre aspect par lequel la situation du peuple slave ressemble, dans une certaine mesure, à celle des masses noires des États du Sud, concerne ses relations politiques avec les races dominantes. En Autriche comme en Hongrie, toutes les races sont censées bénéficier des mêmes privilèges politiques et, dans le cas de l'Autriche au moins, le gouvernement semble avoir fait un réel effort pour garantir l'égalité des droits à tous. Ici encore, les préjugés raciaux et traditionnels, ainsi que les grandes différences de richesse et de culture des différents peuples, ont maintenu le pouvoir politique en Autriche proprement dite entre les mains des Allemands et en Hongrie entre les mains des Magyars.

Ce qui rend la situation plus difficile pour les races dominantes dans ces deux pays, c'est le fait que les peuples dits inférieurs augmentent en nombre plus rapidement que les autres races, et que les Allemands et les Magyars deviennent chaque année une minorité plus petite au milieu. des populations qu'ils tentent de contrôler. Le résultat a été que l'empire apparaît à celui qui regarde de l'extérieur comme une masse bouillonnante de mécontentement, avec rien d'autre que la peur d'être englouti par certains de ses voisins les plus puissants pour maintenir l'unité des nationalités .

Il y a un point sur lequel la situation des Noirs en Amérique est entièrement différente de celle des diverses nationalités d'Autriche et de Hongrie. Le Noir n'est pas obligé de recevoir son éducation au moyen d'une langue étrangère aux autres personnes qui l'entourent. L'homme noir du Sud parle la même langue et professe la même religion que les Blancs. Il ne cherche pas à établir une nationalité distincte pour lui-même ni à créer pour lui-même un intérêt distinct ou antagoniste à celui des autres peuples des États-Unis. Le Noir ne cherche pas à dominer politiquement, aux dépens de la population blanche, la moindre partie du pays qu'il habite. Bien qu'il ait subi des torts et des injustices, il n'est ni devenu aigri ni fanatique. La concurrence avec la race blanche qui l'entoure a donné au Noir l'ambition de réussir et l'a rendu fier des succès qu'il a déjà obtenus ; mais il est tout aussi fier d'être citoyen américain que d'être noir. Il ne nourrit aucune ambition contraire aux intérêts du peuple blanc, mais il est soucieux de prouver qu'il aide plutôt qu'il ne gêne le succès et la prospérité de l'autre race.

Je doute qu'il y ait beaucoup de gens dans nos États du Sud qui ont pensé à quel point la situation dans les États du Sud serait encore plus difficile si les masses noires parlaient une langue différente de celle des Blancs qui les entourent, et surtout si, au même moment, en même temps, ils nourrissaient des ambitions politiques et sociales contraires aux intérêts de l'homme blanc.

D'un autre côté, je doute que les Noirs se rendent compte de l'avantage qu'ils ont à parler l'une des grandes langues du monde, celle qui est en fait la plus largement utilisée que toute autre par les peuples les plus avancés en science. dans les arts et dans tout ce qui rend le monde meilleur. L'anglais n'est pas seulement une grande langue mondiale, c'est la langue d'un peuple et d'une race parmi lesquels les plus élevés n'ont ni peur ni honte de tendre la main et d'élever les plus bas, et de les aider dans leurs efforts pour atteindre un niveau plus élevé et meilleur. vie.

Dans le sud de l'Europe, les conditions sont très différentes. Les langues qui y sont parlées, loin de contribuer à rapprocher les peuples, sont le moyen même par lequel les peuples sont séparés. En outre, les masses populaires autrichiennes parlent des langues qui, jusqu'à il y a cent ans, n'avaient pratiquement aucune littérature écrite. Jusqu'au début du siècle dernier, les gens instruits de Hongrie parlaient et écrivaient en latin, et jusqu'au milieu du siècle, le latin était encore la langue de la Cour. Jusqu'en 1848, il n'y avait pratiquement aucune école de langue tchèque en Bohême. Jusqu'à cette époque, il n'existait pratiquement aucun journal, magazine ou livre imprimé dans la langue parlée par les masses populaires.

On a dit que les langues écrites ou littéraires du peuple slave ont été, à une ou deux exceptions près, presque créées au cours des cent dernières années. En fait, certains Slaves, bien qu'ils possèdent une riche littérature orale, n'ont toujours pas, m'a-t-on dit, de langue écrite qui leur soit propre.

Un grand changement s'est produit à cet égard ces dernières années. A l'heure actuelle, sur les 5 000 périodiques imprimés en Autriche-Hongrie, 2 000 environ sont imprimés en allemand, 938 en magyar, 582 en tchèque et les 1

480 restants sont imprimés dans cinq ou six autres langues. La langue magyar est désormais enseignée dans toutes les écoles de Hongrie, qu'une autre langue soit enseignée en même temps ou non. En dehors de la Hongrie, en Autriche même, il existe environ 8 000 écoles exclusivement allemandes, 5 578 écoles tchèques et 6 632 écoles où l'on enseigne d'autres dialectes slaves, sans parler des 645 écoles où l'on enseigne l'italien, des 162 écoles où le roumain est enseigné . enseigné, et le 5 dans lequel le magyar est enseigné.

Pour un étranger, il semble que le but de ces écoles doit être de perpétuer la confusion et les animosités raciales qui existent dans l'empire. D'un autre côté, il ne faut pas oublier que le fait de pouvoir lire la langue qu'ils parlent habituellement a constitué un énorme avantage pour les masses populaires. En fait, la multiplication de ces différentes langues écrites, et des écoles dans lesquelles elles sont enseignées, semble avoir été le seul moyen d'ouvrir aux masses populaires le savoir qui était auparavant enfermé dans des langues qu'elles parfois j'ai appris à lire mais je parlais rarement.

En considérant les complications et les difficultés, tant politiques qu'économiques, auxquelles non seulement l'Autriche mais l'Europe doivent faire face en raison des différentes langues parlées par les différentes races, je me suis demandé ce qui se passerait probablement dans nos États du Sud si, comme certains l'ont suggéré, un grand nombre de ces peuples étrangers ont été incités à s'y installer. Je crains fort que si ces gens venaient en grand nombre et s'installaient dans des colonies en dehors des villes, où ils bénéficieraient relativement peu d'avantages en matière d'éducation et où ils seraient mieux à même et plus disposés à préserver leurs coutumes et leurs langues indigènes, nous aurions peut-être un problème racial dans le Sud plus difficile et plus dangereux que celui causé par la présence des Noirs. Quoi qu'on puisse dire du Noir, il ressemble plus, en tout sauf par sa couleur , à l'homme blanc du Sud, plus disposé et plus capable d'absorber les idées et la culture de l'homme blanc et de s'adapter aux conditions existantes, qu'il n'est vrai. de toute race qui arrive maintenant dans ce pays.

Peut-être que ma tentative de comparer les conditions raciales dans le sud de l'Europe avec les conditions raciales dans le sud des États-Unis semblera à certains un peu étrange et déplacée parce que dans un cas, les races concernées sont toutes deux blanches, tandis que dans l'autre l'une est blanche. et un est noir. Néanmoins, je suis convaincu qu'une étude minutieuse des conditions telles qu'elles existent dans le sud de l'Europe jettera beaucoup de lumière sur la situation des races dans nos États du sud. Qui plus est, aussi étranges et irrationnels que paraissent souvent les conflits raciaux, que ce soit en Europe ou en Amérique, je soupçonne qu'ils ne sont au fond que les efforts de groupes de personnes pour réajuster leurs relations dans des conditions changeantes. En bref, ils naissent des efforts des gens qui se trouvent au bas de l'échelle pour s'élever vers un stade d'existence plus élevé.

S'il en est ainsi, il me semble qu'il n'y a aucune crainte à craindre, sous un gouvernement libre, où chaque homme a la possibilité de recevoir une éducation, où chaque homme est encouragé à se développer et à mettre au service de la communauté les meilleurs. c'est en lui que les difficultés raciales ne doivent pas être finalement réglées, et que l'homme blanc et l'homme noir vivent, chacun s'aidant plutôt qu'il ne gêne l'autre.

CHAPITRE VI
GRÈVES ET TRAVAUX AGRICOLES EN ITALIE ET EN HONGRIE

Il existe un mot anglais qui semble être plus connu et utilisé en Europe que presque tous les autres. C'est le mot « grève ». Les grèves ouvrières , j'ai compris, trouvent leur origine dans le système des usines en Angleterre. Mais les habitants du continent ont amélioré le dispositif anglais original et ont trouvé des moyens de l'utiliser dont nous, en Amérique, j'imagine, avons rarement, voire jamais entendu parler.

Il me semble qu'au cours de mon court voyage en Europe, j'ai entendu parler de plus de types de frappes et j'en ai appris davantage sur les différentes manières dont cette forme de guerre peut être utilisée que je n'en ai jamais appris auparavant dans toute ma vie. En Europe, on entend parler, par exemple, de grèves « politiques », de grèves « générales » et de grèves « agricoles » – grèves des récoltes – qui sont une variété particulière et intéressante des grèves ouvrières ordinaires . Il y a des grèves des loyers, des « émeutes de la faim », des grèves d'étudiants, et même des grèves des parlementaires, et lorsque j'étais à Budapest, quelqu'un a attiré mon attention sur un récit dans un des journaux de ce qu'on appelait une « grève des maisons ».

Il s'agissait d'un cas dans lequel les locataires d'un des grands immeubles ou immeubles d'habitation de la ville s'étaient mis en grève pour obliger le propriétaire à réduire le loyer. Ils avaient pendu le propriétaire en effigie dans la grande cour centrale autour de laquelle est érigé l'édifice ; ils décorèrent les murs et les balcons de pancartes calomnieuses, puis créèrent un tel désordre par leurs quolibets et leurs cris, complétés par des cornes de poisson, que tout le quartier fut réveillé. Les grévistes des maisons ont utilisé cette voie pour faire connaître leurs griefs, gagner la sympathie du public et obtenir une réduction du loyer.

J'ai eu l'occasion, lors de mon séjour en Europe, d'obtenir des informations de première main sur ces frappes continentales. J'étais à Berlin juste avant et après la bataille de trois jours entre les grévistes des chantiers charbonniers de Moabit et la police, au cours de laquelle plusieurs officiers et des centaines de personnes furent blessés. Pendant plusieurs jours, une partie de Berlin fut pratiquement en état de siège. Les policiers chargeaient la foule avec leurs chevaux, piétinaient les gens et les abattaient avec leurs épées. Les soldats ont pourchassé les grévistes dans les maisons voisines , où ils ont tenté de se barricader et ont répondu aux attaques de la police en lançant des missiles depuis les fenêtres des maisons vers les rues en contrebas. La nuit, les rues étaient plongées dans l'obscurité, parce que les grévistes avaient coupé les fils électriques, éteignant ainsi les lumières, de sorte que les policiers étaient obligés de porter des torches pour distinguer les amis des ennemis.

Une autre fois, alors que j'étais à Fiume, en Hongrie, j'ai eu l'occasion de constater par moi-même la manière et l'esprit dans lesquels ces grèves sont menées, ou plutôt la manière dont elles sont réprimées par la police.

J'étais sorti un jour pour visiter le poste d'émigrants, qui est situé à la périphérie de la ville, et j'ai remarqué, en m'y rendant, un certain nombre de policiers dans la voiture. Puis, apparemment au signal d'un responsable, ils semblèrent fondre. Une demi-heure plus tard, alors que j'étais au poste d'émigrants, j'ai été surpris par de grands cris à l'extérieur du bâtiment. Tout le monde se précipita aux fenêtres. La rue était bondée d'hommes, de femmes et d'enfants, tous courant pêle-mêle en direction de la ville. Certains ouvriers d'une usine voisine s'étaient mis en grève. Je ne comprenais pas d'abord pourquoi tout le monde semblait dans un tel état de terreur. Mais très vite, j'ai appris qu'ils fuyaient la police et, un instant plus tard, les policiers eux-mêmes sont apparus.

Ils formaient une large double ligne traversant l'avenue et, marchant rapidement, balayaient simplement tout devant eux. A leur tête, portant une lourde canne, se trouvait un homme en civil. Je ne sais s'il était officier ou propriétaire de l'usine, mais j'ai été frappé de l'air hautain et méprisant avec lequel il considérait la populace qui fondait devant lui. En quelques minutes, la rue était vide et, d'après ce que je pouvais voir, la grève était terminée.

De toute façon, c'était une petite affaire. Il n'y a eu aucune effusion de sang et presque aucune résistance de la part des grévistes, autant que j'ai pu le constater. Cela suffisait cependant pour me donner une idée très vivante de la manière impitoyable avec laquelle les gouvernements de ces puissances militaires sévères traitent les travailleurs rebelles . Les gouvernements européens semblent avoir l'habitude de s'immiscer, d'une manière dont nous n'avons aucune conception dans ce pays, dans toutes les petites affaires intimes de la vie. Il ne faut donc pas s'attendre à ce qu'ils soient capables, comme la police de ce pays, d'agir comme un parti neutre ou comme un arbitre, pour ainsi dire, dans les luttes du travail et du capital. C'est la raison, je suppose, pour laquelle, en Europe, les grèves se transforment presque toujours en une bataille contre la police ou en une insurrection contre le gouvernement.

Presque tout peut être l'occasion d'une grève en Europe, semble-t-il. Parfois, en Autriche et en Hongrie, comme je l'ai appris, des membres des diètes locales ou des législatures provinciales se mettent en grève et refusent de légiférer jusqu'à ce que certaines demandes aient été satisfaites par le gouvernement central de Vienne. Parfois, les étudiants d'une ou plusieurs universités nationales se mettent en grève parce que l'un de leurs professeurs favoris a été destitué par le gouvernement, ou parce qu'ils s'opposent à une mesure particulière du gouvernement. Il n'est pas rare, en France ou en Italie, que des troubles du travail soient fomentés à des fins politiques ou partisanes, notamment parmi les employés des chemins de fer de l'État.

Les grèves sont l' arme favorite des socialistes lorsqu'ils cherchent à imposer une mesure politique au Parlement. Il y a quelques années encore, il semblait que la « grève générale », par laquelle tous les ouvriers d'une ou de plusieurs villes, en abandonnant brusquement leurs outils et en refusant de reprendre leur travail, cherchaient à imposer une concession au gouvernement, était les moyens par lesquels les socialistes proposaient de renverser tous les gouvernements existants en Europe. Depuis l'échec de la révolution en Russie et de mouvements similaires à plus petite échelle en Italie et ailleurs, cette forme de grève semble être tombée en discrédit.

ouvrière la plus nouvelle et la plus intéressante que j'ai découverte lorsque j'étais en Europe était la « grève des ouvriers agricoles ». En Hongrie comme en Italie , les ouvriers agricoles sont depuis quelques années organisés en sociétés plus ou moins secrètes, et les épidémies fomentées par ces sociétés secrètes ont été, je crois, les plus sanglantes et les plus étendues. de toute grève du travail en Europe.

La possibilité que les ouvriers agricoles puissent s'organiser en syndicats et utiliser cette forme d'organisation pour contraindre les propriétaires fonciers à augmenter les salaires ne m'était jamais venue à l'esprit, et j'ai pris soin de connaître les conditions dans lesquelles en Hongrie et en Italie ces organisations ont grandi.

J'ai découvert que même si la situation des ouvriers agricoles en Hongrie diffère de celle des ouvriers agricoles en Italie à bien des égards, il y a deux aspects importants dans lesquels la situation de chacun est la même : premièrement, une grande partie des terres des deux pays pays est détenu dans de grands domaines ; Deuxièmement, les ouvriers agricoles , en général, surtout en Hongrie, ne vivent pas sur la terre, comme c'est le cas en Amérique. Au contraire, ils habitent à l'écart dans les villages, de sorte qu'ils ne sont guère plus attachés au sol qu'ils cultivent que l'ouvrier d'usine n'est attaché à l'usine dans laquelle il travaille. En Hongrie, par exemple, il est d'usage qu'un groupe d' ouvriers conclue, au printemps et en été, un contrat avec un propriétaire foncier pour récolter sa récolte à l'automne. Un entrepreneur, qui représente ou emploie les ouvriers agricoles, examinera le champ et négociera avec le propriétaire pour effectuer le travail moyennant un certain pour cent. de la récolte. Au moment des récoltes, l'entrepreneur arrivera avec ses ouvriers comme il viendrait avec une bande d'hommes pour construire une maison ou creuser un fossé. Pendant que le travail se poursuit, les ouvriers , hommes et femmes ensemble, campent pratiquement dans les champs, dormant parfois en plein air ou dans les rares abris qu'ils peuvent trouver.

Il se trouve que j'étais en Hongrie au moment des moissons, et au cours de mon voyage à travers le pays, j'ai vu plusieurs fois ces bandes d'hommes et de femmes se mettre au travail au point du jour. Dans cette partie du pays, les costumes les plus étranges sont portés par les paysans, et les femmes surtout, avec leurs foulards brillants sur la tête, leurs jupes courtes et leurs bottes hautes, lorsqu'elles n'étaient pas pieds nus, étaient tout aussi pittoresques que tout ce que j'avais. la lecture m'avait amené à m'y attendre. Les ouvriers se mettent au travail tôt à l'aube, car pendant la saison des récoltes, les ouvriers des champs travaillent parfois jusqu'à quatorze à seize heures par jour, puis se jettent pour se reposer pour la nuit sur une botte de paille ou sous une simple couverture. Une fois la récolte terminée , ils retournent dans leurs villages.

Travaillant ainsi en troupes d' ouvriers errants , il n'y avait pas de place pour des relations humaines permanentes entre eux et leurs employeurs ; par exemple, des relations telles qu'elles existent, malgré les différences de race et de couleur , entre chaque planteur blanc du Sud et ses locataires noirs. D'un autre côté, les travailleurs , travaillant et vivant ensemble de la manière que je viens de décrire, en viennent à avoir un sens aigu de leur intérêt commun, d'autant plus fort peut-être qu'ils sont méprisés par le reste de la population et qu'ils sont méprisés par le reste de la population. notamment par les petits propriétaires terriens avec lesquels ils furent associés jusqu'au moment de leur émancipation, en 1848.

Vers 1890, une série de mauvaises récoltes — faisant suite à d'autres changements qui, depuis plusieurs années, avaient rendu leur vie de plus en plus difficile — contribuèrent à accroître le mécontentement des ouvriers agricoles. C'est ainsi que, vers cette époque, lorsque les socialistes tournèrent leur attention vers la population agricole de la Hongrie, ils trouvèrent le peuple disposé à écouter leurs doctrines.

Ce qui a rendu le socialisme plus populaire parmi les classes agricoles les plus basses, c'est le fait qu'il non seulement promettait d'enseigner aux ouvriers agricoles comment augmenter leurs salaires, mais déclarait également que l'État allait retirer la terre des mains des grands propriétaires terriens. et partage-le entre les gens qui l'ont cultivé.

Ce qui rendait la situation d'autant plus difficile, c'était que les ouvriers agricoles, dès qu'ils étaient bien organisés, mettaient les propriétaires fonciers, au moment de la récolte, dans une position singulièrement désavantageuse, car lorsque le travail dans les champs s'arrêtait, le grain sur pied mûrissait et gâté et le propriétaire foncier était ruiné.

Dans l'urgence créée par ces grèves, le gouvernement est venu au secours des propriétaires fonciers en créant des postes de recrutement d'ouvriers agricoles dans différentes régions du pays. Récupérant des ouvriers dans les régions du pays où la main-d'œuvre était abondante, ils l'expédiaient vers d'autres régions du pays où, à cause des grèves, les ouvriers étaient rares et les récoltes étaient en danger. Ainsi, le gouvernement disposait autrefois d'une force de réserve de pas moins de 10 000 briseurs de grève avec laquelle il pouvait à tout moment venir au secours d'un propriétaire foncier menacé.

Dans de nombreux cas, le gouvernement s'est engagé à réglementer les salaires entre les propriétaires fonciers et leurs employés. Dans certains cas , ils envoyèrent même des troupes dans les champs et, au cours de la lutte, il y eut de fréquents affrontements sanglants entre les ouvriers et les troupes.

L'un des effets de ces perturbations fut d'augmenter considérablement le montant de l'immigration vers l'Amérique. En 1904, au plus fort de la lutte, pas moins de 100 000 personnes, originaires pour la plupart des campagnes, émigrèrent de Hongrie. Des milliers d'autres ont quitté le pays et se sont installés dans les villes.

La Hongrie fait environ la moitié de la taille du Texas et compte près de cinq fois sa population. Ceux qui se souviennent de « l'exode des Noirs » d'il y a trente ans et de l'appréhension créée lorsque quelque 40 000 Noirs ont quitté les plantations du Mississippi et de la Louisiane, seront capables de comprendre les conséquences si, pendant un certain nombre d'années, le Sud devait perdre chaque année émigration vers les villes ou vers d'autres régions du pays 100 000 de ses ouvriers dans les champs de coton.

L'exode des ouvriers agricoles de Hongrie menaçait, malgré l'augmentation rapide de la population, de freiner définitivement la prospérité croissante du pays. On se rendit vite compte que les grands propriétaires terriens ne pouvaient pas compter uniquement sur des mesures répressives pour résoudre leurs problèmes de travail . Il faut faire quelque chose pour remédier aux griefs et améliorer la condition de la population agricole. En fait, l'État a fait beaucoup pour l'agriculture, et quelque chose a été fait pour les ouvriers agricoles . Par exemple, des fonds de secours ont été organisés dans soixante-quatre comtés et arrondissements pour venir en aide aux ouvriers temporairement handicapés. Des prix publics et des diplômes étaient offerts aux ouvriers fidèles à leurs maîtres.

Quelque chose a été fait pour égayer la monotonie de la vie des ouvriers agricoles et pour renforcer les liens entre les ouvriers et leurs employeurs. Sur proposition du ministre de l'Agriculture, on tenta de relancer les fêtes des récoltes, qui réunissaient l'agriculteur et ses ouvriers . Les clubs ouvriers, les bibliothèques, les sociétés amicales et coopératives furent encouragés par le gouvernement. Un hebdomadaire populaire, imprimé en sept langues différentes, a été créé au profit des ouvriers agricoles et comme moyen d'enseignement agricole. Une facture d'assurance contre les accidents et la vieillesse au profit des ouvriers agricoles , prévoyant que si un ouvrier perd plus d'une semaine de temps, il recevra, en plus des frais de médecin et de médicaments, une somme s'élevant à environ 25 cents par jour pour soixante jours. En cas de décès d'un ouvrier agricole , sa famille reçoit une somme comprise entre 40 et 50 dollars.

En Italie, le mouvement socialiste parmi les classes agricoles a suivi une direction quelque peu différente. D'une part, elle ne se limitait pas seulement à la classe la plus pauvre, c'est-à-dire aux ouvriers qui vivent dans les villages et sortent à certaines saisons pour aider aux travaux des fermes, mais s'étendait également aux petits propriétaires et à ceux qui louaient des terres. atterrir. Dans de nombreux cas, les grandes propriétés en Italie ne sont pas gérées, comme en Hongrie, par le propriétaire, mais par des intermédiaires et des surveillants qui paient un certain montant de loyer au propriétaire et les sous-louent ensuite aux locataires. Parfois, notamment dans le sud de l'Italie, les terrains sont sous-loués une deuxième ou une troisième fois.

Dans de nombreux cas, les conditions dans lesquelles la terre était détenue et exploitée par le petit agriculteur étaient terriblement oppressives, même dans le nord de l'Italie, où les conditions sont incomparablement meilleures que dans le sud.

Bien que les paysans du nord de l'Italie aient théoriquement obtenu leur liberté en 1793, leur condition, jusqu'à il y a quelques années, était décrite par celui qui était lui-même un grand propriétaire foncier comme « à peine meilleure que s'ils étaient esclaves ». Outre les loyers élevés, le fermier était obligé de fournir au surveillant un certain nombre de poules et d'œufs, et une certaine quantité de pêches, de noix, de figues, de chanvre et de lin, proportionnellement à la superficie qu'il louait.

Le surveillant revendiquait aussi, tout comme le seigneur du temps de la féodalité, les droits sur le travail du paysan et de sa charrette à bœufs pendant une certaine partie de chaque année. Ses enfants devaient travailler comme domestiques dans sa maison pour un prix symbolique. Le surveillant vendait la récolte du fermier et, après avoir déduit tout ce qui lui revenait comme loyer et autres charges, rendait le reste au fermier comme sa part du travail de l'année.

Dans un cas où, à la suite de la révolte de ses fermiers, l'intermédiaire avait été chassé, le fermier, sous la direction des dirigeants socialistes, s'était engagé à louer la terre directement aux propriétaires fonciers, il s'est avéré que l'intermédiaire avait été s'appropriant au moins 48 pour cent. des bénéfices qui, selon le nouvel arrangement, allaient directement dans les mains de l'homme qui labourait la terre.

Depuis plusieurs années, il existait parmi les petits agriculteurs de nombreuses sociétés d'entraide de toutes sortes. Après que les socialistes eurent commencé à s'intéresser à la population agricole , ils réussirent à prendre la direction de ces sociétés et à s'en servir comme moyen d'encourager les grèves agricoles. C'est également dans ces mêmes sociétés qu'ils recrutèrent les membres des organisations d' ouvriers agricoles et de fermiers qui ont tenté de constituer de grands domaines sur une base coopérative . De cette manière, le petit agriculteur a pu se débarrasser des intermédiaires tout en conservant les avantages qui résultent, en particulier dans la récolte et la commercialisation des récoltes, de la conduite des opérations à grande échelle.

Ces dernières années, des organisations coopératives de toutes sortes se sont multipliées parmi les petits agriculteurs du nord de l'Italie. Il existe des sociétés pour acheter des fournitures ainsi que pour écouler les produits des petits agriculteurs ; Les plus importantes de ces sociétés ont été peut-être les organisations coopératives de crédit, grâce auxquelles les petits propriétaires fonciers ont pu échapper au fardeau des lourds intérêts qu'ils étaient autrefois obligés de payer.

J'ai été curieux d'apprendre que le gouvernement et les socialistes se sont, à des moments différents, opposés à ces sociétés coopératives , bien que pour des raisons différentes. Les socialistes étaient opposés à la coopération parce qu'en supprimant les causes de mécontentement, elle sapait l'esprit révolutionnaire des classes paysannes. Le gouvernement, en revanche, était opposé aux sociétés coopératives parce que leurs dirigeants étaient très souvent des révolutionnaires qui utilisaient la société pour stimuler le mécontentement et organiser le mouvement visant à renverser le gouvernement.

La grande grève générale de septembre 1904, qui aboutit à mettre pratiquement fin, pendant cinq jours, à toutes sortes d'industries commerciales dans la ville de Milan, fut provoquée par le feu de la police d'État sur des paysans qui se réunissaient pour payer leurs parts et prennent leur part dans une société coopérative agricole .

J'ai essayé de décrire assez longuement le caractère du mouvement socialiste tel que je l'ai trouvé en Hongrie et en Italie, parce qu'il représente dans son ensemble le mouvement des masses au bas de la vie en Europe. Grâce à ce parti, pour la première fois, des millions d'êtres humains qui n'avaient pas de voix ni d'idées arrêtées sur le gouvernement sous lequel ils vivaient, apprennent à penser et à exprimer leurs désirs.

Peu de gens, j'ose le dire, ont une idée précise à quel point les régions les plus reculées de l'Europe, d'où viennent aujourd'hui la majorité de nos immigrants, ont été pénétrées par les idées et les sentiments du parti socialiste. Il existe, par exemple, cinq ou six branches différentes du parti en Bohême. Le socialisme, j'apprends, a fait son chemin même dans des pays comme la Roumanie , la Serbie, la Bulgarie et la Dalmatie, où peut-être les trois quarts de la population sont engagés dans l'agriculture.

Il existe cependant, comme je l'ai découvert, différents types de socialisme. Je pense que j'ai vu au cours de mon voyage à travers l'Europe autant de types différents de socialistes que de types de juifs, ce qui en dit long. Au Danemark et en Italie, par exemple, j'ai rencontré des hommes de haut rang, membres du parti socialiste. À Copenhague, j'ai été reçu par les rédacteurs du journal socialiste *The Politiken* , qui est peut-être le journal le plus compétent et le plus influent du Danemark. En Italie, beaucoup des hommes les plus patriotes et les plus brillants du pays, écrivains, étudiants et professeurs, sont membres du parti socialiste.

En Pologne, par contre, j'ai rencontré d'autres socialistes qui avaient pris une part active à la révolution en Russie et qui, pour autant que je sache, faisaient partie de ce groupe d'hommes désespérés dont on dit encore aujourd'hui qu'ils complotent depuis Cracovie. L'Autriche, un nouveau mouvement révolutionnaire parmi les classes agricoles de Russie.

En bref, j'ai découvert que là où les masses populaires sont opprimées, là où les gens d'en bas sont écrasés par ceux qui sont au-dessus d'eux, le socialisme signifie révolution. En revanche, là où les gouvernements ont fait preuve d'un esprit libéral, et surtout là où les socialistes ont eu la possibilité de participer au gouvernement ou ont pu, grâce aux sociétés coopératives que j'ai décrites, accomplir un travail constructif dans l' intérêt des masses, ils ont cessé d'être révolutionnaires, n'ont plus cherché à renverser le gouvernement, mais ont patriotiquement lutté pour renforcer l'ordre existant en le débarrassant des défauts qui étaient dangereux pour son existence.

En disant cela, je ne veux pas laisser entendre que je suis en quelque sorte favorable au programme de réforme socialiste . Je vis dans les États du Sud, une partie du pays qui, plus que toute autre partie du monde civilisé, continue de croire que le meilleur gouvernement est celui qui gouverne le moins ; le gouvernement qu'on peut porter comme un vieux manteau, sans le sentir. Plus que cela, je crois que le meilleur et le seul moyen fondamental de réaliser des réformes n'est pas la révolution, ni le recours à un appareil politique qui tente de contrôler et de diriger l'individu de l'extérieur, mais l'éducation, qui s'attaque à l'individu de l'intérieur ; bref, cela lui convient pour la vie mais le laisse libre.

Il y a beaucoup de choses dans l'histoire des ouvriers agricoles de Hongrie et d'Italie qui intéressent quiconque a étudié la condition des ouvriers agricoles noirs dans le Sud. À bien des égards, leur histoire a été la même. Il y a cependant cette différence : lorsque les serfs furent libérés en Hongrie, comme dans la plupart des autres régions d'Europe, des dispositions furent prises pour leur donner des terres, même si, dans une très large mesure, ils se virent refuser les privilèges politiques dont jouissaient les classes supérieures.

En Italie aussi, on entendait, en donnant la liberté aux serfs, leur donner également des terres. De même, lorsque les vastes domaines de l'Église furent repris par l'État, on essaya d'augmenter la classe des petits propriétaires et de donner la terre aux gens qui la cultivaient. Dans les deux cas, cependant, il ne fallut que quelques années avant que la plus grande partie des propriétaires paysans ne soit anéantie et que leurs terres soient absorbées par les grands domaines. A l'heure actuelle, les petits propriétaires fonciers, sous l'influence de l'éducation et de l'organisation agricole, gagnent du terrain, et les deux pays, dans l'intérêt de l'agriculture, cherchent à encourager ce mouvement.

Le cas du Noir était tout le contraire. Lorsque les masses noires furent libérées de l'esclavage , elles portèrent dans leurs mains un bulletin de vote dont elles ne savaient pas comment se servir, mais elles n'emportèrent aucun bien avec elles. À l'heure actuelle, je crois, selon une estimation prudente, que les Noirs du Sud ne possèdent pas moins de vingt millions d'acres de terre, une superficie égale aux cinq États de la Nouvelle-Angleterre : Vermont, New Hampshire, Massachusetts, Rhode Island et Connecticut.

D'un autre côté, les Noirs ont largement perdu, au moins temporairement, bon nombre des privilèges politiques qui leur avaient été accordés lors de l'émancipation. L'expérience des paysans d'Europe, tout comme l'expérience des Noirs en Amérique, a servi à confirmer une opinion que j'ai longtemps défendue, à savoir qu'il est très difficile pour un homme de garder ce qu'il n'a pas gagné ou qu'il n'a pas gagné. savoir s'en servir. Et dans la plupart des cas, la meilleure manière, et en fait la seule, d'assurer toute personne possédant soit des biens, soit des privilèges politiques, est de l'habiliter, par l'éducation, à utiliser ces dons pour son propre bien et pour le plus grand bien du monde. communauté dans laquelle ils vivent.

Les paysans reçurent des terres sans effort de leur part et les perdirent bientôt. Les masses noires ont obtenu le droit de vote sans effort de leur part et elles l'ont rapidement perdu. Les paysans gagnent progressivement des terres grâce à leurs propres efforts et les conservent. Les masses de Noirs obtiennent progressivement le droit de vote grâce à leurs propres efforts, et il est probable qu'elles le conserveront une fois obtenues.

CHAPITRE VII
NAPLES ET LA TERRE DE L'ÉMIGRANT

J'avais traversé l'Europe du nord au sud avant d'apercevoir pour la première fois un émigrant à destination de l'Amérique. Sur la route de Vienne à Naples, je m'arrêtai à minuit à Rome et, entre les trains, je passai une heure à errer dans l'air doux du sud, un air que je n'avais trouvé nulle part depuis que j'avais quitté ma maison en Alabama.

En revenant à la gare, ma curiosité fut éveillée, alors que je passais à l'ombre du bâtiment, par ce qui me parut une grande pièce vacante près de l'entrée principale de la gare. Alors que j'essayais d'entrer dans cette pièce , je suis tombé sur la silhouette d'un homme allongé sur le sol en pierre. En regardant plus loin, j'ai vu environ quarante ou cinquante personnes, hommes comme femmes, allongées sur le sol, le visage tourné vers le mur, endormies.

La pièce elle-même était apparemment nue et vide de tout meuble. Il n'y avait ni banc ni table, à ce que je pouvais voir, dans aucune partie de la pièce. Il semble que, sans aucune attente, je m'étais égaré dans la salle réservée aux émigrés et que je suis tombé par hasard sur l'un des spectacles que je désirais le plus voir en Italie, à savoir un groupe d'émigrants en route pour l'Amérique.

D'après ce que j'ai pu savoir, ces gens étaient pour la plupart des paysans venus des campagnes environnantes, portant sur le dos ou ligotés en petits paquets dans leurs bras le peu de biens qu'ils possédaient, et attendaient l'ordre. arrivée du train qui devait les conduire au port d'où ils pourraient embarquer pour l'Amérique.

J'avoue que cela m'a paru plutôt pathétique que, dans cette splendide gare, nouvelle et moderne, où le voyageur étranger et l'Italien originaire des classes supérieures disposaient de toutes les commodités et de tout le luxe, on ait si peu pensé au confort des voyageurs. ces humbles voyageurs , qui représentent en Italie le peuple qui paie proportionnellement la plupart des impôts, et qui, par leur patiente industrie et leur économie, ont contribué plus que toute autre classe aux progrès que l'Italie a faits ces dernières années.

Plus tard , j'ai eu l'occasion de traverser le pays d'où étaient peut-être originaires la majorité de ces émigrants. J'ai parcouru une longue étendue de pays où l'on ne voit que de temps en temps un berger solitaire ou une misérable cabane avec une pièce basse et une étable à vaches. J'ai également visité quelques-uns des petits villages qu'on voit accrochés aux sommets arides des collines, pour échapper aux brumes empoisonnées des plaines en contrebas. Là, j'ai vu les paysans chez eux et j'ai appris quelque chose sur la façon dont les gens modestes des districts ruraux ont été négligés et opprimés. Après cela, j'ai pu comprendre que ces émigrés ne souffraient pas de difficultés particulières à Rome. Peut-être que beaucoup d'entre eux n'avaient jamais dormi auparavant dans un endroit aussi propre et hygiénique que la chambre que leur offrait le chemin de fer.

Tôt le lendemain matin, alors que mon train approchait de Naples, mon attention fut attirée par le grand nombre de femmes que je vis travailler dans les champs. Ce n'était pas seulement le nombre de femmes, mais aussi les lourdes houes en fer forgé, d'une fabrication grossière et primitive, avec lesquelles ces femmes travaillaient, qui éveillaient mon intérêt. Ces houes ressemblaient beaucoup aux outils lourds que j'avais vu les esclaves utiliser dans les plantations avant la guerre civile. Avec ces instruments lourds, certaines femmes semblaient défoncer la terre, apparemment pour la préparer à la culture ; d'autres s'appuyaient simplement avec lassitude sur leurs outils, comme s'ils étaient trop fatigués par l'effort. Cela me paraissait tout à fait possible, car les Italiennes sont plus légères et moins robustes que les femmes que j'avais vues travailler dans les champs en Autriche.

Je demandai pourquoi je voyais tant de femmes dans les champs dans cette partie du pays, car j'avais compris que les femmes italiennes, en règle générale, ne se rendaient pas aussi souvent aux travaux des champs que les femmes d'Autriche et de Hongrie. J'ai appris que c'était parce qu'un grand nombre d'hommes qui faisaient autrefois ce travail avaient émigré en Amérique. En effet, les trois quarts de l'émigration d'Italie vers l'Amérique proviennent de Sicile et des autres provinces du sud. Il y a des villages dans la basse Italie qui sont pratiquement déserts. Il y en a d'autres dans lesquels seuls les femmes et les vieillards sont laissés pour compte, et la population entière vit pour plus de la moitié des revenus des travailleurs italiens en Amérique. Il y a des villes à vingt milles de Naples qui ont perdu en dix ans les deux tiers de leurs habitants. En fait, il existe un petit village non loin de la ville dont on dit que la totalité de la population masculine se trouve en Amérique.

Dix jours plus tard, venant du nord de la Sicile, je traversais la région agricole du sud de Naples, d'où partent chaque année un grand nombre d'émigrants vers les États-Unis. C'est une région triste et désolée. Les tremblements de terre, le paludisme, les méthodes agricoles désuètes et la négligence générale de la population agricole ont tous contribué à la misère de la population. La terre elle-même – du moins la partie que j'ai vue – semble vieille, usée et décrépite ; et l'air général de désolation est accentué lorsque, comme cela s'est produit dans mon cas, on arrive soudain, au milieu d'un paysage désolé, à quelque ruine magnifique et solitaire représentant l'ancienne civilisation qui a prospéré ici il y a deux mille ans.

Les statistiques récemment recueillies, à la suite d'une enquête minutieuse menée par le Gouvernement italien, montrent que, d'une manière générale, l'ampleur de l'émigration de l'Italie du Sud est en raison directe de la négligence des classes agricoles. Là où les salaires sont les plus bas et les conditions les plus dures, l'émigration atteint le niveau le plus élevé. En d'autres termes, c'est précisément dans les régions d'Italie où règnent le plus de pauvreté, de criminalité et d'ignorance que le plus grand nombre d'émigrants italiens partent en Amérique et, pourrais-je ajouter, le plus petit nombre en revient. Sur les 511 935 émigrants venus d'Italie en Amérique du Nord et du Sud en 1906, 380 615 venaient de Sicile et des provinces du sud.

L'une des expériences les plus intéressantes que j'ai vécues en Europe a été d'observer le nombre de classes et de races différentes qui méprisent et ont une vision désespérée de certains de leurs voisins parce qu'ils les considèrent comme inférieurs . Par exemple, l'une des premières choses que j'ai apprises en Italie, c'est que les habitants du nord de l'Italie considèrent les habitants du sud de l'Italie comme une race inférieure. J'ai entendu et lu à maintes reprises pendant que j'étais en Italie des histoires et des anecdotes illustrant l'enfantillage, la superstition et l'ignorance des paysans et des classes inférieures en général du sud de l'Italie. En fait, rien de ce que j'ai connu ou entendu sur la superstition du peuple noir d'Amérique n'est comparable à ce que j'ai entendu sur la superstition des paysans italiens. Ce qui m'a le plus surpris, c'est d'apprendre que les statistiques recueillies par le gouvernement italien indiquent que dans le sud de l'Italie, contrairement à l'expérience de tous les autres pays, les ouvriers agricoles sont physiquement inférieurs à toutes les autres classes de la population. Les habitants des zones rurales sont de plus petite taille et généralement dans des conditions plus pauvres que ceux des villes.

Pour toutes ces raisons, j'étais d'autant plus désireux de savoir par moi-même comment étaient ces gens. Je voulais savoir précisément en quoi consistait cette infériorité des Italiens du Sud, car je savais que ces peuples descendaient en très grande partie des anciens Grecs, qui, du moins de réputation, étaient le peuple le plus doué que le monde ait jamais connu.

La ville de Naples offre certains avantages pour l'étude de la population du sud, puisqu'elle est le port par lequel le courant d'émigration des petites villes et des régions agricoles de l'intérieur atteint la mer. L'exportation des ouvriers vers l'Amérique est une des principales affaires de cette ville. C'est donc à Naples que j'ai fait ma première connaissance directe des Italiens du sud.

Je pense que ce qui m'a le plus impressionné à Naples était le contraste entre la splendeur de son environnement naturel, l'élégance et la solidité de ses bâtiments, et la saleté, le désordre et la misère dans lesquels vivent les masses populaires. Il était tôt le matin lorsque je suis arrivé en ville pour la première fois. Le soleil, qui venait de se lever sur la masse noire du Vésuve, inondait toute la ville et la campagne environnante de la lumière la plus enchanteresse. Dans cette douce lumière, les masses grises et blanches des bâtiments de la ville, empilées contre le flanc de la colline en saillie à droite et s'étendant le long des rives courbes à gauche, formaient un tableau que je n'oublierai jamais.

Une partie de ce soleil semblait aussi être entrée dans les veines des gens, car je n'ai jamais vu nulle part autant d'éclat et de couleurs , autant de vie et de mouvement, que parmi les gens qui se pressent dans les rues étroites de Naples. Je n'ai jamais entendu auparavant autant de bruits humains curieux ni vu des gestes aussi vifs et expressifs. D'un autre côté, je n'ai jamais vu autant de mendiants, autant d'hommes aux pieds nus, autant de gens attendant à la gare et dans les rues pour trouver un travail occasionnel. Il me semblait qu'il y avait au moins six porteurs pour chaque passager qui descendait du train, et ces porteurs étaient évidemment bien organisés, car j'ai eu l'expérience de me voir moi-même et mes effets calmement répartis entre une demi-douzaine d'entre eux , chaque l'un d'entre eux exigeait, bien entendu, une rémunération distincte pour ses services.

Mon expérience en Europe m'amène à conclure que le nombre de travailleurs occasionnels , de colporteurs, de vagabonds et de chasseurs de petits boulots que l'on rencontre dans une ville est un assez bon indice de la condition des masses populaires. Par cette mesure, je pense que j'aurais pu dire d'emblée qu'il y avait à Naples une classe plus nombreuse vivant dans la saleté, la dégradation et l'ignorance au bas de la société que dans toute autre ville que j'ai visitée en Europe. Je fais cette déclaration même si des villes comme Catane et Palerme, en Sicile, qui sont entourées d'une population agricole tout aussi misérable, ne valent guère mieux, voire aucune, que Naples à cet égard.

Très peu de personnes qui se rendent à Naples simplement pour faire du tourisme se familiarisent, je suppose, avec la situation réelle des gens. La plupart des voyageurs qui visitent Naples sont emportés par le glamour du soleil, la couleur et la vivacité du tempérament italien. C'est pour cette raison qu'ils ne voient pas la dure lutte pour l'existence qui se déroule dans les rues étroites de la ville, ou, s'ils le voient, ils regardent les changements et les procédés auxquels ce peuple au cœur léger est poussé pour vivre comme simplement une partie du pittoresque de la vie et des gens du Sud.

J'ai visité plus d'une fois les bidonvilles et les quartiers pauvres des gens de couleur de la Nouvelle-Orléans, d'Atlanta, de Philadelphie et de New York, et mon observation personnelle m'a convaincu que la population de couleur de ces villes représente à tous égards plusieurs pour cent. mieux lotis que les classes correspondantes de Naples et des autres villes italiennes que j'ai citées. En ce qui concerne les difficultés réelles qu'ils doivent endurer ou les opportunités qui s'offrent à eux, la condition des Noirs dans ces villes n'est pas comparable, à mon avis, à celle des masses italiennes dans ces villes du sud de l'Italie.

Il y a aussi cette différence : la majorité des Noirs des grandes villes du Sud et du Nord des États-Unis sont originaires de la campagne. Ils ont été habitués à errer et à errer dans un pays où la vie était simple et lâche et où l'existence ne posait guère de problèmes. Ils ne sont habitués ni au confort ni aux difficultés d'une vie urbaine complexe. Dans le cas des Italiens, la vie dans les rues étroites et bondées, l'intimité insalubre et la confusion dans lesquelles se mêlent ici les hommes, les chèvres et le bétail, sont devenues une habitude fixe depuis des siècles.

Il n'est pas rare, par exemple, de trouver une vache ou un mulet vivant à proximité, sinon dans la même pièce, du reste de la famille et, malgré l'habileté et le goût artistique qui se manifestent partout. dans la construction et la décoration des bâtiments, la saleté et le désordre dans lesquels les gens vivent dans ces bâtiments sont au-delà de toute description. Fréquemment, en passant dans les rues de ces villes du sud, on croise un troupeau de chèvres errant tranquillement sur les trottoirs de pierre, grignotant çà et là dans les caniveaux ou se tenant devant une maison pour se faire traire.

Même là où le gouvernement de la ville a fait l'effort d'élargir et d'améliorer les rues, de laisser entrer l'air et la lumière du soleil et de maintenir les conditions sanitaires, les masses populaires n'ont pas encore appris à utiliser ces commodités. Je me souviens, en passant dans une de ces rues, au centre de la ville, qui avait été récemment aménagée de larges trottoirs en pierre et construite avec de beaux bâtiments en pierre de trois ou quatre étages , j'ai vu un homme et une vache debout sur le trottoir. au coin de la rue. Il me semblait que la chose naturelle aurait été de laisser la vache debout dans la rue et de ne pas obstruer le trottoir. Mais ces gens considèrent évidemment la vache comme ayant les mêmes droits que les autres membres de la population. Pendant que le propriétaire de la vache était en train de traire la vache, un groupe de femmes des immeubles voisins se tenaient avec leurs cruches et bavardaient, attendant leur tour avec la vache.

Cette méthode de distribution du lait, à savoir conduire l'animal jusqu'à la porte d'entrée et le traire pendant que vous attendez, présente certains avantages. Cela rend inutile la stérilisation du lait et la falsification devient impraticable. L'inconvénient est que, pour rendre possible ce mode de livraison du lait, la vache et la chèvre doivent devenir des citadines et vivre dans les mêmes rues étroites que le reste de la population. Quoi qu'il en soit de la chèvre, cependant, je suis sûr que la vache n'est pas naturellement adaptée à la vie urbaine, et là où, comme c'est souvent le cas, des familles entières sont obligées de se rassembler dans une ou deux pièces, la stalle des vaches il y aura probablement encore plus de monde. Dans ces conditions, je suis sûr que la vache moyenne ne sera ni en bonne santé ni heureuse.

Pour mon propos, il convient de diviser la vie de Naples en trois classes. Il y a la vie des grandes avenues ou boulevards, où l'on voit tout ce qu'il y a de charmant dans la vie napolitaine. Les bâtiments sont beaux, les rues sont remplies de voitures, les trottoirs sont remplis de gens joliment habillés. Parfois, on voit un mendiant aux pieds nus endormi sur les marches de marbre de quelque édifice public. Parfois, on voit, comme moi, une femme parcourir la longue rue côte à côte avec un âne tirant une charrette. Il y a beaucoup de mendiants, mais même eux sont joyeux et ils vous tendent les mains avec un scintillement malicieux dans les yeux qui charme en quelque sorte les sous de votre poche.

Ensuite, il y a la vie des rues les plus étroites, qui s'étendent en un réseau complexe dans toute la partie la plus ancienne de la ville. Beaucoup de ces rues abritent les maisons ainsi que les ateliers de la classe artisanale. D'autres sont remplis du petit trafic de colporteurs et de petits commerçants. Dans une rue, on peut trouver une longue rangée de charrettes, avec du poisson et des légumes, ou des ficelles de viande bon marché suspendues à des cordes, entourées d'une foule qui s'agite et qui gesticule : des chasseurs de bonnes affaires napolitains. Dans une autre rue, vous trouverez, mêlés aux petites boutiques, des artisans habiles avec leurs bancs poussés à moitié dans la rue, à l'œuvre à leurs diverses tâches. Ici, vous verrez un sculpteur sur bois devant sa porte ouverte, occupé à sculpter un meuble élégant, tandis qu'à l'arrière de la boutique, sa femme est probablement occupée à préparer le repas de midi. Un peu plus loin, vous rencontrerez peut-être un orfèvre, un ouvrier du fer ou du cuivre. L'un fabrique un bijou , l'autre répare une bouilloire. Dans ces rues, on voit, en fait, tous les anciens métiers exercés à peu près de la même manière et apparemment avec le même savoir-faire qu'il y a trois cents ans.

Il y a enfin les rues plus étroites, plus sombres, plus sales, qui n'ont rien de pittoresque et dans lesquelles aucun voyageur ordinaire ne s'aventure. Cette région peu visitée était pourtant celle qui m'intéressait particulièrement, car j'étais venu à Naples pour voir les gens et voir le pire.

Aux alentours de l'hôtel où je logeais, il y avait une rue étroite et sinueuse qui menait par un escalier de pierre de l'artère principale en remontant le flanc de la colline en saillie à une de ces ruelles sombres et obscures que Naples, malgré les améliorations apportées, réalisés ces dernières années, est encore noté. Au pied de l'escalier se trouvait une boulangerie et non loin de là se trouvait le bureau de la Loterie d'État. La petite rue dont je parle est principalement habitée par des pêcheurs et des ouvriers occasionnels , qui appartiennent à la classe la plus pauvre de la ville. Ils sont aussi les patrons de la loterie et de la boulangerie, car il n'y a aucune partie de Naples qui soit si pauvre qu'elle ne supporte le luxe d'une loterie ; et, pourrais-je ajouter, il y a peu d'établissements commerciaux qui fonctionnent d'une manière plus sale que ces boulangeries des classes les plus pauvres.

Je passais devant cet endroit en fin d'après-midi, lorsque j'ai eu la surprise de voir un colporteur — je crois que c'était un vendeur de poisson — garer son chariot au pied de cet escalier de pierre et commencer à dételer sa mule. J'ai regardé avec une certaine curiosité, car je n'arrivais pas du tout à comprendre où il allait mettre cet animal après l'avoir détaché. Bientôt, le mulet, libéré du chariot, se retourna de son propre mouvement et commença à gravir l'escalier. J'étais tellement intéressé que j'ai suivi.

Un peu en haut de la colline, l'escalier se transformait en une ruelle sombre et sale, mais pleine de monde. La plupart d'entre eux étaient assis devant leur porte ou dans la rue ; certains tricotaient, d'autres cuisinaient sur de petits braseros à charbon de bois disposés dans la rue. Une famille avait la table dressée au milieu de la route et venait de s'asseoir avec beaucoup de contentement pour son repas du soir. La rue était jonchée de vieilles bouteilles, de papiers sales et de détritus de toutes sortes ; en même temps , il était rempli de bébés tentaculaires et de poules, sans parler des chèvres et autres objets domestiques. Le mulet, cependant, était évidemment familier avec la situation et se dirigea le long de la rue, sans créer aucune surprise ni perturbation, jusqu'à sa propre maison.

J'ai visité plusieurs autres rues pendant mon séjour à Naples qui étaient, si possible, dans un état pire que celle que j'ai décrite. Dans une ville où tout le monde vit dans la rue plus de la moitié du temps, et où toutes les affaires intimes de la vie se déroulent avec une franchise et une candeur dont nous, en Amérique, n'avons aucune idée, il n'est pas difficile de voir comment les gens vivent. . J'ai noté, par exemple, des cas où toute la famille, au nombre de six ou sept, vivait dans une seule pièce, sur un sol en terre battue, sans une seule fenêtre. Qui plus est, cette pièce, située au sous-sol d'un grand immeuble, n'était pas aussi grande que la cabane noire moyenne d'une pièce du Sud. Dans l'une de ces maisons d'une seule pièce que j'ai visitées, il y avait un atelier de forgeron dans une partie de la pièce, tandis que la famille mangeait et dormait dans l'autre partie. La pièce était si petite que j'ai pris la peine de la mesurer et je l'ai trouvée mesurant 8×13 pieds.

Beaucoup de ces maisons des classes pauvres ne sont rien de mieux que des caves sombres et humides. Plus d'une fois j'ai trouvé dans ces trous sombres des enfants malades et des hommes et des femmes invalides vivant dans une pièce dans laquelle aucun rayon de lumière n'entrait que par la porte ouverte.

Parfois, devant un crucifix, à côté du lit du malade, une petite bougie brûlait, mais cette bougie vacillante, éclairant quelque visage pâle et blafarde, ne faisait qu'accentuer la morosité du décor. C'était pour moi une source constante de surprise que, dans de telles conditions, ces gens puissent être si joyeux, amicaux et apparemment satisfaits.

J'ai fait quelques recherches sur le genre de divertissements qu'ils avaient. J'ai découvert que l'une des principales formes de divertissement de cette classe de personnes est le jeu. Ce qui paraît encore plus étrange, c'est que ce vice est en Italie un monopole du gouvernement . L'État, par le contrôle de la loterie, ajoute aux autres revenus qu'il tire du peuple pas moins de cinq millions de dollars par an, et cette somme vient, en grande partie, de la partie la plus pauvre de la population.

Il existe, semble-t-il, environ 1.700 ou 1.800 bureaux disséminés dans les différentes grandes villes d'Italie, où les gens peuvent acheter des billets de loterie. Il me semblait que la plupart de ces bureaux devaient être à Naples, car en parcourant la ville, j'en voyais un peu partout, particulièrement dans les quartiers populaires.

Ces bureaux de loterie étaient si intéressants que j'ai décidé d'en visiter un moi-même et d'apprendre comment on jouait au jeu. Il parait qu'il y a un tirage au sort tous les samedis. N'importe qui peut parier, quel que soit le montant qu'il choisit, qu'un nombre compris entre un et quatre-vingt-dix apparaîtra lors du tirage. Cinq numéros sont tirés au sort. Si vous gagnez, la loterie paie dix contre un. Vous pouvez également parier que deux des cinq numéros tirés apparaîtront successivement. Dans ce cas, la banque paie au gagnant environ cinquante contre un. Vous pouvez également parier que trois sur cinq apparaîtront, et si vous gagnez, la banque paiera 250 fois le montant que vous avez parié. Bien sûr, les chances sont contre le joueur, et on estime que l'État obtient environ 50 pour cent. de tout l'argent qui est versé. L'art du jeu consiste, selon la superstition populaire, à choisir un numéro porte-bonheur. Toutefois, pour choisir un numéro porte-bonheur, il faut consulter une voyante et faire interpréter ses rêves, ou bien il faut choisir un numéro en fonction d'un événement marquant, car on suppose que tout événement, quelque important soit-il, suggère un numéro porte-bonheur. . Bien sûr, tout cela rend le jeu plus intéressant et plus compliqué, mais il s'agit après tout d'une forme de divertissement très coûteuse pour les pauvres.

D'après tout ce que je peux apprendre, l'opinion publique italienne s'éveille rapidement aux maux qui s'accrochent au système actuel de traitement des travailleurs agricoles et des classes pauvres. Mais l'Italie n'a pas eu de bons résultats auprès de ses classes inférieures dans le passé. Elle les a opprimés avec de lourds impôts ; a maintenu un système foncier qui a usé le sol en même temps qu'il a appauvri le travailleur ; a laissé les ouvriers agricoles dans l'ignorance ; n'a pas réussi à les protéger de la rapacité des grands propriétaires terriens ; et les a finalement poussés à chercher fortune dans un pays étranger.

En échange, ces émigrés ont remboursé leur pays natal en augmentant considérablement son commerce extérieur, en réinjectant en Italie les gains qu'ils ont gagnés à l'étranger, en revenant eux-mêmes avec de nouvelles idées et de nouvelles ambitions et en se lançant dans l'œuvre d'édification du pays.

Ces émigrants de retour ont ramené dans leur mère patrie des machines agricoles améliorées, de nouvelles méthodes de travail et de nouveaux capitaux. Les émigrés italiens à l'étranger contribuent non seulement à leur mère patrie une somme estimée entre cinq et six millions de dollars par an, mais l'émigration italienne a fait prendre conscience à l'Italie de la valeur de sa classe ouvrière et, ce faisant, a jeté les bases de la prospérité de l'ensemble du pays. pays. En fait, l'Italie est une autre illustration du fait que la condition de l'homme d'en bas affecte la vie de toutes les classes supérieures. C'est à la classe inférieure que l'Italie doit en grande partie la prospérité qu'elle a jusqu'à présent atteinte.

CHAPITRE VIII
LE TRAVAILLEUR ET LA TERRE EN SICILE

Parmi les choses qui rendent la Sicile intéressante, ce sont ses ruines. Il existe des villes mortes qui, même dans leur décadence, sont plus grandes et plus magnifiques que les villes vivantes qui ont grandi à côté d'elles, plus grandes et plus magnifiques même que n'importe quelle ville vivante en Sicile aujourd'hui. Il existe des reliques de ce passé fier et ancien partout dans ce pays.

Dans la ville moderne de Catane, par exemple, je suis tombé un jour sur les ruines du forum d'une ville romaine qui était enseveli sous la ville italienne moderne. A Palerme, j'ai appris que lorsque les membres de la mafia, qui est le nom sicilien de la "Main noire", veulent cacher un meurtre qu'ils ont commis, ils mettent le corps dans l'une des nombreuses tombes antiques à l'extérieur de la ville et s'en vont c'était là pour qu'un archéologue découvre et apprenne le fait intéressant que les anciens habitants de la Sicile ressemblaient à tous égards aux habitants modernes.

Parmi les autres antiquités que l'on peut voir en Sicile, il y a cependant un système d'agriculture et une méthode de travail du sol vieux de deux mille ans. En fait, certains des outils encore utilisés à l'intérieur de l'île sont plus anciens que les ruines de ces anciens temples païens, dont certains ont été construits cinq siècles avant Jésus-Christ. Ces survivances vivantes, je l'avoue, m'intéressaient plus que les reliques mortes du passé.

Ces choses ne sont pas faciles à trouver. Les guides les mentionnent, mais ne précisent pas où les chercher. Néanmoins, si l'on regarde assez longtemps et au bon endroit, il est encore possible de voir en Sicile des hommes grattant les champs avec une charrue en bois antique, qui, dit-on, même si je ne peux pas en garantir, est mentionnée dans Homère. On peut voir un agriculteur sicilien pomper laborieusement de l'eau pour irriguer son jardin de choux avec une roue hydraulique importée par les Sarrasins ; ou bien on peut voir, comme moi, un pressoir aussi vieux que Salomon, et des hommes coupant les raisins et élaborant le vin selon les mêmes méthodes décrites dans la Bible.

C'était mon dessein en allant en Sicile pour voir, si possible, un peu de la vie de l'homme qui travaille la terre. Je voulais toucher les gens qui vivaient dans les petits villages éloignés des grandes villes. J'avais hâte de parler avec certains de ces bergers que j'avais vus de loin, errant sur les flancs des collines solitaires, s'occupant de leurs chèvres et de leurs vaches et comptant peut-être les étoiles comme le faisaient les bergers du temps d'Abraham. Étant donné qu'environ 800 000 personnes sont engagées dans l'agriculture d'une manière ou d'une autre, il ne m'a pas semblé que cela serait difficile. Malgré cela, si j'en juge par ma propre expérience, l'une des personnes les plus difficiles à rencontrer et à connaître dans ce pays, où beaucoup de choses sont étranges et difficiles à comprendre, est l'homme qui travaille en plein air. pays sur la terre.

Même après avoir réussi à retrouver cet homme, il est nécessaire de remonter deux ou trois cents ans dans l'histoire et de connaître beaucoup de choses sur les conditions locales avant de pouvoir comprendre les méthodes par lesquelles il travaille et pense. En fait, j'avais constamment le sentiment, lorsque j'étais en Sicile, que j'étais parmi des gens si saturés d'antiquité, si déconnectés, sauf en surface, de la vie moderne, tellement ancrés dans des us et coutumes anciennes, qu'il serait Il leur faudra beaucoup de temps, peut-être des années, pour réellement comprendre leurs façons de penser et de vivre.

En disant cela, je ne fais évidemment pas référence aux classes supérieures qui vivent dans les villes, et surtout je ne parle pas des grands propriétaires fonciers qui, en Sicile, ne vivent pas de la terre, mais s'installent dans les villes et ils vivent des rentes qui leur sont payées par des régisseurs ou des intermédiaires, à qui ils confient ordinairement toute la gestion de leurs propriétés.

Néanmoins, malgré les difficultés que j'ai mentionnées, j'ai pu avoir un aperçu de la condition des classes agricoles rurales en Sicile, à savoir du petit propriétaire foncier et de l'ouvrier agricole, et je peux peut-être mieux dire ce que j'ai appris en commençant par l'école. début.

La première chose dont je me souviens avoir vu de la Sicile était un long promontoire noir qui s'étend dans la mer comme un grand bras noir vers les navires qui s'approchent de Palerme depuis Naples. Après cela, la masse sombre du continent, nue et brune et brillante dans la lumière du matin, parut soudain surgir de la mer lisse et scintillante. Un peu plus tard, tout le splendide panorama de la magnifique baie de Palerme s'étendait devant moi.

Je me souviens de cette image maintenant parce qu'elle suggère et explique en partie le charme que tant de voyageurs trouvent dans cette île, et parce qu'elle contraste avec tant de choses que j'ai vues plus tard lorsque j'ai visité l'intérieur.

La Sicile est, en cela, comme beaucoup d'autres endroits que j'ai vus en Europe : elle est plus belle de l'extérieur que de l'intérieur. Toutes les grandes villes de Sicile sont situées sur une étroite bordure de terre fertile qui entoure l'île entre les montagnes et la mer. Palerme, par exemple, est située sur une bande de cette bordure si riche qu'on l'appelle la « Coquille d'Or ». Dans cette région, où le sol est constamment enrichi par l'altération des montagnes voisines , et où l'agriculture a été portée à la plus haute perfection que la science et l'habileté de l'homme peuvent lui apporter, se trouvent ces merveilleux vergers d'orangers et de citronniers pour lesquels la Sicile est célèbre. Pour illustrer ce que l'irrigation et la culture intensive peuvent faire sur ce sol, il est indiqué que la valeur de la récolte dans cette région particulière a été augmentée par l'irrigation de 8 $ à 160 $ l'acre.

Quand on va en Sicile pour regarder l'agriculture, c'est cette région que l'on voit en premier. Au cours de mon premier jour à Palerme , j'ai parcouru des kilomètres de ces magnifiques fermes fruitières, toutes aménagées dans le style le plus splendide, entourées de hauts murs de pierre, l'entrée gardée par de lourdes portes en fer et dotées d'importants travaux pour l'approvisionnement en eau constante. au fruit en croissance. Le pays tout entier, parsemé de belles villas et de palais d'hiver, ressemble moins à une série de fermes fruitières qu'à un vaste parc. Ici, les fruits mûrissent pratiquement toute l'année. Les arbres sont chargés tout l'hiver de fruits en croissance, et on peut se promener pendant des heures à travers une forêt de citronniers et d'orangers si serrés les uns contre les autres que les rayons vifs du soleil du sud peuvent à peine pénétrer leur feuillage.

Palerme, cependant, comme beaucoup d'autres villes européennes dans lesquelles les masses populaires sortent tout juste de l'ancienne civilisation pour entrer dans la nouvelle vie moderne, est divisée en une ville ancienne et une ville nouvelle. Il y a l'extrémité nord, avec de larges rues et de belles villas, que les gens appellent le « jardin anglais ». C'est la ville nouvelle et le quartier des classes aisées. Puis, à l'extrémité sud, se trouve la vieille ville, aux rues bondées, étroites et souvent misérablement sales, qui abrite la classe la plus pauvre.

Après avoir visité un ou deux domaines dans les banlieues à l'extrémité nord de la ville, j'ai décidé de visiter certaines des fermes maraîchères des petits agriculteurs dont j'avais entendu dire qu'elles étaient situées à l'extrémité sud de la ville. Je décidai aussi, si possible, de sortir à la campagne, dans les régions plus sauvages et moins peuplées, où je pouvais clairement voir depuis la fenêtre de mon hôtel les oliveraies rampant sur le flanc escarpé de la montagne et cherchant presque visiblement les crevasses. et des endroits abrités sur les pentes abruptes à la recherche de l'eau, qui est le seul ingrédient manquant dans le sol et le climat de ce pays du sud.

Or, l'une des particularités de Palerme et de certaines autres villes de Sicile est que, dès que l'on arrive aux limites de la ville, on se retrouve à conduire ou à marcher entre de hauts murs de pierre qui bloquent complètement la vue dans toutes les directions. Nous roulâmes pendant une heure dans ces impasses, serpentant et tournant sans rien voir de la campagne, sauf parfois la cime des arbres au-dessus des hauts murs de pierre qui gardaient les fermes de chaque côté. De temps à autre, nous passions devant de lourdes grilles de fer qui ressemblaient à celles d'une prison. De temps à autre, nous rencontrions un petit groupe de maisons encastrées dans les murs. Ces petites cellules stériles, éclairées uniquement par une porte ouverte, semblaient faire partie d'une prison, à l'exception du nombre d'enfants vautrés, des chèvres et des poules, et des ménagères bavardes assises devant leurs maisons dans l'ombre. de la couture du mur, ou engagé dans une autre tâche ménagère ordinaire . Il n'y avait presque aucun brin d'herbe en vue. Les routes devenaient souvent presque impraticables pour les chariots, et finissaient par dégénérer en de simples sentiers muletiers, par lesquels il semblait presque impossible, avec notre voiture, d'atteindre la campagne.

Ce qui ajoutait à l'aspect carcéral du lieu, c'était le fait que, dès que nous approchions de la limite de la ville, nous rencontrions, tous les cent mètres ou plus, un militaire ou un policier assis près de sa guérite, gardant le les approches de la ville. Lorsque j'ai demandé ce que signifiait la présence de ces soldats, on m'a répondu qu'ils étaient des douaniers et qu'ils étaient stationnés là pour empêcher l'entrée clandestine de nourriture et de légumes dans la ville, sans le paiement de la taxe municipale qui, semble-t-il, est prélevée sur chaque particule de produit introduite dans la ville. Je suis sûr qu'en l'espace d'une demi-heure nous avons rencontré jusqu'à vingt de ces agents surveillant la route à la recherche de contrebandiers.

Au fur et à mesure que nous avancions, notre chauffeur, qui avait fait plusieurs tentatives infructueuses pour nous détourner vers une vieille église ou un cimetière, pour voir « l' antee-chee », comme il l'appelait, est devenu désespéré. Quand j'ai demandé quel était le problème, j'ai appris que nous avions réussi à le faire entrer dans une partie de la ville qu'il n'avait jamais visitée de toute sa vie, et il avait peur que s'il s'éloignait trop dans certaines des routes dans lesquelles nous l'avons exhorté à partir, il ne pourrait jamais revenir. Finalement , nous arrivâmes à une route qui semblait mener à un endroit où l'on pouvait au moins dominer la campagne environnante. Nous l'avons exhorté à continuer, mais il a hésité, s'est arrêté pour demander le chemin d'un paysan qui passait et puis, comme s'il avait pris une grande résolution, il a fouetté son cheval et a dit qu'il continuerait même si ce chemin le conduisait à "paradis." Pendant tout ce temps, nous n'étions qu'à un quart de mille des limites de la zone douanière de la ville.

Finalement, nous arrivâmes, par chance, à un trou dans l'un des murs qui gardaient la route. Nous arrêtâmes la voiture, descendîmes, escaladâmes la berge escarpée et traversâmes ce trou pour gagner le champ voisin . Ensuite, nous nous sommes redressés et avons pris une longue inspiration parce que c'était comme sortir de prison pour pouvoir regarder autour de nous et voir quelque chose de vert qui poussait à nouveau.

Mais à peine avions-nous passé la tête par le trou de ce mur que nous aperçumes deux ou trois hommes étendus à l'ombre d'une petite hutte au toit de chaume, dans laquelle dorment les gardes pendant la saison des moissons, pour empêcher les voleurs de transporter leurs biens. loin des récoltes. Dès que ces hommes nous aperçurent, l'un d'eux, qui semblait être le propriétaire, se leva et s'avança vers nous. Nous avons expliqué que nous venions d'Amérique et que nous étions intéressés par l'agriculture. Dès que cet homme a appris que nous venions d'Amérique, il a fait tout son possible pour nous accueillir. Il semble que ces hommes venaient de s'asseoir pour leur repas du soir, composé de pain noir et de tomates. Les tomates semblaient constituer la principale partie de la culture de cet agriculteur à cette époque. Il nous a invités, de la manière la plus polie possible, à partager son repas avec lui et a semblé très déçu que nous n'ayons pas accepté. Très vite, il se mit à raconter la même histoire, que j'entendis si souvent depuis lors pendant mon séjour en Sicile. Il avait un fils en Amérique, qui vivait dans un endroit appelé Chicago, dit-il, et il voulait savoir si j'avais déjà entendu parler d'un tel endroit et si c'était le cas, j'aurais peut-être rencontré son fils.

Le vieil homme m'a tout expliqué sur sa ferme ; comment il a cultivé sa récolte et comment il l'a récoltée. Il possédait environ deux acres de terrain, d'après ce que j'ai pu comprendre, pour lequel il payait un loyer d'environ 15 $ l'acre par an. Cela comprenait, si j'ai bien compris, l'eau destinée à l'irrigation. Il a admis qu'il lui fallait beaucoup de travail pour gagner sa vie, ainsi que celle des autres qui l'aidaient, avec ce petit lopin de terre. Il était très difficile de vivre n'importe où en Sicile, dit-il, mais les habitants de Palerme étaient bien mieux lotis qu'ailleurs.

Je lui ai demandé ce qu'il ferait si son fils revenait d'Amérique avec un sac d'argent. Le visage du vieil homme s'éclaira et il dit aussitôt : « Prends un terrain et possède ma propre petite maison. »

Depuis , j'ai souvent posé des questions identiques ou similaires à un homme que j'ai rencontré travaillant sur le sol. Partout j'ai reçu la même réponse. Partout, parmi les masses populaires, on retrouve ce désir de se rapprocher du sol et de posséder son propre lopin de terre.

De là où nous nous trouvions , nous pouvions contempler le pays et voir en plusieurs endroits les ouvrages complexes et coûteux qui avaient été érigés pour pomper l'eau à la vapeur afin d'irriguer. L'un des petits agriculteurs que j'ai visités avait un petit moteur à l'arrière de sa maison qu'il utilisait pour irriguer un jardin de chou-fleur d'environ quatre acres. Cet homme vivait dans une petite maison basse en pierre et en stuc, mais il appartenait, j'ai appris, à la classe aisée . Il possédait un moteur pour pomper l'eau qui lui coûtait, dit-il, environ 500 dollars. J'ai vu, en entrant chez lui, un petit filet d'eau, pas beaucoup plus gros que mon pouce, s'écouler en bruine sur le côté de la maison et s'écouler dans le jardin. Il a dit que cela lui coûtait entre 4 et 5 dollars par jour pour faire fonctionner ce moteur. Le charbon qu'il utilisait venait d'Angleterre.

J'avais vu, en entrant dans le port de Palerme , la manière dont ce charbon était déchargé, et cela m'a donné la première preuve tangible que j'avais trouvée du bon marché du travail humain dans ce pays surpeuplé. Au lieu des grandes machines qui sont utilisées à cette fin en Amérique et en Angleterre, j'ai appris que ce travail était entièrement effectué à la main.

Afin de retirer ce charbon du navire, il était d'abord chargé dans des paniers qui étaient basculés sur le côté du navire et entassés là sur un briquet. Ce briquet était ensuite déplacé des navires vers le rivage. Les paniers étaient ensuite retirés à la main et le charbon déversé sur le quai. De là, il était rechargé dans des charrettes et emporté. C'est ce charbon, manipulé de manière si coûteuse, que cet agriculteur utilisait pour pomper l'eau nécessaire à l'irrigation de ses terres.

Après avoir quitté Palerme je me suis rendu à Catane, de l'autre côté de l'île. Le chemin de fer qui gravit les montagnes en traversant l'île me fit traverser un pays bien différent et parmi des gens bien différents de ceux que j'avais vus à Palerme. C'était une région sauvage, nue et montagneuse que nous traversions ; plus nu , peut-être, à l'époque où je l'ai vu qu'à d'autres moments, parce que le grain avait été moissonné et que les labours n'avaient pas commencé. Il y avait peu de routes régulières nulle part. De temps en temps, le train dépassait une roue hydraulique solitaire ; de temps à autre, j'apercevais, serpentant un sentier rocailleux, un âne ou un mulet de bât portant de l'eau aux mines de soufre ou des provisions à quelque petit village de montagne de l'intérieur des terres.

En dehors de ces petits villages où vivent les ouvriers agricoles , le pays était parfaitement nu. On peut parcourir des kilomètres à travers ce pays densément peuplé sans voir une maison ou un bâtiment d'aucune sorte, en dehors des villages.

En Sicile, moins de 10 pour cent. de la classe agricole vit en rase campagne. Cela entraîne une énorme perte de temps et d'énergie. L' ouvrier agricole doit parcourir de nombreux kilomètres pour se rendre à son travail et en revenir . Il passe une grande partie de l'année loin de chez lui. Pendant ce temps , il campe dans les champs, dans quelques-uns des petits abris fragiles au toit de chaume qu'on voit disséminés dans le pays, ou peut-être se trouve-t-il un nid dans les rochers ou un trou dans le sol. Pendant ce temps , il vit, pour ainsi dire, à la campagne. S'il est berger, il boit le lait de sa vache ou de sa chèvre. Sinon, sa nourriture consiste en un morceau de pain noir et peut-être un peu de soupe d'herbes vertes d'une sorte ou d'une autre.

Au cours de mon voyage à travers cette région montagneuse et au cours de plusieurs visites de campagne que j'ai faites plus tard, j'ai eu l'occasion d'apprendre quelque chose sur la façon dont vivent ces gens d'agriculteurs. J'ai souvent vu des hommes qui avaient accompli une dure journée de travail s'asseoir autour d'un repas composé de pain noir et d'un peu de tomate ou d'un autre légume cru. Dans les régions les plus reculées, ces paysans vivent souvent pendant des jours ou des mois, ai-je appris, de presque toutes sortes de choses vertes qu'ils trouvent dans les champs, les mangeant souvent crus, tout comme le bétail.

Lorsqu'on leur demandait comment il était possible de manger de telles choses, ils répondaient que c'était bon ; "c'était sucré", disaient-ils.

J'ai entendu, alors que j'étais en Sicile, le cas d'une femme qui, après que son mari avait été envoyé en prison, subvenait à ses besoins du lait qu'elle tirait d'un troupeau de chèvres qu'elle faisait paître sur les pentes abruptes des montagnes. Ses gains ne dépassaient pas 12 à 14 centimes par jour, et comme cela ne suffisait pas pour nourrir elle et ses quatre enfants, elle ramassait pendant la journée toutes sortes d'étoffes vertes qu'elle trouvait poussant sur les rochers, et le soir, elle le rapportait chez elle dans son tablier pour combler les bouches affamées qui attendaient son retour. Ceux qui ont eu l'occasion d'étudier attentivement la situation de ce pays disent qu'il est incroyable de voir ce que ces pauvres gens de l'intérieur de la Sicile mettent dans leur estomac.

L'un des principaux articles de régime, à certaines saisons de l'année, est le fruit d'un cactus appelé figue indienne, qui pousse à l'état sauvage dans toutes les parties de l'île. On le voit partout, soit au bord des routes, où il est utilisé en haie, soit accroché aux falaises abruptes à flanc de montagne. Le fruit, qui a à peu près la taille et la forme d'une très grosse prune, est contenu dans une peau épaisse et coriace, qui est retirée et donnée au bétail. Le fruit à l'intérieur est doux et pâteux et a un goût sucré plutôt nauséabond, qui est cependant grandement apprécié par les gens de la campagne.

Un jour, en passant par un faubourg de Catane, je m'arrêtai devant un petit édifice en pierre et en stuc que je crus d'abord être un sanctuaire ou une chapelle au bord d'un chemin. Mais il s'est avéré que c'était une maison d'une seule pièce. Cette maison avait un morceau de tapis accroché comme rideau devant la large porte. Devant ce rideau se trouvait une table grossière faite de planches brutes ; sur cette table étaient empilés une quantité de figues indiennes que j'ai décrites et quelques bouteilles de quelque chose qui ressemblait à ce que nous appelons en Amérique « pop ».

Deux très jolies jeunes femmes tenaient cette petite boutique. Je me suis arrêté, j'ai parlé avec eux et j'ai acheté des fruits de cactus. J'ai trouvé qu'il vendait cinq pièces pour un centime. Ils m'ont dit que la vente de ce fruit leur rapportait environ 17 cents par jour, et que c'est avec cette somme qu'eux et leur père, qui était invalide, étaient obligés de subvenir à leurs besoins. Il y avait quelques chèvres, poules et deux cochons qui erraient dans les environs, et j'appris qu'une des économies de la maison consistait à nourrir les cochons et les chèvres avec les coquilles ou les coques des figues indiennes qui étaient mangées et jetées à terre. .

D'après ce que j'ai entendu et lu, d'après ce que j'ai pu apprendre, la situation de la population agricole en Sicile n'a cessé de se détériorer depuis au moins un demi-siècle.

Les personnes qui ont étudié spécialement la condition physique de ces personnes déclarent que cette partie de la population présente des signes marqués de détérioration physique et mentale, dus, disent-ils, au manque de nourriture suffisante. Par exemple, en termes de stature et de poids, les Siciliens représentent près de 2 pour cent. derrière la population du nord de l'Italie. Cette différence est principalement due à la mauvaise condition physique des classes agricoles qui, comme la population agricole du sud de l'Italie continentale, sont plus petites que la population des villes.

A cet égard, il est indiqué qu'en Sicile, la quantité de viande consommée par habitant est nettement inférieure à un tiers par rapport à celle du nord de l'Italie. Cependant, la majeure partie de la viande consommée ici est consommée dans les hôtels par les étrangers qui visitent le pays.

En examinant les budgets d'un certain nombre de petits propriétaires terriens, dont la situation est bien meilleure que celle de l' ouvrier agricole moyen , j'ai découvert que jusqu'à 5 dollars étaient dépensés pour le vin, tandis que la viande ne coûtait que 2 dollars par an. Il y a des milliers de personnes en Sicile, ai-je appris, qui ne goûtent presque jamais de viande. Les études qui ont été faites sur le sujet indiquent que l'ensemble de la population est sous-alimentée.

Après enquête, j'ai constaté qu'il était généralement admis que l'état de la population était dû au fait que la plus grande partie de la terre était aux mains de grands propriétaires terriens, qui ont laissé les paysans ignorants et impuissants être écrasés par un système de des surveillants et des intermédiaires aussi vicieux et oppressifs que ceux qui existaient dans de nombreuses régions des États du Sud à l'époque de l'esclavage.

Cet intermédiaire est appelé par les Italiens un gobellotto , et il semble être le seul homme en Sicile à s'enrichir grâce à la terre. Si un gobellotto dispose d'un capital de 12 000 $, il pourra louer un domaine de 2 500 acres pour une durée de six à neuf ans. Il n'exploitera peut-être lui-même qu'une petite partie de ces terres et sous-louera le reste.

Une partie de cette somme ira à une classe d'agriculteurs qui correspondent à ce que l'on appelle dans le Sud les « cash renters ». Ces hommes auront du bétail et peut-être une petite maison et un jardin. Dans une bonne saison, ils pourront gagner de quoi vivre et, peut-être, économiser un peu d'argent. Mais si le petit agriculteur a le malheur d'avoir une mauvaise saison, s'il perd une partie de son bétail ou est obligé d'emprunter de l'argent ou des semences, l'intermédiaire qui lui avance est à peu près certain de le « nettoyer », comme disent nos agriculteurs, à la fin de la saison. Dans ce cas, il tombe dans la classe inférieure, plus nombreuse et plus malheureuse, qui correspond à ce que nous appelons dans les États du Sud les « métayers ». Cet homme, correspondant au métayer, est censé exploiter sa parcelle de terre en demi-sociaux, mais si, comme cela arrive fréquemment, il a été contraint de demander un prêt au propriétaire pendant la saison, cela lui arrive difficilement. le jour du règlement. Par exemple, voici comment, selon une description que j'ai reçue, la récolte est partagée entre le propriétaire et ses métayers : Après que le blé a été coupé et battu, non pas avec une machine, ni peut-être avec des fléaux, mais avec des bœufs foulant les gerbes sur un sol en terre battue : le gobellotto soustrait du produit de la récolte une mesure double, peut-être triple, de la graine qu'il avait avancée. Ensuite, selon la coutume locale, il prend une certaine part pour les frais de garde du champ pendant que le grain mûrit, car aucun champ n'est à l'abri des voleurs en Sicile.

Puis il prend une autre part pour les saints, quelque chose de plus pour l'usage de l'aire et du magasin et pour tout ce qui lui vient à l'esprit. Naturellement, il prélève une certaine part pour ses autres emprunts, s'il y en a eu, et pour les intérêts. Puis enfin, s'il n'y a plus rien à soustraire, il partage le reste et donne sa moitié au fermier.

De sorte que le pauvre qui, comme l' a dit quelqu'un, « a arrosé la terre avec sa sueur », qui n'a peut-être pas dormi plus de deux heures par nuit pendant la période des moissons, et cela aussi en plein champ , est heureux s'il reçoit jusqu'à un tiers ou un quart du grain qu'il a récolté.

En fin de compte, le métayer sombre peut-être encore plus bas dans le rang des journaliers et devient un vagabond sur la terre, à moins que, avant d'en arriver là, il n'ait vendu le peu de biens qu'il possédait et ne soit parti en Amérique.

Je me souviens avoir rencontré un de ces parias et épuisés des ouvriers , devenus un vulgaire mendiant, parcouraient la route vers Catane. Il portait, balancé sur son dos dans un tissu sale d'une couleur indescriptible , un lourd sac. Il contenait peut-être quelques restes de ses biens terrestres, et alors qu'il s'arrêtait pour demander un sou pour l'aider dans son chemin, j'ai eu l'occasion de le regarder en face et j'ai découvert qu'il n'était pas du genre habituel. Il n'avait pas les pleurnicheries des mendiants robustes que j'avais l'habitude de rencontrer, notamment en Angleterre. Il était hagard et épuisé ; les difficultés et la faim l'avaient humilié, et il y avait un air abattu dans ses yeux, mais la souffrance semblait avoir donné une sorte de noblesse au visage du vieil homme.

Je me suis arrêté et j'ai parlé avec lui et j'ai réussi à obtenir de lui un récit de sa vie. Il avait été toute sa vie ouvrier agricole ; il ne savait ni lire ni écrire, mais avait l'air intelligent. Il ne s'était jamais marié et n'avait ni amis ni parents. Trois ans auparavant, il s'était retrouvé dans un tel état de santé qu'on ne le laissait plus travailler à la ferme, et depuis ce temps il errait à travers le pays, mendiant et vivant la plupart du temps. sur la charité de gens presque aussi pauvres que lui.

Je lui ai demandé où il allait. Il a dit qu'il avait entendu dire qu'à Catane, un vieil homme pouvait avoir l'occasion de balayer les rues et qu'il essayait d'y arriver avant la nuit.

Quelques heures plus tard, en revenant de la campagne, je quittais l'autoroute pour visiter les quartiers les plus pauvres de la ville. Alors que je tournais dans l'une des rues bordées de petites masures crasseuses faites de blocs taillés dans le grand courant de lave noire que le mont Ætna avait déversé sur cette partie de la ville trois cent cinquante ans auparavant, j'ai vu le même vieux homme couché dans le caniveau, la tête appuyée sur son baluchon, là où il s'était enfoncé ou était tombé.

J'ai décrit assez longuement la condition des ouvriers agricoles en Italie parce qu'il me semble qu'il est important que ceux qui sont enclins à se décourager à propos du Noir du Sud sachent que son cas n'est en aucun cas aussi désespéré que celui-là. de quelques autres. Le nègre n'est pas l'homme le plus bas. La condition du fermier de couleur dans les régions les plus arriérées des États du Sud de l'Amérique, même là où il a le moins d'éducation et le moins d'encouragement, est incomparablement meilleure que la condition et les opportunités de la population agricole de Sicile.

Le fermier nègre se croit parfois maltraité dans le Sud. Il n'est pas rare qu'il doive payer des taux d'intérêt élevés sur ses « avances » et parfois, en raison de son ignorance, il n'est pas traité équitablement dans ses règlements annuels. Mais il y a cette grande différence entre le fermier noir du Sud et le fermier italien de Sicile : en Sicile, quelques capitalistes et descendants des vieux seigneurs féodaux possèdent pratiquement tout le sol et, dans le cadre du système agricole rudimentaire et coûteux qu'ils emploient, , il n'y a pas assez de terres pour employer la population excédentaire. Le résultat est que les ouvriers agricoles se disputent le privilège de travailler la terre. À mesure que l'agriculture diminue et que la terre produit moins, la population augmente et les loyers augmentent. Ainsi, entre la meule supérieure et la meule inférieure, le fermier est écrasé.

Dans le Sud, la situation est tout simplement inverse. Nous avons des terres qui réclament la main pour les cultiver ; nous avons des propriétaires fonciers qui recherchent de la main d'œuvre et supplient équitablement les locataires de travailler leurs terres.

Si un fermier noir n'aime pas la façon dont il est traité, il peut se rendre à la ferme voisine ; il peut aller aux mines ou aux travaux publics, où sa main-d'œuvre est demandée. Mais la seule façon pour les pauvres Italiens de se libérer est d'aller en Amérique, et c'est pourquoi des milliers de personnes partent chaque année de Palerme pour ce pays. Dans certaines régions de Sicile, au cours des trois années 1905 et 1907, plus de quatre personnes sur cent de la population ont quitté la Sicile pour l'Amérique.

Ce qui retient le Sicilien, c'est la fierté avec laquelle il se souvient de son passé et l'obstination avec laquelle il s'accroche à ses anciennes coutumes et façons de faire. Certaines personnes prétendent, pour justifier l'état arriéré du pays, que même si les propriétaires fonciers tentaient d'introduire de nouvelles machines et des méthodes modernes de culture, le peuple se rebellerait contre toute innovation. Ils sont tellement coincés dans leurs anciennes façons de faire traditionnelles qu'ils refusent de changer.

J'ai parfois dit qu'il y avait un certain avantage à appartenir à une race nouvelle qui n'était pas chargée de traditions et de passé, à une race, en d'autres termes, qui regardait en avant plutôt qu'en arrière et qui s'intéressait plus à l'avenir qu'à l'avenir. dans le passé. Le fermier noir a certainement cet avantage sur le paysan italien.

Si l'on demande à un ouvrier sicilien pourquoi il fait telle ou telle chose, il répond invariablement : « Nous avons toujours agi ainsi », et cela lui suffit. Le Sicilien n'oublie jamais le passé jusqu'à ce qu'il quitte la Sicile, et souvent même pas à ce moment-là.

Le résultat est que, tandis que le nègre d'Afrique apprend, comme je l'ai vu dans un récent rapport du gouvernement allemand, à labourer à la vapeur, le fermier sicilien, s'accrochant fièrement à ses anciennes coutumes et méthodes, utilise toujours la même charrue qui était autrefois utilisée. utilisé par les Grecs du temps d'Homère, et il bat son grain comme on le faisait au temps d'Abraham.

CHAPITRE IX
LES FEMMES ET LA RÉCOLTE DU VIN EN SICILE

C'était à la fin du mois de septembre que j'atteignis Catane, à l'est de la Sicile. La ville se trouve au pied du mont Ætna , au bord de la mer. Au-dessus se dresse la vaste masse du volcan, ses pentes ceinturées de jardins et de vignes qui s'élèvent les unes au-dessus des autres jusqu'à se perdre dans les nuages. Une vallée large et fertile au sud de la ville, à travers laquelle le chemin de fer descend de la montagne à la mer, ressemblait, tout comme le mont Ætna lui-même, à un vaste vignoble.

C'était d'autant plus remarquable et intéressant qu'au moment où j'y arrivai, les vendanges étaient en cours ; les vignes étaient parsemées de femmes portant des paniers ; les pressoirs étaient en activité et l'air était rempli des vapeurs du jus de raisin en fermentation.

Même si c'était dimanche matin et que les cloches d'une centaine d'églises appelaient les gens à la prière, il y avait très peu de calme dominical auquel je m'attendais d'une manière ou d'une autre. La plupart des magasins étaient ouverts ; dans tous les quartiers de la ville, des hommes étaient assis sur le seuil de leur porte ou sur le trottoir devant leurs petites maisons ressemblant à des cellules, occupés à travailler à leur métier habituel. Devant la porte sud de la ville, un commerçant économe avait installé à la hâte un magasin de vins, afin d'apaiser la soif des foules qui entraient et sortaient de la ville et aussi, peut-être, d'échapper à l'impôt que la ville payait. impose toutes sortes de provisions qui entrent dans la ville depuis la campagne environnante. Le vin de campagne se vendait ici à quelques sous le litre — j'ai oublié le montant exact — et des foules de gens de la ville célébraient, quelque chose selon l'ancienne coutume du pays, je suppose, la récolte annuelle des raisins.

De la porte sud de la ville, qui mène à la plaine fertile couverte de vignes, un cortège poussiéreux et transpirant : de petites charrettes à deux roues, joliment sculptées et décorées, transportant de gros tonneaux de jus de raisin, des petits ânes avec une peau de porc remplie de du vin sur chaque flanc et un chauffeur trottant à côté d'eux - se frayaient un chemin vers la ville. Au même moment, un flot constant de paysans à pied ou de citadins en calèche, mêlés aux charrettes et aux bêtes de somme, se déversait par la porte le long de la route poussiéreuse, se divisant et diminuant, jusqu'à ce que le ruisseau se perde parmi les haies de cactus. qui jalonnent les routes de campagne sinueuses.

C'était pour moi un spectacle étrange et intéressant et, non seulement ce dimanche-là, mais par la suite, presque tous les jours où j'étais dans la ville, en fait, j'ai passé du temps à étudier cette procession, en notant les différentes figures et les différents types dont c'était inventé. C'est à cette porte que j'observai un jour une paysanne marchandant avec le douanier l'impôt qu'elle devait payer pour avoir le privilège d'apporter ses produits en ville. Elle était pieds nus et tachée par le voyage et avait manifestement parcouru une certaine distance, transportant son petit stock de fruits et légumes dans un sac en bandoulière sur son dos. Il semblait pourtant qu'elle avait caché, au fond du sac, quelques kilos de noix, en les recouvrant de fruits et de légumes. Quelque chose dans ses manières, je suppose, la trahit, car le douanier insista pour enfoncer sa main jusqu'au fond du petit sac et rapporta enfin triomphalement une petite poignée de noix de contrebande. Je ne comprenais pas ce que disait la femme, mais je ne pouvais pas me méprendre sur l'expression suppliante avec laquelle elle suppliait l'officier de la laisser passer, elle et ses petits produits, car, comme elle l'indiquait en lui montrant ses paumes vides, elle n'avait pas assez d'argent pour payer tout ce qu'il a demandé.

J'avais beaucoup entendu et lu sur les rigueurs et les cruautés des tarifs douaniers en Amérique, mais j'avoue que le meilleur argument en faveur du libre-échange que j'ai jamais rencontré était celui offert par le spectacle de cette pauvre femme, avec son petit magasin de fruits. et cinglée, essayant d'arriver sur le marché avec ses produits.

Non loin de la ville, l'autoroute passe à proximité d'un cimetière. De la route, on peut voir les monuments élégants et imposants qui ont été érigés pour marquer les derniers lieux de repos des familles riches et distinguées de la ville. La route menant à ce cimetière passe par une arcade de marbre fermée, si je me souviens bien, par d'énormes portes en fer. Debout près de cette porte, j'ai remarqué un jour une jeune paysanne qui pleurait en silence. Elle resta là un long moment, regardant à travers les champs comme si elle attendait quelqu'un qui ne venait pas, tandis que les larmes coulaient sur son visage. Elle semblait si impuissante et désespérée que j'ai demandé au guide qui m'accompagnait de traverser la rue et de découvrir quel était son problème. J'ai pensé que nous pourrions peut-être faire quelque chose pour elle.

Le guide, avec le tact et la politesse naturels de sa race, s'approcha de la femme et lui demanda la cause de son chagrin. Elle ne bougea pas et ne changea pas d'expression mais, tandis que les larmes coulaient encore sur son visage, elle montra une paire de pantoufles à talons hauts qu'elle avait enlevées et posées à côté d'elle sur le sol.

« Ils m'ont fait mal aux pieds », dit-elle, puis elle sourit un peu, car elle aussi voyait qu'il y avait une certaine part d' humour dans cette situation. J'ai regardé ses pieds puis ses chaussures et j'ai décidé que je ne pouvais pas l'aider.

Plus loin, nous passâmes devant quelques-uns des grands domaines qui appartiennent généralement à quelques-uns des riches propriétaires fonciers de la ville. La région correspondante en dehors de Palerme est occupée par des plantations d'orangers et de citronniers, mais autour de Catane, toutes les grandes propriétés sont apparemment consacrées à la culture de la vigne.

Un grand vignoble en automne ou au moment des vendanges présente l'un des sites les plus intéressants que j'ai jamais vu. Les raisins, en grappes épaisses et tentantes, pendent si lourdement sur les vignes basses qu'il semble qu'ils doivent tomber au sol sous leur propre poids. Pendant ce temps, des troupes de jeunes filles aux pieds nus, munies de paniers profonds, dépouillent rapidement les vignes de leurs fruits, entassant les grappes dans des paniers. Lorsque tous les paniers sont pleins, ils les portent sur la tête ou sur les épaules et, formant une file, marchent lentement en une sorte de cortège festif en direction du pressoir.

Dans la plantation que j'ai visitée, la maison du vin était un grand bâtiment rudimentaire, enfoncé profondément dans le sol, de sorte qu'il fallait descendre quelques marches pour atteindre le rez-de-chaussée. Le bâtiment a été divisé de telle sorte qu'une pièce contenait les immenses fûts dans lesquels le vin était stocké afin d'obtenir avec le vieillissement cette saveur délicate qui lui donne sa qualité, tandis que dans l'autre se poursuivait le travail de pressage des raisins.

Il y avait d'un côté de la pièce un pressoir avec un grand bras d'arbre tordu comme levier, mais celui-ci ne servait, j'appris, qu'à essorer les ordures, à partir desquelles on faisait une sorte de vin plus pauvre et moins cher. Directement devant l'entrée du bâtiment, et en hauteur sous le toit, se trouvait une immense cuve ronde et peu profonde, semblable à une cuve. Dans cette cuve, quatre ou cinq hommes, les pantalons retroussés au-dessus des genoux, les souliers et les bas, trottinaient en cercle et, chantant en marchant, piétinaient les raisins sous leurs pieds.

Par un espace ouvert ou une porte du fond, j'apercevais de temps en temps le cortège de filles et d'hommes qui montaient les petits escaliers à l'arrière de la maison viticole pour verser des raisins frais dans le pressoir. Dans la lumière qui entrait par cette ouverture, les figures des hommes piétinant les raisins, les jambes nues tachées de vin, ressortaient clairement et distinctement. En même temps, les fumées qui s'élevaient des raisins remplissaient la cave à vin de telle sorte que l'air, semblait-il presque, était rouge de leur odeur . On dit que les hommes qui travaillent toute la journée dans le pressoir s'enivrent simplement en respirant l'air saturé de ce jus de raisin en fermentation.

J'imagine que la saison des récoltes a toujours été, dans chaque pays et à chaque époque, une période de réjouissance et de joie. Je me souviens que c'était le cas parmi les esclaves de la plantation quand j'étais petit. En regardant ces hommes et en écoutant les petites chansons pittoresques et mélancoliques qu'ils chantaient, tandis que le vin rouge jaillissait sous leurs pieds piétinés, je me suis rappelé les épluchures de maïs parmi les esclaves et les chansons que les esclaves chantaient à ces hommes. fois.

Je m'en suis rappelé d'autant plus que j'ai remarqué la façon dont le chef du chant inclinait la tête et pressait ses tempes, tout comme j'ai déjà vu cela faire par celui qui dirigeait le chant lors de l'épluchage du maïs. Je me souviens que, lorsqu'il était enfant, la façon dont ce chef ou ce choriste baissait la tête et pressait ses mains contre ses tempes produisait une profonde impression. Peut-être essayait-il simplement de se souvenir des paroles, mais il lui semblait qu'il écoutait une musique qui jaillissait en lui, cherchant ainsi non seulement à se souvenir des paroles, mais à capter l'inspiration de la chanson. Parfois, après avoir semblé écouter ainsi pendant quelques minutes, il rejetait brusquement la tête en arrière et éclatait dans un ton plus sauvage et plus excitant.

Tout cela m'était étrangement intéressant et même passionnant, d'autant plus peut-être qu'il me semblait que j'avais déjà vu ou su tout cela quelque part auparavant. Pourtant, après avoir vu ces hommes, tachés de vin et de sueur, écraser les raisins sous des pieds chaussés et chaussés, j'avais encore moins envie de boire du vin que jamais. Cela n'aurait peut-être pas été si grave si les hommes n'avaient pas porté leurs chaussettes.

Une chose qui m'a impressionné dans tout ce que j'ai vu, c'est le rôle secondaire et presque subalterne que les femmes prenaient dans le travail. Ils travaillaient directement sous la direction d'un surveillant qui dirigeait tous leurs mouvements – les dirigeant, apparemment, avec un bâton pointu qu'il portait à la main. Il n'y avait ni rire ni chant et apparemment peu de liberté parmi les femmes, qui se déplaçaient lentement, silencieusement, avec la précision lasse et monotone dans leur travail que j'ai souvent remarquée dans le travail en bande . Ils ne participaient guère, voire pas du tout, au genre d'excitation agréable qui contribuait à alléger le travail des hommes.

Une à deux fois par an, au moment des vendanges des raisins et des olives, les filles et les femmes descendent de leurs villages de montagne pour partager avec les hommes le travail des champs. Pendant ces deux brèves périodes, si je comprends bien, les femmes de chacun de ces petits villages de campagne seront organisées en bande, tout comme c'est le cas des bandes de moissonneurs ambulants en Autriche et en Hongrie. J'avais vu, le dimanche de mon arrivée à Catane, des foules de ces femmes défiler, bras dessus bras dessous, dans les rues de la ville. Un groupe d'entre eux avait en effet campé sur le trottoir de la petite place ouverte à la porte sud de la ville. Ils étaient là presque toute la journée et, je suppose, toute la nuit aussi. J'ai été intéressé d'observer la patience avec laquelle ils restaient assis des heures sur le trottoir ou sur les marches, la tête sur leurs paquets, attendant que les négociations pour leur embauche soient terminées.

Cette brève période de récolte est presque la seule opportunité dont disposent la majorité de ces femmes de la campagne pour se familiariser avec le monde extérieur. Le reste de l'année, semble-t-il, ils sont rarement autorisés à s'aventurer au-delà des limites de la rue ou du village dans lequel ils vivent.

Au cours de mon voyage à travers l'île, j'avais vu, en haut des montagnes, quelques-uns de ces petits nids inaccessibles d'où étaient peut-être sorties ces filles. Dans un ou deux cas, et notamment lors de ma visite des mines de soufre , j'ai eu l'occasion de voir un peu la vie de ces villages de montagne. Maintenant que je suis venu parler spécialement des femmes des classes ouvrières et agricoles, autant dire ici ce que j'ai vu et appris de la façon dont elles vivent dans leurs maisons.

Un village tel que celui que j'ai mentionné se compose, pour la plupart, de rangées de bâtiments bas en pierre d'un étage, rangés le long d'une rue d'une saleté indescriptible. Les puits sont souvent construits sans mortier ni plâtre, et couverts parfois de bois, mais le plus souvent de tuiles. Dans un coin, il y a un foyer en pierre sur lequel on fait la cuisine, quand il y a quelque chose à cuisiner. Comme il n'y a pas de cheminée, la fumée s'échappe par la toiture.

Je me souviens bien d'une photo que j'ai vue en passant devant une de ces maisons. Devant la maison se tenait une femme tenant dans ses bras un enfant parfaitement nu. Un autre enfant, vêtu d'une chemise, se tenait à côté d'elle, tenant sa jupe. Par la porte ouverte, je pouvais voir toute la pièce unique dans laquelle vivait cette famille. Au fond du salon et relié à celui-ci se trouvait une stalle pour le bétail. C'était typique de beaucoup d'autres maisons que j'ai vues.

Pendant la journée, les femmes, les enfants, les cochons et les poules passent la plupart de leur temps dans la rue sale et bondée. En règle générale, les hommes, à moins qu'ils ne soient occupés à une sorte d'artisanat, sont au travail dans les champs. Dans de nombreux cas, ils ne reviennent pas à la maison une fois par mois.

Au cours de mes voyages à travers ces villages et les rues pauvres des grandes villes, une question surgissait constamment dans mon esprit à laquelle je n'étais jamais parvenu à trouver de réponse. La question était la suivante : que deviennent ces gens, ainsi que leurs cochons, chèvres, poules et autres animaux, la nuit ? À quoi ressemble l'intérieur de ces maisons après le coucher du soleil ?

J'ai parcouru de nuit certaines des rues les plus pauvres de Catane, mais je les ai invariablement trouvées dans l'obscurité presque totale. J'entendais les gens parler alors qu'ils étaient assis sur le pas de la porte, mais je ne pouvais pas les voir. En fait, je ne voyais rien d'autre que les contours flous des bâtiments, car nulle part, apparemment, il n'y avait de lumière.

Un auteur allemand, MS Wermert , qui a étudié de près les conditions de vie en Sicile et qui a écrit un grand livre sur les conditions sociales et économiques de la population, dit à propos de la manière dont les gens vivent dans les petits villages :

> « Dans le sud, comme on le sait, les gens vivent pour la plupart dehors. Tout le monde est assis dans la rue devant la porte de la maison ; là l'artisan exerce son métier ; là la mère de famille exerce ses travaux domestiques . Mais le soir, tout le monde se presse dans la grotte, parents et enfants, le mulet ou l'âne. Le cochon d'engraissement, qui, orné d'un collier, a été attaché pendant la journée devant la maison, où, avec tous les affection d'un chien, il s'est glissé parmi les enfants, doit aussi trouver une place dans la maison. Le coq et les poules se rendent au coucher du soleil dans ce même espace, où l'air est épais de fumée, parce qu'il n'y a pas de cheminée pour " La maison. Tous respirent cet air. On peut imaginer quelle atmosphère effrayante règne dans les lieux. Toutes les nécessités de propreté physique et de décence morale font défaut. Dans le coin, il n'y a souvent qu'une seule couchette, sur laquelle dort toute la famille, et pour la il ne s'agit en grande partie que d'un tas de paille. Dans la chaleur intense de l'été, on dort naturellement sans couverture ; en hiver, chacun cherche à se protéger sous les couvertures. Même lorsqu'il y a des lieux de couchage séparés, tous les secrets les plus intimes de la vie familiale sont révélés aux enfants dès leur plus jeune âge. Les frères et sœurs dorment presque toujours dans le même lit. Souvent, une fille dort aux pieds de ses parents. La stupidité et la grossièreté d'une telle existence familiale sont indescriptibles. Il n'existe naturellement aucune conception sérieuse de la moralité chez un peuple qui, depuis des générations, a grandi sans éducation. C'est pour cette raison qu'il arrive fréquemment que les crimes les plus innommables soient commis. Il est donc souvent difficile de déterminer avec exactitude la filiation des enfants nés dans la famille. Le dicton des Romains, selon lequel « la paternité est toujours incertaine », est valable ici. En fait, il

est fort possible que cette conception juridique doive son
origine à des observations sur la condition de la population
rurale de cette époque. Il est cependant probable que dans
les campagnes de Sicile, les conditions ont très peu changé
depuis l'époque romaine. »

D'après tout ce que j'ai pu apprendre, la promiscuité crasseuse de ces maisons bondées et de ces rues sales a fait des villages ruraux siciliens des foyers de vices et de crimes dont la population rurale noire des États-Unis, par exemple, n'a probablement jamais entendu parler. Il y a certaines choses, en relation avec cette ancienne civilisation, au sujet desquelles il vaut mieux que les Noirs ne soient pas au courant, parce que les connaître signifie une dégénérescence morale et physique, et à l'heure actuelle, quoi qu'on puisse dire d'autre sur l'état des Nègre, il n'est pas, du moins dans les campagnes, un dégénéré. Même dans les régions des États du Sud où il a été le moins touché par la civilisation, le nègre me semble incomparablement mieux placé dans sa vie de famille que les classes agricoles de Sicile.

Le nègre est mieux loti dans sa famille, d'abord parce que, même lorsque sa maison n'est guère plus qu'une cabane primitive d'une pièce, il vit au moins en rase campagne, au contact de l'air pur et de la liberté de l'environnement. les bois, et non dans le village surpeuplé où l'air et le sol ont été pollués pendant des siècles par les déchets et les détritus accumulés par une population surpeuplée et sale.

En ce qui concerne sa vie religieuse, malgré tout ce qui a été dit dans le passé sur l'ignorance et même l'immoralité de certains prédicateurs noirs ruraux, je suis convaincu, d'après ce que j'ai appris pendant mon séjour en Sicile, que le nègre a un type de religion plus pur et une classe de ministres meilleurs et plus sérieux que ce n'est le cas des masses de ce peuple sicilien, en particulier dans les régions rurales.

A cet égard, il ne faut pas oublier non plus que le Noir est ce qu'il est parce qu'il n'a jamais eu l'occasion d'apprendre quelque chose de mieux. Il va de l'avant. Les habitants de Sicile, qui sont chrétiens presque depuis l'époque où l'apôtre Paul débarqua à Syracuse, ont, en revanche, reculé. Toutes sortes de superstitions barbares se sont développées en relation avec leur vie religieuse et ont évincé, dans une large mesure, les meilleurs éléments.

Même si les conditions d'éducation des Noirs dans les États du Sud ne sont en aucun cas parfaites, le Noir, et en particulier la femme noire, possède certains avantages qui sont tellement hors de portée de la paysanne de Sicile qu'elle n'a jamais songé à les posséder. Par exemple, chaque fille noire en Amérique a les mêmes opportunités d'éducation que celles offertes aux garçons noirs. Elle peut entrer dans une école industrielle ou, si elle le souhaite , comme elle le fait souvent, aller au collège. Tous les métiers et professions lui sont ouverts. L'un des premiers médecins noirs d'Alabama était une femme. Chaque année, des centaines, voire des milliers de filles noires quittent les districts agricoles des États du Sud pour fréquenter ces écoles supérieures, où elles ont l'occasion de subir l'influence de certains des Blancs les meilleurs et les plus cultivés. aux Etats-Unis. Dans les villages de campagne, j'ose dire, pas une fille sur cent n'apprend jamais ne serait-ce que lire et écrire.

Lors de mes déplacements en Sicile, j'ai été très impressionné par le caractère substantiel des bâtiments et des améliorations telles qu'ils étaient. Tout est en pierre. Même la maison la plus misérable est construite comme si elle était censée durer des siècles, et une quantité incroyable de travail a été dépensée partout dans le pays pour ériger des murs en pierre.

Cela s'explique notamment par le fait qu'il n'y a presque plus de bois pour construire. Tout est forcément construit en pierre et en tuiles. Une autre raison, je suppose, pour laquelle les Siciliens construisent de façon permanente est qu'ils ne s'attendent jamais à un changement de leur condition. Si on leur demande pourquoi ils ont construit leurs villages dans les endroits les plus incommodes et les plus inaccessibles, ils ne le savent pas. Ils savent seulement que ces villes ont toujours été là et ils n'ont aucune idée de ce qu'elles resteront toujours là où elles sont. En fait, pour trouver une explication à l'emplacement de ces villes, j'ai appris que les étudiants ont dû remonter plusieurs siècles avant Jésus-Christ, à l'époque où les Grecs et les Phéniciens se disputaient la possession de l' île . . A cette époque, la population originelle se réfugiait dans ces forteresses montagneuses et, malgré tous les changements intervenus depuis, ces villes, avec peut-être quelques restes de la race qui habitait originellement l'île, sont restées.

Partout en Sicile, on est confronté au fait qu'on fait partie d'un peuple qui vit parmi les ruines et les vestiges d'une ancienne civilisation. Par exemple, en cherchant à comprendre la différence entre la situation des femmes en Sicile et celle des autres parties de l'Europe, j'ai appris qu'il fallait remonter aux Grecs et aux Sarrasins, chez lesquels les femmes occupaient une position bien inférieure et étaient beaucoup moins nombreuses. libre que parmi les peuples d'Europe. Non seulement cela, mais j'ai rencontré des personnes qui prétendaient être capables de distinguer entre les femmes les types grecs et sarrasins. Je me souviens avoir un jour attiré mon attention sur un groupe de femmes, portant des châles très noirs sur la tête, qui semblaient plus rétrécies et moins libres dans leurs actions que les autres femmes que j'avais vues en Sicile. On m'a informé que ces femmes étaient du type sarrasin et que l'habitude de porter ces châles sombres sur la tête et de les serrer sous le menton était une coutume venue des Arabes. Les châles, je suppose, remplaçaient en quelque sorte les voiles portés par les femmes orientales.

Or, toutes ces anciennes coutumes et habitudes, et toutes les superstitions surannées dont est envahie la vie parmi les classes ignorantes, ont, je suppose, le même genre d'intérêt et de fascination que certains des bâtiments anciens. Mais très peu de gens se rendent compte, j'en suis convaincu, à quel point ces anciennes coutumes pèsent sur les peuples, notamment sur les femmes, et entravent leur progrès.

Au milieu de ces conditions, les femmes siciliennes, considérées par les hommes comme des créatures inférieures et gardées par eux comme une espèce de propriété, vivent comme des prisonnières dans leurs propres villages. Liés d'une part à des coutumes séculaires, et de l'autre entourés d'un mur d'ignorance qui leur interdit toute connaissance du monde extérieur, ils vivent dans une sorte d'esclavage mental et moral sous le contrôle de leurs maris et des prêtres du village ignorants, et peut-être vicieux.

Pour cette raison, le voyage en Amérique est pour la femme sicilienne une véritable émancipation. En fait, je ne connais aucune œuvre plus importante qui soit en cours pour l'émancipation des femmes, où que ce soit, que celle qui est réalisée, directement et indirectement, à travers l'émigration de Sicile et d'Italie vers les États-Unis, pour amener la liberté de pensée. aux femmes du sud de l'Italie.

CHAPITRE X
L'ÉGLISE, LE PEUPLE ET LA MAFIA

L'un des sites intéressants de Catane, en Sicile, comme de presque toutes les autres villes que j'ai visitées en Europe, est le marché. J'avoue que j'aime beaucoup visiter les marchés. J'aime flâner parmi les étals, avec leurs quantités de fruits, de légumes, de viande et de pain, toutes les choses communes, saines et nécessaires à la vie, empilées et rangées à profusion.

J'aime regarder les foules de gens qui vont et viennent, achètent et vendent, se disputent et s'agacent. Un marché, surtout un marché à l'ancienne, comme on peut en voir presque partout en Europe, dans lequel les gens de la ville et les gens de la campagne, producteurs et consommateurs, se rencontrent et négocient, semble être un marché beaucoup plus sain. et humain que, par exemple, une usine. En outre, quiconque va à l'étranger pour voir des gens plutôt que pour voir des choses trouvera, je crois, les marchés européens plus intéressants et plus instructifs que les musées.

Au cours de mon voyage à travers l'Europe , j'ai visité les marchés de presque toutes les grandes villes où je me suis arrêté. J'ai vu un peu les curieux marchés dominicaux de Bethnal Green et de Whitechapel, à Londres, avec leurs longues files de marchands ambulants et leurs foules d'acheteurs affamés, et le marché juif du ghetto de Cracovie, en Pologne, où des rabbins au visage pâle massacraient, selon le rituel strict de la loi juive, des troupeaux d'oies criaient. Entre autres choses, j'ai visité le marché du lundi à Catane, qui diffère des marchés que j'avais vus ailleurs par la multitude d'articles ménagers proposés à la vente et par le caractère généralement férié des débats.

C'était comme une foire champêtre dans l'une de nos villes du Sud, en plus grossière et plus pittoresque. Par exemple, au lieu du stand de tir habituel, avec des cibles peintes, un homme entreprenant avait installé une douzaine de bâtons peints sur une boîte brute et avait offert au public, pour moins d'un centime, la possibilité de tirer dessus avec un fusil. arbalète ancienne, telle que je n'imaginais pas qu'elle existait en dehors des musées. Ensuite, il y avait toutes sortes de jeux de hasard curieux et primitifs. Entre autres moyens destinés à divertir et à mystifier les gens, j'ai remarqué une jeune femme assise sur une chaise, les yeux bandés. Une foule l'entourait tandis qu'elle nommait divers objets appartenant à la foule, que son compagnon, un homme, tenait dans ses mains. En même temps , elle racontait la couleur des cheveux et des yeux, et débitait une prophétie sur l'avenir des différentes personnes auxquelles appartenait l'article.

Plus intéressants encore étaient les conteurs publics, qui semblaient remplacer, dans une certaine mesure, le quotidien parmi les masses populaires, dont une grande partie ne sait ni lire ni écrire.

Les conteurs se tenaient sur de petites plates-formes qu'ils emportaient avec eux comme des chaires portatives, afin d'être bien visibles de la foule. Chacun portait une grande banderole sur laquelle étaient peintes une série d'images représentant les scènes des histoires qu'ils racontaient.

Ces histoires, ainsi que les images qui les illustraient, avaient apparemment été composées par les hommes qui les racontaient, car elles touchaient toutes à des événements contemporains. En fait, la plupart d'entre eux faisaient d'une manière ou d'une autre référence à l'Amérique. Comme ces oiseaux chanteurs qui n'ont qu'une seule note constamment répétée, chaque conteur n'avait qu'une seule histoire, qu'il racontait encore et encore, avec les mêmes tons, avec les mêmes attitudes et les mêmes petites surprises dramatiques.

Même si je n'étais pas capable de comprendre ce qui se disait, il n'était pas difficile de suivre le récit à partir des images. Une histoire racontait le sort d'une jeune fille attirée en Amérique. Peut-être faisait-elle partie de ces « esclaves blanches » dont j'ai remarqué de nombreuses références en Italie et dans d'autres pays d'émigration. Quoi qu'il en soit, elle a été emprisonnée dans un endroit très sombre et lugubre dans une partie de New York que je n'ai pas pu localiser sur la photo. C'est alors que son frère, ou peut-être son amant, qu'elle avait laissé en Sicile, eut une vision. C'était une vision de Saint Georges et du dragon, et après avoir eu cette vision, il se leva et partit en Amérique pour la sauver. Ce qui est touchant dans tout cela, ce qui a montré à quel point toute cette histoire était réaliste pour la foule qui se tenait debout et l'écoutait avec une attention soutenue, c'est que lorsque l'histoire a atteint le point où l'image de Saint-Georges et du dragon est évoquée. à, les hommes levèrent simultanément leurs chapeaux. En même temps, l'orateur prit un ton plus solennel, et la foule l'écouta avec un respect révérencieux tandis qu'il racontait le miracle par lequel la jeune femme avait été sauvée.

La vue de cette foule de gens, debout tête nue sur une place ouverte, écoutant avec révérence l'histoire d'un fakir des rues, m'a frappé, comme tant d'autres choses que j'ai vues sur la vie des gens ordinaires à Catane et ailleurs en Sicile, comme étrangement touchant et pathétique. Cela m'a rappelé tout ce que j'avais lu et entendu sur les superstitions des gens ordinaires du pays et m'a donné un aperçu, comme je n'en avais jamais eu auparavant, de la façon dont les masses pensent à l'égard de l'Église catholique. , avec toutes ses cérémonies et symboles religieux. Cela m'a amené à soupçonner également que ce qui, dans la vie religieuse du peuple sicilien, s'adresse peut-être à ceux qui ont reçu une formation différente, comme la superstition, n'est en fait que l'expression naturelle du respect et de la piété d'un simple -intellectuel et, peut-être, un peuple ignorant.

On m'a dit, alors que j'étais dans cette ville, que Catane avait deux cent cinquante églises, et bien que je ne sois pas sûr que cette affirmation soit exacte, je pouvais facilement le croire au tintement interminable des cloches des églises qui me frappaient les oreilles le premier. Dimanche matin, j'étais en ville. Quoi qu'il en soit, personne ne peut parcourir la ville et examiner les édifices publics, ou étudier les gens dans leurs maisons, sans rencontrer d'abondantes preuves de l'influence omniprésente de l'Église. Partout, dans les édifices, aux coins des rues et dans tous les lieux publics possibles, on voit de petites images de la Vierge, avec peut-être une lampe allumée devant elles. Une fois, je suis tombé sur une de ces images, avec une lampe devant elle, plantée dans un champ. On m'a dit que c'était là pour protéger les récoltes de l'influence des mauvais esprits.

Il ne semblait pas venu à l'esprit de personne que l'image de la Vierge et la bénédiction de l'Église, destinées à protéger les champs des mauvais esprits, pouvaient les protéger aussi des voleurs, ou bannir de la communauté les mauvais esprits qui a inspiré les hommes à voler et à voler. Si cette opinion avait été très répandue parmi les masses populaires, il n'aurait guère été nécessaire de garder les champs nuit et jour pendant la saison des récoltes par des hommes armés de fusils de chasse.

Cela m'amène à un autre point sur lequel je voudrais comparer les masses du peuple sicilien avec les masses noires des États du Sud, à savoir en ce qui concerne leur vie religieuse.

Naturellement, la première chose qui frappe lorsqu'on tente de faire une telle comparaison, c'est la grande différence entre la situation de l'homme noir moyen dans les États du Sud et celle de la classe correspondante en Sicile. Dans tous les aspects extérieurs de la vie religieuse, au moins, le Sicilien est de loin en avance sur le Nègre.

La Sicile fut l'un des premiers pays au monde où le christianisme fut implanté. Saint Paul s'est arrêté trois jours à Syracuse en route vers Rome, et il existe encore à Catane un bâtiment dans lequel saint Pierre aurait prêché.

La Sicile a hérité des traditions, de l'organisation et des splendides églises et bâtiments qui ont grandi et accumulés au cours de mille ans et plus. L'homme noir, au contraire, a acquis sa première connaissance du christianisme dans l'esclavage et sous une forme très imparfaite et peu satisfaisante. Ce n'est que depuis l'avènement de la liberté que l'Église noire a eu l'occasion d'étendre et d'établir son influence parmi les masses populaires, tandis que les Noirs, qui luttent encore pour construire et posséder leur propre maison, et ainsi s'établir, sortent de leur pauvreté. la vie de famille, ont dû construire des églises et des écoles de formation pour leurs ministres, établir une presse religieuse, soutenir des sociétés missionnaires et tous les autres secours et accessoires de la religion organisée.

Etant donné la grande différence entre le peuple de Sicile et les Noirs d'Amérique, en ce qui concerne l'aspect extérieur de leur vie religieuse, il m'a paru curieux d'entendre presque exactement la même critique à l'égard du peuple de Sicile, en En ce qui concerne leur religion, j'ai souvent entendu parler des Noirs en Amérique. Un très grand nombre de superstitions populaires de Sicile, ce que nous appelons parfois le folklore d'un pays, ressemblent beaucoup à beaucoup de notions que les Nègres sont censés avoir importées d'Afrique en Amérique. Quiconque a écouté l'ancienne génération de personnes de couleur parler des diverses manières de « travailler les racines », comme ils l'appellent, apprendra beaucoup de choses qui peuvent être presque exactement reproduites dans les notions populaires sur les drogues et les drogues. philtres parmi les habitants de Sicile.

On dit des Siciliens, entre autres, que leur christianisme est saturé de superstitions païennes et que, pour le Sicilien moyen, la religion n'a aucun rapport avec la vie morale.

Dans de nombreux cas, il semble que l'image de la Vierge soit devenue, parmi les classes populaires, un simple fétiche, un objet de conjuration. Par exemple, le paysan qui, pour se venger de son propriétaire, et peut-être pour se dédommager de ce qu'il croit lui avoir été enlevé par fraude ou extorsion, décide de voler le champ ou le troupeau de son propriétaire, priera devant l'un de ces derniers. des images, avant de se lancer, pour réussir. S'il est vraiment « pieux », il peut offrir aux saints, en cas de succès, une partie de ce qu'il a volé. Cependant, s'il échoue et est simplement superstitieux, il maudira et insultera parfois, ou même crachera sur l'image à laquelle il a prié auparavant.

J'ai entendu dire que les sauvages d'Afrique se comportent parfois de la même manière à l'égard de l'objet dont ils ont fait un fétichisme, mais je n'ai jamais entendu parler d'une chose pareille parmi mon propre peuple dans le Sud. Le Noir est souvent superstitieux, comme le sont la plupart des autres ignorants, mais il n'est pas cynique et ne se moque jamais de ce qui a une signification religieuse.

Une chose qui indique le grand rôle que joue la religion dans la vie du peuple sicilien est le fait que sur les 365 jours de l'année, 104 sont sacrés pour l'Église. Les sommes considérables dépensées chaque année par les différentes villes de Sicile pour les processions et les célébrations en l'honneur des saints locaux sont l'une des sources de plaintes de ceux qui réclament des réformes dans les administrations locales. Ils estiment que l'argent ainsi dépensé pourrait être mieux utilisé pour améliorer l'état sanitaire des villes.

Pour montrer à quel point toute cette activité religieuse est peu liée à la vie pratique et morale, on affirme que, tandis que la Sicile entretient, proportionnellement à sa population, dix fois plus d'églises et de clergé que l'Allemagne, par exemple, les statistiques montrent qu'elle souffre de onze fois plus de meurtres et de crimes violents. En citant ces déclarations, je n'ai pas l'intention de suggérer une comparaison entre la forme de religion qui prévaut en Allemagne et celle de Sicile. La religion, comme tout le reste en Sicile, est profondément enracinée dans le passé. Il a partagé toute l'histoire changeante de cette île et reflète naturellement les conditions, les sentiments et les préjugés de la population.

Si l'Église catholique est responsable de la situation actuelle en Sicile, il me semble que c'est dans le fait que, pendant la longue période d'années pendant laquelle l'éducation du peuple a été presque entièrement entre ses mains, l'Église a Ils sont restés fidèles à la vieille notion médiévale selon laquelle l'éducation était réservée à quelques-uns et, pour cette raison, n'ont pas fait grand-chose, voire rien, pour élever le niveau d'intelligence des masses.

Ce fut, me semble-t-il, une grave erreur de la part de l'Église que de laisser dire que les socialistes, dont beaucoup sont non seulement indifférents mais ouvertement opposés à l'Église, représentent le seul parti qui ait sincèrement souhaité et luttait pour l'illumination et le bien-être général des gens d'en bas. Une telle affirmation ne pourrait évidemment pas être faite aussi facilement à propos de l'Église dans ses relations avec les masses populaires ailleurs en Italie.

Cependant, le fait concernant le Sicilien ne semble pas être qu'il soit amoral, comme on le dit parfois du Nègre, mais que le code moral selon lequel il se gouverne lui-même fait parfois de lui une menace pour l'ordre public.

L'une des premières choses qui m'a impressionné, lorsque j'étais en Sicile, a été les précautions énormes et coûteuses nécessaires pour protéger les champs des voleurs. Des centaines de kilomètres de hauts murs de pierre ont été érigés dans différentes parties de l'île pour protéger les propriétés du vandalisme et des voleurs. Au moment des récoltes, il est nécessaire de mettre pratiquement en garnison l'île avec des gardes armés pour préserver les récoltes. Le coût de l'envoi d'un policier privé dans chaque champ et chaque jardin est très lourd, et cette dépense, qui est imposée à la terre, retombe à la longue sur le travailleur .

ouvrier agricole , que pour son travail long et écrasant sur la terre, il ne reçoit pas un salaire suffisant. Dans de nombreux cas, il est fort probable qu'il soit poussé par la faim à voler. Dans de telles circonstances, il n'est pas difficile de comprendre que le vol cesse bientôt d'être considéré comme un crime et semble être considéré comme une sorte d'entreprise qui n'est mauvaise que lorsqu'elle échoue. Mais il y a quelque chose de plus, j'ai appris, dans la tête de presque tous les Siciliens, qui explique beaucoup de choses dans le caractère et les coutumes siciliennes qui semblent étranges aux étrangers. Je fais référence à ce qui se passe en Sicile sous le nom d' *omerta* et qui, comme certaines coutumes qui existent dans les États du Sud, fait partie de la loi non écrite du pays. Le principe de cette loi non écrite est le silence. Si quelqu'un est volé, blessé ou blessé de quelque manière que ce soit, il garde le silence. Si la police cherche à savoir qui est son ennemi, il répondra : « Je ne sais pas ».

Dans certaines provinces de Sicile , on dit qu'il est presque impossible d'arrêter et de condamner des criminels, car personne n'hésite à se présenter au tribunal et à se parjurer pour un ami. C'est un point d' honneur de le faire. D'un autre côté, aider la police de quelque manière que ce soit dans la poursuite d'un crime est considéré comme une honte. L'homme ordinaire peut être un voleur, un brigand ou un meurtrier et être pardonné, mais il n'y a aucune consolation au ciel ou sur la terre pour l'homme qui trahit un voisin ou un ami.

On se plaint parfois que les gens de couleur dans les États du Sud protègent et cachent ceux parmi eux qui sont accusés de crime. Dans la plupart des cas où cela se produit , je pense que l'on découvrira que la véritable raison n'est pas le désir de sauver l'un d'entre eux d'un châtiment juste et mérité, mais plutôt le sentiment d'incertitude, à cause de ce qu'ils ont entendu et vu. lynchages dans différentes régions du pays, pour savoir si les accusés bénéficieront d'une enquête complète et équitable devant un tribunal.

Il n'existe parmi la population noire des États-Unis, même si l'administration de la loi est presque entièrement entre les mains d'une autre race, aucune méfiance établie à l'égard du gouvernement et des tribunaux et aucune disposition, comme c'est le cas des Siciliens, à recourir à la justice privée et à la vengeance. Malgré le fait qu'il ait fréquemment des ennuis avec la police et les tribunaux, le Noir est, du moins par disposition, l'homme le plus respectueux des lois de la communauté. Je veux dire par là que le Noir n'est jamais anarchiste, il ne s'oppose pas à la loi en tant que telle, mais s'y soumet lorsqu'il a commis un crime.

Cela m'amène à un autre aspect de la vie sicilienne : la mafia.

J'avais beaucoup entendu parler de la mafia en Italie et des organisations politiques criminelles dans d'autres régions d'Italie avant de venir en Europe et j'avais hâte, si possible, d'apprendre quelque chose qui me donnerait un aperçu des causes locales. et les conditions qui les ont produits.

L'un des conteurs professionnels que j'ai rencontrés alors que je me promenais sur le marché de Catane m'a rappelé ce sujet. Il racontait à la foule sur la place du marché une histoire qui me paraissait encore plus excitante et intéressante, du moins, que celle que j'ai déjà évoquée. Ce n'était en fait rien de moins qu'un récit des meurtres et des outrages commis par la Main Noire à New York.

Au début, il m'a paru très curieux de rencontrer en Italie, patrie de la mafia et de la Camorra, une foule de gens sur la place publique écoutant avec un émerveillement et une crainte apparents le récit des crimes et méfaits fabuleux de leurs compatriotes . compatriotes d'une autre partie du monde. J'avais en quelque sorte l'impression que les opérations de la Main Noire seraient si familières aux Siciliens qu'ils n'en éprouveraient aucune curiosité. Il n'en était rien, cependant, et après avoir appris que New York avait une population italienne plus nombreuse que Rome, plus grande, en fait, que n'importe quelle ville italienne, à l'exception de Naples, cela ne me parut plus si étrange. Il y a en fait plus de 500 000 Italiens à New York, soit 85 pour cent. parmi eux viennent du sud de l'Italie. Parmi ces 85 pour cent. sont très nombreux ceux qui appartiennent aux classes criminelles. Le résultat est que la mafia, sous le nom de Main Noire, est probablement aussi active et, peut-être, aussi puissante parmi la population italienne de New York aujourd'hui qu'elle ne l'a jamais été en Italie.

Pendant que j'étais à Palerme, on m'a montré l'endroit où Petrosino , le détective italien de New York, qui s'était rendu en Sicile pour sécuriser les dossiers de certains des criminels italiens les plus connus vivant alors en Amérique, a été abattu. Petrosino a été tué le 12 mars 1909. L'assassinat de cet officier américain dans les rues de Palerme a permis d'attirer l'attention sur le nombre de crimes de la Main Noire commis par les Italiens dans ce pays. Au cours des neuf mois qui suivirent la mort de Petrosino , on rapporta que pas moins de cinquante « meurtres italiens », comme on les appelait, eurent lieu soit à New York même, soit dans les environs, et de 1906 à 1909, selon les statistiques établies Selon le New York *World* , sur les 112 meurtres inexpliqués commis à New York et dans ses environs, 54 étaient ceux d'Italiens. Cela suggère, au moins, la manière dont notre propre pays est affecté par la situation des masses dans le sud de l'Italie et en Sicile.

La Mafia, la Main Noire, comme on l'appelle en Amérique, est une sorte d'institution si particulière et à tel point le produit de conditions purement locales qu'il semble difficile, même à ceux qui la connaissent le mieux, d'en expliquer l'existence. . Une déclaration que j'ai entendue à ce sujet m'a particulièrement intéressé. On disait que l'état d'esprit qui a rendu possible la mafia, la peur et la méfiance qui séparent les masses populaires des classes dirigeantes et du gouvernement, étaient le résultat du mélange des races dans l'île ; que la mafia était, en bref, le problème racial de la Sicile.

Il est certainement vrai que dans aucune autre partie de l'Europe, à l'exception peut-être de l'Espagne, les différents peuples d'Europe et d'Afrique ne se sont autant mélangés que dans cette île, qui est l'un des ponts naturels entre l'Europe et l'Afrique. Outre les Arabes et les Sarrasins d'Afrique, presque toutes les races d'Europe, Germains, Latins, Grecs, ont tous vécu et gouverné sur l'île à des époques différentes. Près de Palerme, par exemple, il reste encore les restes d'une colonie d'Albanais, un peuple slave qui parle le grec moderne et pratique son culte à la manière de l'Église orientale, et il y a des fragments et des vestiges de nombreuses autres races encore conservés dans différentes régions. de l'île.

Ma propre expérience m'a cependant appris à me méfier de ce que je pourrais appeler les « explications raciales ». Ils sont pratiques et faciles à réaliser, mais trop vastes et, en pratique, ils ont pour effet de décourager tout effort d'amélioration. Par exemple, si quelqu'un découvre que la condition dans laquelle se trouve un peuple à un moment donné est due à la race, qu'elle est constitutionnelle et qu'elle est issue du sang, pour ainsi dire, alors, bien sûr, il n'y a rien à dire. faire. Toutefois, si cela est dû à l'environnement, l'éducation peut aider. La discussion et l'accent mis sur le fait de la race ont servi d'excuse, dans les États du Sud, à beaucoup d'apathie et d'indifférence à l'égard des espoirs et du progrès des Noirs. En fait, chaque fois que j'entends un homme politique du Sud poser la question rhétorique : « Le léopard peut-il changer de tache ? Je trouve généralement qu'il s'oppose à la création d'une école noire ou qu'il décourage tout autre effort visant à améliorer la condition du peuple noir.

Le vrai problème avec des explications de ce genre est que dès qu'un homme a décidé, par exemple, qu'un peuple, ou une classe de personnes, appartient à une soi-disant « race inférieure », il n'est pas enclin à soutenir toute sorte d'expérience, comme la construction d'une école, qui pourrait prouver que son explication était erronée.

La véritable raison de l'état arriéré de la Sicile n'est pas, à mon avis, tant le mélange des races que l'abandon et l'oppression des masses populaires. En 1861, lorsque la Sicile devint partie intégrante de la Confédération italienne, 90 pour cent. de la population ne savait ni lire ni écrire. Cela signifie qu'à cette époque, les Siciliens n'étaient pas beaucoup mieux lotis, en ce qui concerne l'éducation, que les esclaves noirs au moment de l'émancipation. On estime qu'entre 5 et 10 pour cent. des esclaves savaient lire et écrire.

L'une des premières choses que le gouvernement italien a tenté de faire, après l'annexion, a été de réorganiser le système scolaire de la Sicile. Mais même sous le nouveau gouvernement et avec une loi sur la scolarité obligatoire, les progrès ont été lents. En 1881, vingt ans plus tard, plus de 84 pour cent. de la population ne savait ni lire ni écrire et, en 1901 encore, pour cent habitants en âge scolaire, plus de soixante-dix étaient analphabètes.

Durant pratiquement la même période, c'est-à-dire de 1866 à 1900, la population noire des États-Unis a réduit son taux d'analphabétisme à 44,5 pour cent. de la population d'âge scolaire, et pour cent Noirs dans les États du Sud, cinquante-deux savaient lire et écrire.

La Sicile compte trois universités, une dans chacune de ses trois plus grandes villes, Palerme, Catane et Messine, mais elles sont réservées à un petit nombre et n'ont aucun rapport avec les intérêts pratiques et la vie quotidienne du peuple. Un des résultats de l'ignorance du peuple est qu'en Sicile, où le niveau d'éducation exclut plus de personnes qu'ailleurs du droit de vote, pas plus de 3,62 personnes sur cent de la population votent . C'est ce que révèlent les statistiques, qui remontent cependant à 1895.

Autant que je sache, la mafia semble avoir grandi, en premier lieu, comme les White Caps, les Night Riders et les lynchers de notre propre pays, comme moyen de vengeance privée. Le peuple, peut-être parce qu'il méprisait et haïssait le gouvernement, préférait régler ses comptes selon la vieille mode barbare de la guerre privée. La conséquence fut que les petites villes furent divisées par des querelles tribales et familiales. Dans de telles circonstances, les hors-la-loi professionnels sont devenus utiles soit à des fins d'attaque, soit à des fins de défense . C'est de ces conditions qu'est né ce qu'on appelle la mafia.

On dit que ce sont les riches jardins fruitiers de la « Coquille d'or » à l'extérieur de Palerme qui ont donné à la mafia son premier point d'ancrage sûr et qui ont finalement fait de cette ville le centre de son activité. Dans cette région, outre les hauts murs, des gardes de champ étaient nécessaires pour éloigner les voleurs des plantations où mûrissaient les fruits dorés presque toute l'année. Au fil du temps, ces gardes de campagne se sont associés au sein d'une sorte de clan ou de guilde. Dans ces guildes, les gardes les plus entreprenants devenaient finalement les chefs et dirigeaient leurs subordonnés comme les chefs de tribu.

Une fois établies, ces bandes ont rapidement dominé la situation. Aucun propriétaire n'osait installer un gardien sans l'accord du chef. S'il le faisait, il risquait de voir ses arbres détruits ou toute sa récolte volée. Un garde qui n'était pas membre de la bande risquait d'être abattu une nuit par un coup de feu tiré depuis une haie. D'un autre côté, le simple fait de savoir qu'une certaine plantation était sous la protection de la mafia était en soi presque suffisant pour la mettre à l'abri d'une attaque, et cela parce que la mafia, à travers toutes ses relations sournoises avec les classes inférieures et criminelles, était très impliquée. mieux à même de dénicher et de punir les criminels que la police.

En se rendant à la fois utile et redouté dans la communauté, le chef de la mafia commença bientôt à mettre la main sur presque tout ce qui se passait. Il se voit appelé à régler des différends. Il se mêlait à la politique et travaillait secrètement pour des hommes riches et puissants. De cette manière, la mafia, qui était au fond en grande partie une organisation criminelle, a gagné en importance et en reconnaissance dans la communauté, à certains égards, un peu semblable, j'imagine, à celle de Tammany Hall à New York. Cependant, lorsque la mafia, sous le nom de Black Hand, atteint New York, elle semble être devenue une organisation criminelle pure et simple.

Ceux qui ont étudié l'histoire de cette organisation particulière beaucoup plus loin que moi n'ont pu le faire disent qu'à leur avis la Mafia, ou la Main Noire, ne survivra pas longtemps en Amérique parce qu'il n'y a pas dans ce pays une telle oppression des pauvres par les pauvres. les riches et pas de haine et de suspicion des hauts de la part des bas, comme c'est le cas en Sicile, pour lui apporter un soutien général. En d'autres termes, l'existence de la mafia dépend de la haine et de l'oppression de classe.

Peut-être puis-je vous donner une idée de ce qui rend amer le pauvre Sicilien, sans propriété, sans éducation et sans opportunité, contre les grands propriétaires fonciers, les riches, les instruits et la classe dirigeante.

Les socialistes estiment qu'en Italie, l' ouvrier paie 54 pour cent. des impôts ; les hommes d'affaires et les classes professionnelles paient 34 pour cent, tandis que la classe qui vit de rentes et des revenus des investissements de diverses sortes ne fournit que 12 pour cent. des revenus de l'État.

L'Italie a, je crois, toutes les sortes et toutes les méthodes d'imposition qui aient jamais été inventées. Il existe un impôt sur le revenu qui varie entre 7½ et 20 pour cent, bien que les petits revenus inférieurs à cent dollars par an en soient exonérés. L'impôt sur la propriété foncière s'élève à 30, 40 ou même 50 pour cent. À cela s'ajoutent la loterie, les monopoles d'État, le droit de timbre et la taxe sur les chiens. Enfin les taxes communales sur toutes sortes de denrées alimentaires qui sont introduites dans la ville. Cet impôt absorbe de 20 à 30 pour cent. du revenu du travailleur .

Tous ces impôts, directs et indirects, sont disposés de telle sorte que la charge la plus lourde retombe sur la partie de la communauté qui est la moins capable de la supporter. Par exemple, le sel est un monopole gouvernemental en Italie et, en 1901, le peuple italien a payé 15 000 dollars pour du sel, ce qui a coûté au gouvernement 1 200 dollars à fabriquer. Le gouvernement italien expédie du sel en Amérique pour l'usage des pêcheurs de Gloucester moyennant 50 cents le baril de 280 livres, ou cinq livres et trois cinquièmes pour un cent. Ce même sel coûte aux Italiens, à cause du monopole du gouvernement, 4 cents la livre, c'est-à-dire douze fois ce qu'il coûte en Amérique. Afin de protéger ce monopole , le gouvernement va même jusqu'à placer des gardes le long de toute la côte pour empêcher les gens de "voler" l'eau de mer contenue dans des seaux pour obtenir du sel.

Heureusement, le monopole d'État sur le sel ne s'étend pas à la Sicile, mais le principe de taxer les gens selon leurs besoins, plutôt que selon leur capacité de payer, y est le même qu'ailleurs en Italie. Pour illustrer la manière injuste dont les impôts sont prélevés dans certaines régions du pays, on dit que l'âne du pauvre fermier est obligé de payer un impôt, tandis que le cheval de selle du riche propriétaire est libre.

En comparaison, les Noirs du Sud savent à peine ce que sont les impôts. Le fermier noir, par exemple, dispose d'un marché inépuisable pour son coton, son maïs, son porc, ses légumes et tous les autres légumes de ferme qu'il peut cultiver. La terre est si bon marché qu'un agriculteur économe peut acheter et payer une ferme en cinq ou six ans. Les impôts sur les terres agricoles sont si bas que l'agriculteur n'en tient pratiquement pas compte dans son budget annuel.

Si pauvres que soient certaines des écoles des Noirs dans certaines parties du Sud, elles sont infiniment meilleures et plus nombreuses que celles des paysans de Sicile. De plus, le gouvernement ne met aucune taxe ni sur la pluie ni sur le soleil, et le nègre des États du Sud a beaucoup des deux, ce qui n'est pas le cas du fermier sicilien, qui a trop de soleil et pas assez de pluie. Les agriculteurs de Sicile ont tellement besoin d'eau qu'à certaines époques de l'année, on dit que le vin coûte moins cher que l'eau. Enfin, le fermier noir, s'il désire emporter un chargement de produits en ville, ne rencontre pas, comme c'est le cas du Sicilien, un policier à la périphérie de la ville qui lui prend un cinquième de son coton, de son maïs, de ses œufs. , ou tout ce qu'il a, loin de lui, avant de lui permettre d'entrer dans la ville.

Un jour, alors que je me promenais au bord du port de Catane, j'ai remarqué un homme qui était en train de réparer un haut grillage, haut d'environ vingt ou trente pieds, qui s'étendait au bord de l'eau. J'ai vu qu'il s'étendait à perte de vue. Après enquête, j'appris qu'il avait été placé là pour empêcher les pêcheurs, que je remarquais aller et venir constamment avec leurs petits voiliers, d'apporter leur poisson en ville sans payer la taxe.

A la douane, où débarquent les pêcheurs, j'ai observé un de ces pêcheurs, qui avait débarqué avec une petite quantité de poisson, qu'il transportait au marché voisin, s'arrêter et fouiller dans ses vêtements, essayant de trouver de l'argent pour payer. le tarif. Ne trouvant pas assez d'argent pour payer la somme demandée, il laissa deux petits poissons au percepteur pour couvrir le montant de l'impôt.

Le poisson est l'aliment le moins cher et le plus abondant que les pauvres de la ville puissent manger. La mer, juste devant leurs portes, regorge de ce genre de nourriture. Néanmoins la ville entretient une armée coûteuse de fonctionnaires pour percevoir ce misérable petit impôt sur les nécessités des pauvres.

Le revenu annuel d'une famille d'ouvriers à Catane est d'environ 750 lires, soit 170 dollars par an. Sur ce montant, on a estimé qu'au titre des impôts sur les denrées alimentaires introduites dans la ville, le travailleur paie 150 lires, soit un cinquième de son revenu total.

Malgré tout ce qui a été proposé et tenté pour améliorer les conditions de vie en Sicile depuis que cette île est devenue partie de la Confédération italienne, le gouvernement n'a pas réussi, autant que je sache, à gagner la confiance, le respect et la coopération des masses. des gens. Naturellement, les conditions qui se sont développées au cours de centaines d'années et se sont fixées dans les esprits et les habitudes de toutes les classes du peuple ne peuvent pas être modifiées soudainement. Plus j'ai approfondi la situation en Sicile, plus je suis convaincu que, si différent dans les détails, le problème de la Sicile est fondamentalement le même que celui auquel nous sommes confrontés ici dans les États du Sud depuis la guerre. C'est, en bref, un problème d'éducation, et j'entends par là une éducation qui cherche à toucher, à élever et à inspirer l'homme au fond, et à le préparer à la vie pratique quotidienne.

Dans cette opinion, je trouve que je suis d'accord avec les membres de la commission qui a été nommée par le gouvernement italien en 1896 pour enquêter sur la condition des paysans du sud de l'Italie, en particulier dans leurs relations avec les propriétaires fonciers. Le rapport de la commission, qui a été récemment rédigé, remplit plusieurs gros volumes, mais, pour autant que je sache, il semble que la racine du mal réside dans l'ignorance de la population rurale. L'un des effets de l'immigration italienne en Amérique sera probablement l'établissement d'un système scolaire populaire pour la population du pays.

CHAPITRE XI
LE TRAVAIL DES ENFANTS ET LES MINES DE SOUFRE

Il y a une rue à Catane, en Sicile, qui semble être consacrée au commerce et à l'industrie des habitants les plus pauvres de la ville. Cela n'est pas mentionné dans les guides, et il n'y a peut-être aucune raison pour que ce soit le cas. Néanmoins, il y a beaucoup de choses intéressantes à voir dans cette rue – des choses étranges, pittoresques et simples – qui donnent à un étranger un aperçu intime de la vie des gens.

Par exemple, au coin d'une rue, niché dans un de ces espaces douillets où l'on trouve parfois un stand de fruits bondé, j'ai découvert un jour une fabrique de macaronis. Dans un espace d'environ trois pieds de large et dix ou douze pieds de long, un homme et un garçon dirigeaient toute l'affaire de la vente ainsi que la fabrication des macaronis, depuis le grain brut jusqu'à l'article de commerce terminé. Le processus, tel qu'il se déroulait dans cet espace étroit, était nécessairement simple. Il y avait un sac de farine, une boîte dans laquelle mélanger la pâte et une presse par laquelle cette pâte passait à travers des trous qui la transformaient en tubes creux. Ensuite, ces tubes creux étaient disposés sur un cadre en toile qui, faute de place à l'intérieur, avait été installé dans la rue. Après avoir quitté ce cadre en tissu, les macaronis étaient accrochés sur de petites formes en bois pour être inspectés et vendus.

L'un des endroits les plus curieux et les plus intéressants de la rue était une boutique d'apothicaire dans laquelle l'apothicaire fabriquait tous ses médicaments et agissait en même temps comme médecin ou conseiller médical du pauvre. Cet homme n'avait jamais étudié la pharmacie à l'université. Sa connaissance des drogues reposait entièrement sur les traditions et les secrets commerciaux qui lui étaient transmis par son prédécesseur dans le secteur. Sa boutique était remplie d'herbes odorantes, cueillies pour lui par les paysans, à partir desquelles il préparait ses médicaments. Le squelette d'un poisson pendait au-dessus du comptoir d'où étaient distribués les médicaments, et les étagères derrière étaient remplies de nombreuses bouteilles curieuses et moisies.

L'apothicaire lui-même était un personnage très sérieux, avec un front haut et pâle et l'air absorbé d'un homme qui sent le poids du savoir qu'il transporte avec lui. Toutes ces choses, en particulier l'odeur des herbes, étaient assez impressionnantes et contribuaient sans aucun doute à l'efficacité des médicaments.

C'est une rue très fréquentée dans laquelle se trouvent l'apothicairerie, le fabricant de macaronis et les autres. En fait, il semble que le travail ne s'y soit jamais arrêté, car il regorge de petites boutiques où les hommes restent assis devant leurs portes ou aux fenêtres ouvertes jusque tard dans la nuit, travaillant régulièrement à leurs différents métiers, fabriquant les choses qu'ils vendent et s'arrêtant. seulement de temps en temps pour vendre les choses qu'ils fabriquent. Toute la région est une ruche industrielle, car c'est le quartier où vivent les artisans, ces ouvriers qualifiés qui fabriquent à la main tout ce que, chez nous, nous avons depuis longtemps appris à fabriquer à la machine. En fait, dans cette rue, il est possible d'avoir une très bonne idée, je suppose, de la manière dont le commerce et l'industrie se déroulaient dans d'autres parties de l'Europe avant l'ère de la vapeur.

Samedi soir, vers neuf heures – la nuit où je suis arrivé à Catane – je me promenais dans l'une des rues secondaires de cette partie de la ville, lorsque mon attention fut attirée par un homme, assis sur le pas de sa porte, travaillant près du lumière d'une petite lampe enfumée. Il s'occupait d'un travail délicat du fer et, d'après ce que je pouvais comprendre, il semblait être un fabricant d'outils.

Ce qui attira particulièrement mon attention était une petite fille, certainement âgée de sept ans à peine, qui était occupée à polir et à affûter les tampons qu'il utilisait. Je me suis arrêté un instant et j'ai observé cet homme et cet enfant travailler régulièrement, en silence, à cette heure tardive de la nuit. Je ne pouvais qu'être émerveillé par la patience et l'habileté dont l'enfant faisait preuve dans son travail. C'était la première fois de ma vie que je voyais un si petit enfant au travail, même si j'en ai vu bien d'autres dans les jours qui ont suivi.

J'ai souvent entendu dire que les gens qui naissent sous les doux cieux du sud sont habituellement indolents et n'apprennent jamais à y travailler, comme ils le font sous des latitudes plus septentrionales. Ce n'est certainement pas le cas de la Sicile, car, d'après mon expérience, il n'y a aucun autre pays en Europe où le travail incessant soit aussi largement le lot des masses populaires. Il n'y a certainement aucun autre pays où une si grande part du travail de toutes sortes, du travail qualifié de l'artisan ainsi que du travail pénible de creuser et de transporter dans les rues et dans les mines, est accompli par des enfants, en particulier des garçons.

Il existe une loi contre le travail du dimanche à Catane, mais le lendemain matin, alors que je traversais ce même quartier de la ville, j'ai trouvé la plupart des gens encore occupés au travail. Je me suis arrêté pour observer un homme qui fabriquait des mandolines. Cet homme vivait dans une seule pièce, qui était à la fois un atelier, une cuisine et une chambre. Il y avait un grand tas de matelas empilés sur le lit, dans un coin. Un petit brasier à charbon de bois, sur lequel se faisait la cuisine pour la famille, se dressait sur l'établi. Le plafond était recouvert d'instruments finis et le trottoir devant la maison était recouvert d'autres instruments à différents stades d'achèvement.

Cette pièce était occupée par une famille de cinq personnes qui, à l'exception de l'épouse et de la mère, étaient toutes engagées, chacune à leur manière, dans le travail de fabrication des mandolines. Tout le travail artisanal (la mise en place des décorations et le polissage des cadres) était effectué par les garçons, mais une petite fille qui se tenait à proximité semblait se rendre utile pour aider dans le travail des autres.

Dans ce pays sans arbres, où il n'y a presque pas de bois d'aucune sorte, le matériau de construction le plus utile, après la pierre et le plâtre, semble être la tuile. Non seulement les toits, mais les planchers de la plupart des bâtiments sont faits de ce matériau, et sa fabrication est par conséquent l'une des principales industries mineures du pays. Un jour, alors que j'errais dans les environs de Catane, je suis tombé sur une usine où deux hommes et trois petits garçons travaillaient à mélanger l'argile, à lui donner des formes octogonales et à l'empiler au soleil pour la faire sécher. Les deux hommes travaillaient à l'ombre d'un grand hangar ouvert, mais je ne parvenais pas à comprendre ce qu'ils faisaient. D'après ce que j'ai pu constater, presque tout le travail était effectué par les enfants, qui étaient âgés, devrais-je dire, de huit à douze ans. Le travail consistant à transporter l'argile lourde et à l'empiler au soleil après qu'elle ait été transformée en tuiles était effectué par les plus jeunes enfants.

Je suis certain que si je ne les avais pas vus de mes propres yeux , je n'aurais jamais cru que de si petits enfants puissent porter des charges aussi lourdes, ou qu'ils puissent travailler aussi systématiquement et régulièrement qu'ils étaient obligés de le faire pour suivre le rythme. avec les mouvements rapides du garçon plus âgé, qui moulait les carreaux avec de l'argile molle. Le garçon plus âgé ne devait pas avoir, comme je l'ai dit, plus de douze ans, mais il travaillait avec toute l'habileté et la rapidité d'un ouvrier aux pièces expérimenté conduit à toute vitesse. J'étais tellement rempli de pitié et en même temps d'admiration pour ce garçon que, ne pouvant lui parler, j'ai osé lui offrir une petite pièce de monnaie en témoignage de mon appréciation pour l'habileté avec laquelle il travaillait. Mais il était si concentré sur sa tâche qu'il ne s'arrêta pas même pour récupérer l'argent que je lui offrais, mais me remercia simplement et hocha la tête pour que je le place sur le banc à côté de lui.

Ces cas de travail qualifié chez les enfants ne sont en aucun cas exceptionnels. À un autre moment, je me souviens m'être arrêté pour regarder un petit garçon qui, me semblait-il, ne devait pas avoir plus de huit ou neuf ans, travaillant côte à côte avec un homme, évidemment son père, avec plusieurs autres hommes, tous d'entre eux étaient engagés dans la construction d'un bateau. Le garçon dont je parle était occupé à finir avec un rabot le bastingage en bois dur des côtés du bateau, et tandis que je le regardais faire sa tâche, je fus de nouveau obligé de m'étonner de l'aisance et de l'habileté avec lesquelles ces petits gars utilisent leurs outils. .

Toutes ces choses, comme je l'ai dit, m'ont donné une idée de la manière dont les métiers étaient exercés avant que l'usage intensif des machines n'ait donné naissance au système des usines. Cela m'a également montré la manière facile avec laquelle, à cette époque, l'éducation industrielle des enfants se faisait. Lorsque les travaux manuels étaient exécutés dans la maison ou dans un magasin attenant à la maison, il était facile pour le père de transmettre au fils le métier qu'il avait lui-même exercé . Dans les conditions dans lesquelles s'exercent aujourd'hui les métiers en Sicile, les enfants naissent littéralement au métier que pratiquent leurs pères . Dans ces foyers, où le magasin et la maison sont entassés dans une ou deux pièces, les enfants voient leurs père et mère au travail dès leur naissance. Dès qu'ils sont capables de manier un outil quelconque, les garçons, en tout cas, et souvent aussi les filles, se mettent au travail pour aider leurs parents. Comme le père, à son tour, a probablement hérité des traditions et des compétences accumulées des générations qui l'ont précédé dans le même métier, ses enfants peuvent recevoir de lui, de la manière la plus simple et la plus naturelle, une éducation industrielle comme aucune autre. genre d'école peut donner.

Quels que soient les désavantages des Siciliens à d'autres égards, ils ont un avantage sur les Noirs dans l'apprentissage des métiers spécialisés, dont il est difficile d'évaluer la valeur. Partout on voit les preuves de cette habileté avec la main, non seulement dans les édifices publics, mais dans certains des objets communs d'usage quotidien. J'ai déjà parlé de la façon dont sont décorées les petites charrettes ordinaires à deux roues, qui remplacent dans ce pays le chariot du fermier ordinaire. J'ai vu à Catane des hommes travailler pratiquement à tailler ces charrettes dans des rondins. Je ne sais pas dans quelle mesure le châssis du wagon est ainsi taillé, mais en tout cas les rayons le sont. Chaque détail est travaillé avec la plus grande habileté possible, jusqu'au point de sculpter de petites figures ou des visages aux extrémités des poutres qui composent les cadres. De même, le harnais des ânes qui tirent ces charrettes est une affaire élaborée et pittoresque qui nécessite beaucoup de patience et d'habileté. Ce que je voudrais particulièrement souligner ici, c'est que toute cette compétence artisanale, devenue traditionnelle chez un peuple, constitue la meilleure préparation à toute sorte d'enseignement supérieur. A cet égard, l'Italien, comme les Japonais et les Chinois, ainsi que toute autre race qui a reçu des siècles d'entraînement dans l'artisanat, a un avantage sur le Noir qui ne peut être vaincu que lorsque les masses du peuple noir ont obtenu une formation. de la main et une habileté dans les métiers qui correspondent à ceux des autres races.

Non seulement les enfants, surtout les garçons, sont employés très jeunes dans tous les métiers que j'ai mentionnés, mais les jeunes garçons de quatorze à seize ans effectuent, comme je l'ai dit, dans les mines et ailleurs, une quantité incroyable de travaux grossiers et grossiers. de la communauté.

Je me souviens, un jour à Palerme, d'avoir vu, pour la première fois de ma vie, des garçons, qui n'avaient certainement pas plus de quatorze ans, occupés à transporter sur leur dos de la terre provenant d'une cave qu'on creusait pour un bâtiment. Les hommes effectuaient le travail de creusement, mais la simple corvée de transporter la terre du fond de l'excavation jusqu'à la surface était accomplie par ces garçons. Ce n'était pas seulement le fait que de simples enfants étaient engagés dans ce travail pénible qui m'impressionnait. C'étaient les pas lents et traînants, l'expression fixe et inaltérable de lassitude qui se reflétait dans chaque ligne de leurs corps. Plus tard, j'ai appris à reconnaître cela comme la manière et l'expression habituelles du *carusi* , qui est le nom que les Italiens donnent aux garçons qui sont employés dans les mines de soufre pour transporter le minerai brut des mines où il est creusé et pour le charger. dans les wagons par lesquels il est acheminé vers la surface.

Le travail dans une mine de soufre est organisé à bien des égards, j'ai appris, comme celui d'une mine de charbon. Le travail proprement dit d'extraction du soufre est effectué par le mineur, qui est payé en fonction de la quantité de minerai brut qu'il réussit à extraire. Lui, à son tour, a un homme ou un garçon, parfois deux ou trois, pour l'aider à transporter le minerai de la mine jusqu'à la fonderie, où il est fondu et raffiné. Comme j'avais moi-même eu une certaine expérience quand j'étais enfant dans un travail semblable à celui-ci dans les mines de Virginie occidentale, j'avais envie d'apprendre tout ce que je pouvais sur ces garçons et les conditions dans lesquelles ils travaillaient.

Dans le cas des garçons employés à ce travail, les Siciliens ont l'habitude de confier leurs enfants au mineur, ou *picconiero* , comme on l'appelle. Un tel garçon est alors appelé, dans la langue du pays, un *caruso* . En effet, un *picconiero* qui achète un garçon à ses parents pour l'employer comme *caruso* achète en réalité un esclave. La manière dont l'achat s'effectue est la suivante : en Sicile, où les masses populaires sont si misérablement pauvres en tout le reste, elles sont néanmoins exceptionnellement riches en enfants et, comme cela arrive souvent, la famille qui en a le plus grand nombre de bouches à combler a le moins à y mettre. C'est dans ces familles que se recrutent les *carusi* . Le père qui confie son enfant à un mineur reçoit en échange une somme d'argent sous forme de prêt. La somme s'élève habituellement entre huit et trente dollars, selon l'âge du garçon, sa force et son utilité générale. Avec le paiement de cette somme, l'enfant est remis entièrement à son maître.

De cet esclavage, il n'y a aucun espoir de libération, car ni les parents ni l'enfant n'auront jamais assez d'argent pour rembourser le prêt initial.

Des histoires étranges et terribles sont racontées sur la manière dont ces jeunes esclaves ont été traités par leurs maîtres. Avant de venir en Sicile, j'avais rencontré et discuté avec des personnes qui me décrivaient des cortèges de garçons à moitié nus, leurs corps courbés sous le poids des charges qu'ils portaient, gémissant et jurant en sortant de la chaleur et de la chaleur. des trous sulfureux dans la terre, transportant le minerai de la mine à la fonderie. Tout ce que j'avais entendu ailleurs fut confirmé plus tard par les détails fournis par les rapports officiels et les études spéciales sur la situation des régions minières, faites à différentes époques et par différentes personnes. Dans ces rapports, j'ai appris que les mines avaient été dans le passé le refuge d'une population avilie et criminelle, dont les vices rendaient la région sombre et soufrée où se trouvent les mines aussi semblable à l'enfer qu'elle en a l'air.

Les cruautés auxquelles les enfants esclaves ont été soumis, telles que les racontent ceux qui les ont étudiés, sont aussi graves que tout ce qui a jamais été rapporté sur les cruautés de l'esclavage des Noirs. Ces jeunes esclaves étaient fréquemment battus et pincés, afin d'arracher de leurs corps surchargés la dernière goutte de force qu'ils avaient en eux. Lorsque les coups ne suffisaient pas, on avait l'habitude de leur brûler les mollets avec des lanternes pour les remettre sur pied. S'ils cherchaient à échapper à cet esclavage en fuyant, ils étaient capturés et battus, parfois même tués.

Alors qu'ils sortaient de l'atmosphère chaude et empoisonnée des mines, leurs corps, nus jusqu'à la taille et dégoulinants de sueur, étaient glacés par les courants d'air froids des couloirs menant aux mines, et cette transition soudaine était la cause fréquente de pneumonie. et la tuberculose.

Autrefois, des enfants de six et sept ans étaient employés à ces travaux écrasants et terribles. Sous les lourds fardeaux (environ quarante livres en moyenne) qu'ils étaient obligés de porter, ils se déformaient souvent et le nombre de cas de courbure de la colonne vertébrale et de déformations des os de la poitrine signalés était très important. De plus, ces enfants étaient fréquemment victimes de la convoitise et des vices contre nature de leurs maîtres. Il n'est donc pas surprenant qu'ils aient pris très tôt l'apparence de vieillards gris et qu'il soit devenu courant de dire qu'un *caruso* atteint rarement l'âge de vingt-cinq ans.

C'est avec quelque chose de tout cela en tête que je partis de Palerme un matin de septembre un peu avant le jour pour visiter les mines de Campofranco , au sud de l'île, dans le quartier de Girgenti . Mes inquiétudes furent considérablement accrues lorsque, arrivant à la gare pour prendre le train, je constatai que le guide et l'interprète qui avaient été employés la veille au soir pour nous accompagner pendant le voyage n'étaient pas apparus. Nous avons attendu que tous les porteurs de la gare et les gardes du train soient dans une fièvre d'excitation dans leurs efforts bien intentionnés pour nous faire monter, nous et nos bagages, dans le train. Puis, au dernier moment, avec le sentiment de tenter une chance désespérée, nous avons grimpé à bord et sommes partis dans une région sauvage, qu'aucun guide n'avait cartographiée et, à ma connaissance, qu'aucun touriste n'avait jamais visitée.

Le train nous transporta sur une certaine distance dans la plaine fertile entre la mer et les collines. Il était à peine possible de distinguer, au crépuscule du petit matin, les contours flous des petites villes que nous traversions. Enfin, au moment où nous pouvions apercevoir les premières lueurs du soleil du matin le long des crêtes des montagnes, le chemin de fer tourna brusquement vers le sud et le train s'enfonça dans une large vallée entre les collines brunes et arides.

A Roccapalumba, nous avons quitté la ligne principale du chemin de fer, qui de là tourne vers l'est en direction de Catane, et avons continué notre voyage avec le confort un peu plus grossier d'un train d'hébergement. À partir de ce point, le chemin devint plus accidenté, le pays plus sauvage, et les seuls compagnons de notre voyage étaient les gens grossiers de la campagne, avec quelques rares mineurs. A la petite ville de Lercara nous entrâmes dans la zone des mines de soufre . Désormais, à presque toutes les gares que nous traversions, j'ai vu de grandes masses de cette substance jaune vif, entassées dans des wagons, attendant d'être transportées jusqu'au port de Girgenti pour être expédiées vers toutes les régions du monde, et particulièrement vers les États-Unis. , qui reste encore le plus grand marché pour cet or sicilien.

Plus le train approchait de notre destination, plus je me sentais mal à l'aise face à la perspective qui s'offrait à nous. J'étais sûr que je pourrais atteindre Campofranco et peut-être voir quelque chose des mines, mais si je serais un jour capable d'en sortir et que deviendrais-je si j'étais obligé de chercher refuge dans certains des endroits peu prometteurs J'ai vu en cours de route que c'était très incertain.

Heureusement, le Dr Robert E. Park, de Boston, qui voyageait avec moi et qui m'accompagnait dans presque toutes mes excursions de ce genre, était avec moi lors de ce voyage. Le docteur Park maîtrisait assez bien la langue allemande et parlait un peu de français, mais pas d'italien. Il avait pourtant une grammaire italienne dans son cartable, et lorsque nous nous trouvâmes enfin en mer, dans une région où ni l'anglais, ni l'allemand, ni le français ne nous étaient d'aucune utilité, il sortit cette grammaire de son cartable et se mit au travail. apprendre suffisamment d'italien entre Palerme et Campofranco pour pouvoir faire connaître au moins nos besoins les plus urgents. Pendant quatre heures, il se consacra assidûment à l'étude de cette belle et nécessaire langue. C'était un cas désespéré, et je pense pouvoir affirmer sans risque de me tromper que le docteur Park a étudié la grammaire avec plus d'assiduité pendant ces quatre heures qu'il ne l'a jamais fait dans sa vie. En tout cas, au moment où le train avait traversé la crête rocheuse des montagnes qui divisent les côtés nord et sud de la Sicile, et avant que nous débarquions dans la petite gare isolée de Campofranco , il parlait assez bien l'italien, mêlé d'allemand, de français. , et l'anglais, pour se faire comprendre. Une autre raison du succès du docteur Park était peut-être le fait que les Italiens comprennent assez bien la langue des signes.

Les mines de Campofranco se trouvent à flanc de montagne, juste au-dessus de la gare. A environ un kilomètre et demi de l'autre côté de la grande vallée vide, sur le versant de la montagne opposée, se trouve le village d'où les mines tirent leur nom, un petit groupe de bâtiments bas en pierre et en ciment, accrochés au flanc de la montagne comme s'ils étaient au milieu de la montagne . danger imminent de glisser dans la vallée en contrebas.

A quelques centaines de mètres au-dessus de la gare, de grands tas d'ordures avaient été déversés dans la vallée et un endroit nivelé sur le flanc de la montagne, où se trouvaient les fourneaux et les fonderies. Il y avait de grandes rangées de fours, semblables à de grands pots, à moitié enfouis dans la terre, dans lesquels le minerai est fondu puis coulé dans des formes où il est refroidi et laissé durcir.

J'avoue que j'avais été très sceptique quant à la manière dont nous risquions d'être reçus dans les mines, étant donné que nous ne connaissions ni les coutumes ni les gens, et que nous avions très peu d'italien pour faire connaître nos besoins. Le directeur, cependant, qui s'est révélé être un homme très poli et digne, parlait un peu français et un peu anglais. Il semblait prendre un réel plaisir à nous faire découvrir les travaux. Il m'expliqua les méthodes d'extraction du soufre , insista pour que nous buvions un verre de vin et eut même la gentillesse de me prêter un cheval et un guide lorsque j'exprimai le désir de louer un des ânes de passage pour me conduire à certains des les endroits les plus inaccessibles, plus haut dans la montagne, où je pouvais voir que les mineurs avaient creusé la terre à la recherche de soufre . Sur le vaste versant de la montagne et de loin, elles ressemblaient à des fourmis qui entraient et sortaient de petits trous dans la terre.

C'est à l'embouchure d'une de ces entrées de mines que j'ai eu pour la première fois une idée précise de ce à quoi ressemblent les mineurs de soufre , ces malheureux qui s'épuisent au milieu des fumées empoisonnées et de la chaleur des fournaises de ces enfers souterrains. Il y eut un grondement de voiture, et bientôt un homme, presque entièrement nu, sortit du passage sombre. Il était usé, hagard et gris, et sa peau avait une particulière teinte blanc grisâtre. Il parlait d'une voix rauque, mais je ne sais pas si c'est là un des effets caractéristiques du travail dans les mines ou non. On m'a dit qu'en plus d'autres dangers, le soufre avait un effet néfaste sur les poumons. On m'a expliqué que la poussière de soufre pénètre dans les poumons et les obstrue, et c'est ce qui explique les gémissements des *carusi*, dont on parle si souvent, lorsqu'ils traînent les passages escarpés et sinueux avec les lourds fardeaux de leurs bagages. du minerai brut sur le dos.

Cela faisait de nombreuses années que je n'avais pas été dans une mine, mais alors que j'entrais dans la galerie sombre et humide et que je sentais le froid soudain du sous-sol, les souvenirs de mes premières expériences me revinrent tous. Cependant, à mesure que nous avancions dans la mine, l'air semblait se réchauffer. Tout à coup, une porte du côté de la galerie s'ouvrit ; un souffle d'air chaud, comme celui d'une fournaise, jaillit dans le couloir, et un autre de ces hommes à moitié nus, ruisselant de sueur, en sortit.

Nous passâmes de temps en temps le long du couloir principal devant un certain nombre de ces portes qui, comme je l'ai découvert, menaient à des parties de la mine où les hommes travaillaient. Il me semblait incroyable que quiconque puisse vivre et travailler sous une telle chaleur, mais j'étais venu là-bas pour voir à quoi ressemblait une mine de soufre , alors j'ai décidé de tenter l'expérience.

Le passage latéral dans lequel j'entrai n'était, en fait, guère plus qu'un terrier, tortueux et sinueux, mais s'enfonçant constamment de plus en plus profondément dans les profondeurs sombres de la terre. Je savais ce que c'était que de travailler au plus profond de la terre, mais je n'avais jamais réalisé aussi bien ce que cela signifiait d'être dans les entrailles de la terre que lorsque je me frayais un chemin à tâtons dans les passages sombres et sinueux de ce soufre . le mien.

C'est au fond de ces trous, et dans cette atmosphère fumante, que travaillent les mineurs. Ils détachent le minerai des parois des veines dans lesquelles il se trouve, puis il est transporté hors de ces trous dans des sacs par les *carusi* .

Dans la mine que j'ai visitée, le travail de remontée du minerai à la surface a été effectué d'une manière moderne et relativement humaine. Il fallait simplement transporter le minerai des différents points d'extraction jusqu'au wagon, par lequel il est ensuite transporté jusqu'à la fonderie. Mais dans les mines, où le travail se fait encore selon l'ancienne méthode traditionnelle, en vogue aussi loin que l' on puisse se souvenir, tout le minerai est transporté sur le dos des garçons. Dans les cas où la mine est descendue à une profondeur de deux, trois ou quatre cents pieds, la tâche consistant à transporter ces charges de minerai jusqu'à la surface est tout simplement déchirante. Je comprends bien que des personnes qui ont connu les pires conditions parlent des enfants condamnés à cet esclavage comme des créatures les plus malheureuses de la terre.

Toutefois, d'après tout ce que je peux apprendre, les conditions se sont améliorées ces dernières années. En 1902 fut votée une loi qui interdisait l'emploi des enfants de moins de treize ans aux travaux souterrains, à laquelle s'ajouta, peu après, une disposition qui interdisait, après 1905, l'emploi des enfants de moins de quinze ans dans les mines.

Autant que je sache, cette disposition a été appliquée dans la mine que j'ai visitée, car je n'ai vu d'enfants travailler nulle part à l'intérieur de la mine. J'ai cependant vu un certain nombre de pauvres petites créatures au travail dans les décharges à l'extérieur de la mine. Ils transportaient des déchets de minerai dans des sacs sur le dos, les jetaient sur des tamis, puis chargeaient les particules les plus fines dans les wagons. Après avoir vu ces bandes de garçons au travail, je n'ai jamais pu me méprendre sur leurs mouvements lents et traînants et l'expression d'un désespoir sourd sur leurs visages.

On dit que l'emploi des garçons dans les mines de soufre est en baisse. Selon la loi, le travail des enfants de moins de quinze ans est interdit depuis 1905. Mais comme on le sait, en Italie comme en Amérique, il est beaucoup plus facile de faire des lois que de les faire appliquer. Cela est particulièrement vrai en Sicile. Les seuls chiffres que j'ai pu obtenir à ce sujet montrent que, de 1880 à 1898, il y a eu une augmentation énorme du nombre des enfants employés dans et autour des mines. En 1880, 2 419 enfants de moins de quinze ans y travaillaient, parmi lesquels huit filles. De ce nombre, 88 avaient sept ans et 163 avaient huit ans, soit 12 pour cent. du nombre total avaient moins de neuf ans. Mais en 1898, le nombre des enfants de moins de quinze ans était de 7 032, dont 5 232 travaillaient à l'intérieur des mines. A cette époque, le gouvernement avait déjà tenté d'imposer certaines restrictions au travail des enfants dans les mines, mais la limite d'âge n'avait pas été fixée à quinze ans.

Les mines de soufre sont situées sur le versant sud des montagnes qui traversent la Sicile d'est en ouest. À environ dix milles en aval de Campofranco , les deux branches du chemin de fer, l'une allant directement au sud de Roccapalumba et l'autre au sud-ouest de Caltanisetta , se rejoignent à quelques kilomètres au-dessus de Girgenti . Sur les pentes des larges vallées que traversent ces deux branches du chemin de fer se trouvent presque toutes les mines de soufre de la Sicile. De ces mines, qui fournissent environ 70 pour cent. des réserves mondiales de soufre , un flux constant de ce minerai jaune s'écoule vers la mer au port de Girgenti .

Après avoir quitté Campofranco, j'ai parcouru toute cette région. Dans de nombreux endroits, les pentes des montagnes sont assez alvéolées de trous dans lesquels les mineurs se sont frayés un chemin dans la montagne à la recherche du précieux minéral jaune. Sur de nombreux kilomètres dans toutes les directions, la végétation a été détruite par la fumée et les vapeurs empoisonnées des fonderies, et le pays tout entier a un aspect tacheté et scrofuleux qui est déprimant à voir, surtout si l'on considère l'ampleur de la misère et le nombre de personnes. la création de cette condition a coûté des vies humaines. Je n'ai jamais vu de ma vie un endroit qui semblait si proche de la description de « l'abomination de la désolation » mentionnée dans la Bible. Il y a même une certaine grandeur dans la désolation de ce pays qui semble être la malédiction de Dieu.

Je ne suis pas prêt à dire pour l'instant dans quelle mesure je crois à un enfer physique dans l'autre monde, mais une mine de soufre en Sicile est à peu près la chose la plus proche de l'enfer que je m'attends à voir dans cette vie.

Cependant, comme je l'ai déjà dit, certains signes indiquent que dans les mines de soufre , comme ailleurs en Sicile, la situation de l'homme le plus en bas s'améliore. Je prie Dieu qu'il en soit ainsi, car je ne pourrais imaginer une existence plus misérable que la lente torture de ce travail écrasant dans l'air chaud et empoisonné de ces mines de soufre .

Je dirai aussi que je suis reparti des mines de soufre et de Sicile avec une bien meilleure opinion du peuple qu'à mon arrivée. Je suis allé en Italie avec l'idée que les Siciliens étaient une race de brigands, un peuple maussade et irritable, disposé à tout moment à se laisser emporter par des passions violentes et meurtrières. J'en suis ressorti avec le sentiment que, quelles que soient les fautes des masses populaires, elles étaient, à tout le moins, plus coupables que coupables, et qu'elles méritaient la sympathie plutôt que la condamnation du monde.

La vérité est que, d'après mon expérience personnelle, je n'ai jamais été traité avec autant de gentillesse que le jour où, venant en étranger, sans aucune présentation d'aucune sorte, je me suis aventuré à visiter la région qui a la réputation d'être le plus méchant et certainement le plus malheureux d'Europe. Je veux dire la région autour et au nord de Girgenti , qui est à la fois le siège des mines de soufre et de la mafia.

Si quelqu'un m'avait dit avant mon départ en Sicile que j'étais prêt à confier ma vie à des Siciliens perdus dans l'obscurité d'une mine de soufre , j'aurais cru qu'une telle personne avait perdu la tête. J'avais tellement lu et entendu parler des meurtres de la mafia en Sicile, que depuis longtemps j'avais horreur du nom des Siciliens ; mais quand je suis entré en contact avec eux, avant de m'en rendre compte, je me suis retrouvé en leur faisant absolument confiance à un point tel que je les ai suivis volontiers dans les entrailles de la terre ; dans une mine de soufre chaude , étroite et sombre où, sans un instant d'avertissement, ils auraient pu exiger ma vie ou me retenir, s'ils le voulaient, contre une rançon. Rien de pareil ne s'est produit ; d'autre part, je le répète, tous les Siciliens que j'ai rencontrés dans la mine de soufre m'ont traité avec la plus grande bonté , et je suis reparti de leur pays avec le plus grand respect pour eux.

Je n'ai pas rencontré, pendant que j'étais là-bas, une seule personne, depuis le surintendant jusqu'au moindre ouvrier des mines, qui ne semblait pas seulement disposée, mais même anxieuse, à m'aider à voir et à apprendre tout ce que je voulais savoir. . De plus, Campofranco était le seul endroit en Europe où je rencontrais des hommes qui refusaient d'accepter de l'argent pour un service qu'ils me rendaient.

CHAPITRE XII
FIUME, BUDAPEST ET L'IMMIGRANT

C'était un jour froid, nuageux, venteux et pluvieux lorsque le petit caboteur qui devait nous faire traverser l'Adriatique quitta le port gris et brumeux de l'ancienne ville d'Ancône et partit en direction de Fiume, l'unique point d'arrivée lequel le Royaume de Hongrie touche la mer. J'avais lu des articles sur les difficultés des premiers immigrants, et j'ai entendu un jour un vieil homme de couleur , qui avait été transporté en Amérique comme esclave, raconter le long voyage de lui-même et d'une cinquantaine d'autres, tous entassés dans un petit voilier. . Ce n'est pourtant qu'après ce voyage de quelques heures sur l'Adriatique dans un petit bateau sale et malodorant que je commençai à comprendre, bien que j'aie traversé plusieurs fois l'océan, à quel point un voyage en mer pouvait être inconfortable.

Heureusement , le voyage n'a pas été long et, une fois que le navire s'est trouvé à l'abri d'une des belles îles vertes qui sont stationnées comme des sentinelles le long de la côte dalmate, il a été possible de monter sur le pont et de profiter de la vue sur les paysages accidentés et accidentés. ligne de côte brisée. C'était en effet un spectacle splendide, dans la claire lumière de cette fin d'après-midi, que de voir les gros nuages bleu-gris rouler sur les masses vertes et luisantes des îles, qui se soulevaient de toutes parts hors de la mer environnante.

Ce que j'avais entendu et lu sur la côte dalmate m'avait amené à rechercher les signes d'une civilisation ancienne, semblable à celle que j'avais laissée en Italie. Mais ce qui m'a impressionné au premier abord à Fiume, c'est le caractère flambant neuf et moderne de tout ce qui se présente à nous. Je ne veux pas dire que la ville possédait la nouveauté lâche et éparse de certaines de nos villes de l'Ouest américain. Elle avait plutôt la nouveauté et l'exhaustivité d'une de ces villes allemandes modernes, qui semblent avoir été planifiées et construites d'avance, sous le commandement de quelque autorité supérieure. Dans la région d'Allemagne que j'ai visitée, j'ai remarqué que rien ne poussait naturellement, dans le désordre confortable et aléatoire qu'on trouve dans certaines régions d'Amérique. Cela est particulièrement vrai pour les villes. Tout est étiqueté, étiqueté et ordonné avec une précision militaire. Même les rosiers des jardins semblent témoigner de l'effet de la discipline militaire. Taillés et taillés, ils se dressent droits, en rangées longues et régulières, comme s'ils présentaient continuellement les armes.

L'impression que j'avais de la Hongrie moderne à Fiume fut confirmée par ce que je vis quelques jours plus tard à Budapest, la capitale. Il y avait le même air de nouveauté et de nouveauté, comme si la ville avait été construite du jour au lendemain et que les gens ne s'y étaient pas encore habitués.

Une connaissance un peu plus approfondie des villes de Fiume et de Budapest montra cependant, dans chaque cas, que la nouvelle ville qui remplissait les yeux de l'étranger avait en fait été reconstruite ou, plutôt, ajoutée à , un plus ancien.

À Fiume, par exemple, quelque peu cachée derrière les nouveaux bâtiments qui bordent la large avenue de la ville magyar moderne, sont encore préservées les contours de l'ancienne ville italienne, avec ses rues étroites et sinueuses, remplies de tous les monuments pittoresques et vivants. la vie, le petit trafic et les images et sons humains variés avec lesquels je m'étais familiarisé au cours de mon voyage à travers l'Italie.

Ainsi , à Budapest, de l'autre côté de la rivière par rapport à la ville hongroise moderne, ou plutôt magyar de Pest, se trouve l'ancienne ville allemande de Buda, avec son château et son palais, qui remontent au Moyen Âge.

Ce qui est encore plus intéressant, c'est que dans ces deux villes modernes de Fiume et de Pest, où l'on voit et sent l'empreinte d'un peuple fort et magistral, on rencontre partout, au milieu de cette vie moderne fiévreuse et artificielle, des témoignages de la des habitudes et des manières qui appartiennent à un âge plus ancien et plus simple.

Par exemple, il m'a paru curieux que, dans une ville si bien équipée en tramways électriques de dernière génération, on puisse voir des paysannes arriver péniblement de la campagne avec de lourdes charges de légumes sur le dos ; et, dans une ville où le gouvernement cherche à fournir aux classes laborieuses des maisons modernes, avec toutes les commodités que l'invention peut fournir, on devrait voir ces mêmes paysannes dormir paisiblement sur le trottoir ou sous les chariots sur la place publique, juste comme ils ont si longtemps l'habitude de dormir, pendant les périodes de récolte, en plein champ.

De même, dans un autre ordre d'idées, il paraissait étrange de lire dans le rapport du ministre de l'Agriculture qu'une école d'agriculture à Debreczen , qui avait été exploitée en liaison avec une école supérieure d'agriculture au même endroit, avait été fermée parce que " les élèves de cette école, étant en contact quotidien avec les élèves de première année du collège, pensionnaires au Pallag , cherchaient à imiter leurs mœurs, voulaient plus que ce qui était nécessaire *pour leur position sociale future* , et en même temps ils visaient à une position qu'ils n'ont pas pu maintenir. »

Tout cela suggère et illustre la rapidité avec laquelle les changements se produisent en Hongrie et la hâte avec laquelle les dirigeants du gouvernement et de la vie sociale s'efforcent de rattraper et, si possible, de devancer le cortège des progrès dans le reste du monde. de l'Europe.

Le problème semble être qu'en Hongrie, le progrès a commencé au sommet, avec le gouvernement, et non à la base, avec le peuple. Apparemment, le gouvernement désire et espère donner aux masses populaires une éducation qui augmentera leur utilité, sans en même temps accroître leurs besoins ni stimuler leur désir de s'élever. Ses efforts pour améliorer la condition des masses sont en outre compromis par une détermination à supprimer les autres nationalités et à préserver la domination de la race magyar. En bref, je pense pouvoir résumer la situation en disant que la Hongrie tente l'expérience douteuse de tenter d'accroître l'efficacité du peuple sans lui donner la liberté.

Le résultat est que, tandis que le gouvernement ferme les écoles parce que, comme le dit le ministre de l'Agriculture, "un principe politique et social important est menacé" lorsque les étudiants commencent à espérer et à rêver d'une situation de vie plus élevée et meilleure que celle dans laquelle ils Lorsqu'ils sont nés, les masses populaires émigrent vers l'Amérique pour améliorer leur condition.

A Fiume, j'ai eu l'occasion d'étudier de près ce que je pourrais appeler le processus de cette émigration. En d'autres termes, j'ai eu l'occasion de voir quelque chose, non seulement de la manière dont le courant d'émigration, sortant des petits villages de l'intérieur, est collecté et soigné à Fiume jusqu'à ce qu'il se déverse et soit emporté dans le pays. navires, mais aussi pour avoir une idée plus précise des motivations et des forces sociales qui travaillent ensemble pour provoquer cette vaste migration des populations rurales du sud-est de l'Europe.

Dans aucun pays d'Europe, pas même en Italie, l'émigration n'a été étudiée avec autant de soin, et aucun pays n'a fait autant pour diriger et contrôler l'émigration qu'en Hongrie. En même temps , je crois pouvoir affirmer que nulle part ailleurs l'émigration n'a apporté autant de changements dans la vie politique et sociale de la population. À une certaine époque, il semblait en effet que la Hongrie proposait de faire de l'émigration un monopole d'État. C'est alors que le gouvernement, en accordant à la Cunard Steamship Company le monopole du commerce des émigrants à Fiume, conclut un contrat pour fournir à cette ligne au moins 30 000 émigrants par an. A cette époque, entre cent et deux cent mille émigrés quittaient chaque année la Hongrie, dont la plupart se rendaient en Amérique par les lignes allemandes de Hambourg et de Brême.

On dit que le gouvernement hongrois, afin d'inverser le courant de l'émigration vers Fiume et d'augmenter le trafic dans ce port, ordonna que tous les billets de bateau à vapeur soient vendus par des agents gouvernementaux, qui refusaient aux émigrants la permission de quitter le pays. par autre chose que la route Fiume.

Depuis lors, cependant, je crois comprendre que la Hongrie a modifié son contrat avec la société Cunard de telle manière qu'il ne semble pas que le gouvernement se soit réellement lancé dans l'exportation de ses propres citoyens et, au lieu de tenter d'ordonner l'émigration à travers Fiume par quelque chose qui s'apparente presque à de la force, elle a plutôt cherché à inviter le trafic en créant à ce poste des logements modèles pour les émigrés.

En fait, le gouvernement a, en règle générale, tenté de décourager l'émigration plutôt que de l'accroître. Là où cela n'était pas possible, elle a quand même essayé de maintenir son emprise sur ses citoyens en Amérique ; maintenir vivants leur intérêt pour leur pays natal et faire de l'émigration, autant que possible, une absence temporaire, afin que l'État ne subisse pas une perte permanente de sa population laborieuse et pour, apparemment, que le flux d'or qui avaient afflué dans le pays à la suite de cette émigration ne cesserait peut-être pas.

Le montant réel d'argent rapporté par les émigrants de retour ou par ceux qui vivent temporairement en Amérique ne peut être déterminé avec certitude. Par exemple, pas moins de 47 000 émigrants sont retournés en Hongrie en 1907. On estime, si je me souviens bien, que chaque émigrant revenu a rapporté au moins 200 dollars, tandis que l'immigrant moyen, non installé de manière permanente en Amérique, renvoie chaque année environ 120 dollars. , ce qui représente probablement plus d'argent que ce qu'il pourrait gagner chez lui. Dans les années 1900 à 1906 inclusivement, 22 917 566 $ furent envoyés en Hongrie par mandats-poste seulement. En 1903, une enquête officielle révèle qu'en plus de l'argent provenant d'Amérique par d'autres moyens, 17 millions de dollars furent envoyés en Hongrie par l'intermédiaire des banques.

Un des résultats de cet afflux d'argent venu d'Amérique a été que le paysan a pu assouvir sa passion pour s'acquérir une petite parcelle de terre ou agrandir la ferme qu'il possède déjà. En fait, dans certains endroits mentionnés par Miss Balch dans son livre "Our Slavic Fellow Citizen", la demande de terres a été si grande que leur valeur a augmenté de 500 à 600 pour cent. [1]

En une année 1903, selon Miss Balch, 4 317 émigrants d'un comté de Croatie ont envoyé chez eux 560 860 $, ce qui représente une moyenne d'à peine 130 $ par immigrant. Grâce à cet argent, 4 116 logements ont été améliorés, grâce au remboursement des dettes, à l'achat de nouveaux terrains ou à des améliorations.

Ces faits ne donnent cependant qu'une faible indication de l'influence que l'immigration a eue, directement et indirectement, sur les conditions de vie des masses populaires en Hongrie et dans d'autres régions du sud-est de l'Europe. D'une part, en suscitant les espoirs, les ambitions et le mécontentement des peuples dits « inférieurs », elle a alimenté les conflits raciaux du royaume.

Le Slovaque ou le Croate qui vient en Amérique ne perd pas pour autant son intérêt pour les luttes politiques et sociales de son pays natal. Au contraire, en Amérique, où il a la possibilité de lire des journaux imprimés dans sa propre langue et de discuter librement des politiques raciales dans les sociétés et les clubs formés par les différentes nationalités dans de nombreuses régions des États-Unis, le Slovaque moyen ou Croate en Amérique est susceptible de s'intéresser plus intelligemment à la lutte pour l'existence nationale de son propre peuple que chez lui.

Dans le cas de membres de certaines nationalités mineures, il est arrivé que, en raison de la persistance avec laquelle le gouvernement hongrois avait découragé leurs efforts pour enseigner leur propre langue, ce n'est que lorsqu'ils ont atteint l'Amérique qu'ils ont eu l'occasion de lire leur langue maternelle.

L'œuvre que plusieurs de ces sociétés nationalistes accomplissent en Amérique donne une indication de l'intérêt que les différents peuples immigrés portent aux luttes des membres de leur propre race, dans leur pays natal. La Société nationale slave organise des réunions politiques, collecte des fonds pour les prisonniers politiques slovaques en Hongrie et diffuse de la littérature slovaque dans le but de susciter la sympathie et l'intérêt pour la cause slovaque.

Dans son livre « Problèmes raciaux en Hongrie », Seton-Watson, qui a réalisé une étude particulière sur la condition des Slovaques, déclare :

> « Les émigrés slovaques de retour qui ont économisé de l'argent aux États-Unis acquièrent progressivement de petites propriétés en Hongrie et contribuent à propager les idées de liberté et de nationalité parmi leurs voisins ... Ils apprennent rapidement à tirer profit des institutions libres de leur pays d'adoption. , et aujourd'hui les 400 000 Slovaques d'Amérique possèdent une culture et une organisation nationales qui présentent un contraste frappant avec le développement exigu de leurs parents en Hongrie. Il y a plus de journaux slovaques en Amérique qu'en Hongrie ; mais les Magyars cherchent à rétablir l'équilibre. en refusant de livrer ces journaux américains par la poste hongroise. Partout parmi les émigrés, les ligues, les

sociétés et les clubs prospèrent sans être dérangés ; ... ces sociétés font tout ce qui est en leur pouvoir pour éveiller le sentiment slovaque et contribuer matériellement au soutien de la presse slovaque en Hongrie." [2]

Seton-Watson ajoute que "l'indépendance et la confiance des émigrés de retour contrastent de manière frappante avec le pessimisme et la passivité de la génération plus âgée". C'est peut-être pour cette raison que les Magyars, qui représentent la « race supérieure » en Hongrie, disent que « l'Amérique a gâté l'émigrant slovaque ».

En voyageant à travers la Hongrie, de Fiume à Budapest, et de là à Cracovie, en Pologne, j'ai traversé successivement des régions et des districts habités par de nombreux types raciaux différents, mais je pense avoir acquis une idée plus vivante de l'étrange mélange de races qui composent la population. de la Double Monarchie d'après ce que j'ai vu à Fiume que dans toute autre partie du pays. A Budapest, qui est le grand creuset des races en Hongrie, il y a à peu près la même uniformité dans l'habillement et les manières des différentes races que l'on rencontre dans n'importe quelle autre grande ville cosmopolite. Fiume, au contraire, compte un nombre beaucoup plus grand de gens qui semblent encore en contact avec les coutumes et la vie de leurs villages d'origine et qui n'ont pas encore appris à avoir honte de porter les costumes surannés et pittoresques des régions auxquelles ils sont habitués. ils appartiennent.

Parmi les costumes les plus frappants que je me souviens avoir vu étaient ceux des commerçants monténégrins, avec leurs bonnets rouges, leurs gilets brodés et leurs ceintures rouges autour de la taille, qui les faisaient ressembler à des brigands. Après cela, les costumes peut-être les plus pittoresques que j'ai vus étaient portés par une troupe de filles dalmates, dont la caractéristique la plus frappante était les jambières de laine blanche , nouées au genou avec des rubans. Une figure en particulier dont je me souviens était celle d'une petite femme marchant dans les rues de Fiume, conduisant un petit train de beaux bœufs couleur crème .

Toutes ces distinctions de costumes se soulignaient par contraste, et comme elles signifiaient chacune des différences dans les traditions, les préjugés et les desseins des peuples auxquels ils appartenaient, elles donnaient une sorte de tableau du choc des races dans ce pays étrange et intéressant. .

Même parmi les races qui ne sont plus divisées par le costume et les habitudes, les distinctions raciales semblent être plus clairement tracées qu'à Budapest. Par exemple, les affaires de la ville semblent être dans une large mesure monopolisées par les Allemands et les Juifs. Les fonctionnaires du gouvernement sont des Magyars, mais la majeure partie de la population est composée d'Italiens et de Croates. En fait, il existe trois villes distinctes, qui portent communément le nom de Fiume. Il y a la ville moderne, avec son opéra, ses beaux édifices officiels, qui est magyar ; la vieille ville, avec ses rues étroites et bavardes et son arc de triomphe romain, qui est italien, et enfin, juste de l'autre côté du canal, ou « fiume », qui semble avoir donné son nom à la ville, est une belle nouvelle ville croate. qui est officiellement distincte du reste de la ville, ayant son propre maire et ses propres fonctionnaires municipaux.

Fiume elle-même occupe une position exceptionnelle dans le Royaume de Hongrie. C'est ce qu'on appelait au Moyen Âge une « ville libre », avec un gouverneur et des représentants au Parlement hongrois. Le maire, si je comprends bien, est un Italien qui a épousé une Croate. Cette alliance de deux races dans une même famille semble avoir un certain avantage dans la politique plutôt tumultueuse de la ville, car on m'a dit que lorsque les Croates, comme cela arrive parfois, se rendent en procession à la maison du maire, avec leurs doléances, le maire La femme a pu aider son mari en s'adressant à son propre peuple dans sa langue maternelle.

Mais la chose la plus intéressante que j'ai vue à Fiume était l'immense bâtiment d'émigration, qui, si je me souviens bien, peut accueillir environ 3 000 émigrés. Ici se trouvent les bureaux des fonctionnaires de l'émigration hongroise, et dans ce même bâtiment sont reçus et entretenus, jusqu'au prochain départ, les accumulations du courant d'émigration qui coule régulièrement dans ce port de toutes les parties du royaume.

Ici, les émigrés, après avoir été examinés médicalement, baignés et désinfectés, sont détenus jusqu'au moment de l'embarquement. En compagnie du consul des États-Unis Slocum, de qui j'ai reçu de nombreuses informations précieuses, j'ai visité le bâtiment de l'émigration et j'ai passé une grande partie de la journée à examiner les arrangements et à discuter, par l'intermédiaire d'un interprète, avec des émigrants de différentes parties du pays qui étaient j'attends là pour embarquer.

Sous sa direction, j'ai inspecté les casernes, meublées de rangées et de rangées de lits en fer à deux étages, j'ai observé les machines de désinfection des vêtements des émigrés, j'ai visité la cuisine, j'ai goûté la soupe et j'ai finalement vu toutes les différentes nationalités entrer ensemble pour dîner. , les femmes dans une rangée et les hommes dans une autre. La majorité d'entre eux étaient de nationalité magyare ; Ils semblaient être des gens bons, sains, robustes et économes. Ils venaient des campagnes. Certains d'entre eux étaient des propriétaires qui allaient en Amérique pour gagner suffisamment d'argent pour rembourser les hypothèques dont leurs terres étaient grevées. Un grand nombre d'entre elles avaient des parents, un frère, une sœur ou un mari déjà en Amérique, et elles semblaient très bien informées des conditions dans le nouveau pays où elles allaient.

Les deux personnages les plus intéressants que j'ai remarqués parmi les émigrés prévus étaient une jeune fille grande, pâle et pieds nus, aux traits plutôt délicats et animés, et un homme vêtu d'une blouse de lin qui pendait jusqu'aux genoux, les pieds et les jambes enfermés dans un sac. sorte de mocassin , surmonté de jambières, liées par des lanières de cuir. La jeune fille était une Ruthène qui allait rencontrer des parents en Amérique. L'homme que j'ai remarqué en train de regarder, avec un intérêt et une curiosité qui me semblaient plutôt envieux, une paire de chaussures américaines en vente sur l'un des stands de la grande salle commune, était un Roumain .

Deux des émigrants avec qui j'ai parlé avaient déjà vécu en Amérique. L'un d'eux, qui comprenait un peu l'anglais, semblait être un leader parmi les autres. Lorsque je lui ai demandé la raison pour laquelle il retournait en Amérique, il a parlé très franchement et de manière désobligeante de la situation dans son vieux pays.

Selon lui, ce n'est pas tant les salaires qui poussent les gens à émigrer, même s'ils sont assez modestes. Mais le pire, c'est qu'il y avait de longues périodes pendant lesquelles il n'était pas possible de trouver du travail. En plus de cela, les impôts étaient élevés.

— Et puis, ajouta-t-il en haussant les épaules et en écartant le bras avec un geste d'impatience, c'est trop serré ici.

Je soupçonne que cela exprime le sentiment de bon nombre d'émigrants qui, de retour dans leur pays d'origine, ont émigré une seconde fois. Ils ont trouvé que les choses dans le vieux pays étaient « trop étroites » pour être confortables. Il y a encore de la place en Amérique pour que les gens se dispersent, grandissent et découvrent par eux-mêmes de quoi ils sont capables. Tant que les gens trouveront les choses « trop serrées », ils passeront à autre chose. La plante s'étire toujours vers la lumière.

Parmi les émigrés avec lesquels j'ai eu l'occasion de m'entretenir se trouvait un groupe de Roumains venus de Transylvanie, ou Siebenbürgen , comme ils l'appelaient. C'étaient des gens sombres et silencieux, très serrés les uns contre les autres et nous regardant du coin de l'œil. Quand j'ai cherché à leur parler, ils ont semblé peu disposés à répondre à mes questions, et finalement l'un d'eux a dit à l'interprète qu'ils avaient reçu pour instruction de ne parler à personne jusqu'à ce qu'ils atteignent l'Amérique.

Compte tenu des réglementations élaborées que leur gouvernement a imposées aux personnes cherchant à quitter la Hongrie, et des réglementations encore plus élaborées que notre gouvernement a imposées aux personnes cherchant à entrer aux États-Unis, cela ne m'a pas particulièrement surpris.

Comme ces personnes étaient des Roumains , ou Valaques , de Siebenbürgen , ils avaient peut-être d'autres raisons de ne pas dire pourquoi ils quittaient le pays. Les Roumains , bien qu'ils prétendent fièrement descendre des conquérants romains de cette partie du monde, sont néanmoins classés parmi les « inférieurs », comme ils le sont, en fait, parmi les races les plus ignorantes de la Hongrie. Comme ils ont été particulièrement persistants à faire connaître leurs torts au reste de l'Europe et ont été fréquemment punis pour cela, ils ont peut-être appris que le silence est d'or, particulièrement en présence de responsables magyars.

Alors que j'étais à Vienne pour chercher des informations susceptibles de m'aider à comprendre la situation raciale dans la double monarchie, j'ai découvert que l'un des écrivains les plus savants et les plus brillants en la matière était un Roumain qui, alors qu'il était étudiant dans une académie roumaine , en 1892, avait été arrêté avec d'autres étudiants et condamné à quatre ans de prison pour avoir écrit et diffusé un pamphlet dans lequel étaient énumérés les « actes de violence » commis contre les autres races de Hongrie par les Magyars « supérieurs ».

La supériorité de la race dominante semble en fait être la pierre angulaire de la politique politique du gouvernement actuel en Hongrie. En dernière analyse, cela semble être la prémisse majeure, pour ainsi dire, de tous les arguments que j'ai entendus ou lus pour justifier la politique que le gouvernement a poursuivie à l'égard des autres races de la monarchie. En fait, la « supériorité de la race magyar » est responsable de la plupart des biens et des maux de l'histoire de la Hongrie au cours des soixante-dix dernières années. Il semble, par exemple, qu'il ait été la principale source d'inspiration de la lutte héroïque contre l'Autriche qui commença en 1848 et s'acheva avec l'indépendance de la Hongrie en 1867. Il semble également avoir été l'aiguillon qui a stimulé les impatients. dirigeants de la Hongrie moderne dans leur hâte de dépasser et de dépasser les progrès de la civilisation dans le reste de l'Europe.

Malheureusement, l'ambition et le succès des Magyars dans leurs efforts pour conquérir leur indépendance politique et préserver leur type racial particulier de la perte et de l'absorption par les autres peuples « inférieurs » qui les entourent ont encouragé toutes les autres nationalités dans un désir similaire. et la détermination.

"S'il est bon pour les Magyars de préserver leur langue, leurs coutumes et leurs traditions raciales", disent en effet les autres races, "pourquoi n'est-il pas tout aussi important pour nous de préserver les nôtres ?"

La réponse des Magyars est en effet : « Vous n'avez ni langue, ni histoire, ni tradition digne d'être gardée. Bref, vous êtes une race inférieure. »

Bien entendu, le débat ne s'arrête pas là. Les autres nationalités répondent en fondant des écoles et des collèges nationaux pour étudier et préserver leur langue, leurs traditions et leurs coutumes particulières, tandis que ces nationalités qui n'avaient auparavant aucune histoire entreprenaient d'en créer. Ainsi, la doctrine de la supériorité de la race magyar, qui a été si précieuse pour stimuler les Magyars à des efforts héroïques en faveur de leur propre race, semble avoir été tout aussi précieuse pour piquer la fierté raciale et la loyauté des autres races. Ainsi, dans l'ensemble, malgré ses cruautés accessoires, le conflit des races en Hongrie, comme la lutte des races blanches et noires dans le Sud, semble avoir fait moins de mal que de bien. Cela est du moins vrai en ce qui concerne les races en déclin et en lutte, car l'oppression, qui stimule fréquemment l'individu ou la race qui en souffre, nuit invariablement le plus à l'individu ou à la race qui l'inflige.

La plupart des « actes de violence » dont se plaignent les nations subordonnées sont commis au nom de ce qu'on appelle « l'idée d'État magyar », qui ne semble cependant être guère plus que l'idée selon laquelle les Magyars doivent dominer, même si ils ne représentent que 51 pour cent. de la population de la Hongrie proprement dite et 45 pour cent. de la population totale, y compris celle du territoire annexé, la Croatie-Slavonie.

La race magyar est tellement identifiée au gouvernement hongrois que quiconque dit quoi que ce soit contre les Magyars est puni comme une sorte de trahison. La plupart des personnes persécutées pour crimes politiques en Hongrie semblent être accusées soit de panslavisme , qui n'est généralement rien de plus qu'un désir des Slaves de préserver leur propre existence nationale, soit d'« incitation contre la nationalité magyar ».

De la part des Magyars, il ne semble pas que ce soit un crime de parler de manière irrespectueuse, voire méprisante, des autres races. J'ai observé que les auteurs qui ont cherché à défendre « l'idée de l'État magyar » qualifient très franchement les Roumains et les Slovaques de « races inférieures », incapables de se gouverner elles-mêmes.

Il existe également chez les Magyars un dicton selon lequel « un Slovaque n'est pas un être humain », notion qui semble surgir tout naturellement dans l'esprit de toute race habituée à l'esclavage et à l'oppression d'une autre. course.

Il est d'autant plus curieux qu'un tel dicton soit répandu en Hongrie, étant donné que Kossuth, le grand héros national de la Hongrie, était lui-même slovaque.

On entend en Hongrie d'étranges histoires sur les méthodes employées par la race dominante pour soumettre les autres races. Par exemple, en matière électorale, la corruption, l'intimidation et toutes les autres méthodes familières visant à exploiter le vote des gens ignorants et naïfs sont pratiquées d'une manière et dans une mesure qui rappellent l'époque de la reconstruction dans les États du Sud. .

Afin de maintenir la race supérieure au pouvoir, les journaux sont supprimés, les écoles sont fermées et les fonds destinés à leur soutien, qui ont été collectés à des fins éducatives, sont confisqués par le gouvernement.

Pour illustrer les efforts déployés par la Hongrie pour maintenir la domination magyar, on raconte que lorsque le clergé catholique, voyant les ravages que la boisson avait fait parmi les Slovaques, tenta d'organiser parmi eux des sociétés de tempérance, le gouvernement supprima ces organisations. au motif qu'ils avaient tendance à favoriser le sentiment de panslavisme et étaient donc en opposition à « l'idée d'État magyar ». On sait cependant que les principales plaintes contre ces sociétés provenaient de marchands d'alcool.

Apparemment , il est tout aussi facile en Hongrie qu'en Amérique, pour des personnes égoïstes, de profiter des préjugés et des sentiments raciaux pour les utiliser à leurs propres fins. En fait, tout ce que j'ai vu et appris sur les relations entre les races en Hongrie m'a montré que la haine raciale fonctionne à peu près de la même manière , qu'elle existe entre des personnes de même couleur mais de langage différent, ou entre des personnes de même couleur. couleur différente et même discours.

S'il y a certains points sur lesquels les relations raciales en Hongrie et aux États-Unis sont similaires, il y en a d'autres sur lesquels elles diffèrent. Tandis que la Hongrie cherche à résoudre son problème racial en maîtrisant les races et les peuples les plus faibles, l'Amérique cherche à obtenir le même résultat en les élevant. En Hongrie, tous les efforts semblent être faits pour contraindre la soi-disant « race inférieure » à abandonner sa langue distincte, à oublier son histoire nationale, ses traditions et sa civilisation — tout ce qui, en fait, pourrait l'inspirer, en tant que peuple, avec le désir ou la véritable ambition de gagner une position de respect et de considération dans le monde civilisé.

En Amérique, au contraire, chaque race et nationalité est encouragée à cultiver et à être fière de tout ce qui est distinctif ou particulier, que ce soit dans ses traditions, ses traits raciaux ou ses dispositions. Je pense pouvoir affirmer en toute sécurité qu'il n'existe aucun pays au monde où autant de races différentes, de couleurs , d'habitudes et de traditions aussi différentes, vivent ensemble dans une telle paix et harmonie qu'aux États-Unis. L'une des raisons à cela est qu'il n'existe aucun autre pays où « l'homme le plus en bas » a plus de chances et une plus grande liberté qu'aux États-Unis.

NOTES DE BAS DE PAGE :

[1] Comité de publication des organismes de bienfaisance, 1910.

[2] Cité par Miss Balch dans « Our Slavic Fellow Citizens », p. 116.

CHAPITRE XIII
CRACOVIE ET LE JUIF POLONAIS

Depuis que je me souvienne, j'ai eu un intérêt particulier et particulier pour l'histoire et le progrès de la race juive. Le premier livre que j'ai connu, la Bible, était une histoire des Juifs, et pour mon esprit d'enfant, la partie la plus fascinante de ce livre était l'histoire de la manière dont Moïse conduisit les enfants d'Israël hors de la maison de servitude. à travers le désert, vers la terre promise. J'ai entendu cette histoire pour la première fois de la bouche de ma mère, alors qu'elle et moi étions esclaves dans une plantation en Virginie. Depuis, je l'ai entendu et évoqué à maintes reprises. En fait, je suis certain qu'il ne se passe pratiquement pas un jour ou une semaine sans que je ne rencontre parmi mon peuple une référence à cette même histoire biblique.

Les esclaves noirs attendaient toujours avec impatience le moment où un Moïse surgirait de quelque part et qui les conduirait, comme il conduisit les anciens Hébreux, hors de la maison de servitude. Et après la liberté, les masses du peuple noir ont continué à se tourner vers un grand leader, un homme inspiré de Dieu, qui les sortirait de leurs difficultés vers la terre promise, que, d'une manière ou d'une autre, ils ne semblent jamais en mesure d'atteindre.

De même que j'ai appris, pendant l'esclavage, à comparer la condition des Noirs avec celle des Juifs en esclavage en Egypte, de même j'ai souvent, depuis la liberté, été contraint de comparer les préjugés, voire les persécutions, auxquels le peuple juif doit faire face et surmonter dans différentes parties du monde avec les désavantages des Noirs aux États-Unis et ailleurs.

J'avais vu beaucoup de Juifs des classes inférieures de New York avant d'aller en Europe, et lors de ma visite à Whitechapel, à Londres, j'ai eu l'occasion d'apprendre quelque chose sur la condition des Juifs polonais et russes qui, chassés de leur terre natale, ont trouvé refuge en Angleterre. Ce n'est cependant que lorsque j'ai atteint Cracovie, en Pologne autrichienne, ou en Galice, que j'ai vraiment commencé à comprendre à quoi ressemblait réellement la vie dans le ghetto, dont j'avais tant entendu parler. Ce n'est qu'à ce moment-là que j'ai commencé à comprendre ce que l'usure de siècles de persécution, de pauvreté et de souffrance avait signifié dans la vie des Juifs.

L'une des premières choses que j'ai observées à propos des Juifs à l'étranger, ce sont les formes très différentes que prennent les préjugés raciaux dans les différents pays que j'ai visités. Par exemple, dans l'Est de Londres, qui a longtemps été le refuge des pauvres et des opprimés d'autres pays, le Juif est toléré, même s'il n'est pas apprécié. On ne sait pas exactement quelle est la source du préjugé anglais. On se plaint parfois que l'immigré juif a chassé le

Britannique d'origine de certaines parties de l'Est de Londres, mais on admet en même temps que dans de tels cas, c'est parce que le Juif s'est révélé un meilleur locataire. Il ne boit pas, il respecte la loi et paie régulièrement son loyer. Il semble vrai aussi à Londres, comme à New York, que dès que l'immigré juif a obtenu un peu de succès, il ne reste pas dans le même quartier de la ville. Il déménage bientôt et sa place est prise par quelque nouveau fugitif à moitié affamé venu de Russie ou de Roumanie , de sorte qu'il y a un flux constant de « verts », comme on les appelle, qui arrivent, et un autre flux, peut-être un peu plus petit, qui arrive. de ceux qui ont réussi à déménager. Malgré cela, il est généralement admis que la situation générale s'est améliorée sous l'influence des Juifs. Les préjugés anglais, là où ils existent, semblent donc être dus en partie à des causes économiques et en partie à la méfiance générale à l'égard de l'étranger qui semble gagner en Angleterre avec l'afflux d'immigration en provenance du sud de l'Europe. Au Danemark, au contraire, où les Juifs semblent être très largement représentés parmi les classes instruites et aisées, j'ai découvert beaucoup de préjugés contre les Allemands mais presque aucun contre les Juifs. En fait, l'un des hommes les plus distingués du Danemark, en dehors du roi, un homme qui a été un leader dans la vie intellectuelle de ce pays au cours des trente dernières années, le professeur Georg Brandes, est juif.

En Allemagne, j'ai appris que, même si les Juifs occupent une place importante non seulement dans les affaires mais aussi dans les professions libérales, il leur était encore difficile de s'engager dans l'armée ou d'accéder au poste de professeur dans les universités, à moins d'être d'abord baptisés.

En parlant de cette question à un Allemand que j'ai rencontré dans l'un des hôtels de Vienne, je me suis rappelé le nom d'un professeur distingué dont j'avais entendu le nom comme un exemple d'un Juif accédant à une position élevée dans une université allemande.

"Oh, eh bien," répondit-il, "il a été baptisé."

Cela me rappelle une énigme proposée par une connaissance alors que nous discutions de certaines des particularités des préjugés raciaux en Europe.

"Quand un juif n'est-il pas juif ?" Il a demandé. La réponse est bien sûr : « Quand il est chrétien ». En d'autres termes, les préjugés en Allemagne semblent être dirigés uniquement contre le Juif qui s'accroche à sa religion.

Quand je suis arrivé à Prague, en Bohême , j'ai appris que parmi les masses populaires, il y a peu de distinction entre les Juifs et les Allemands, puisque tous deux parlent la même langue, et que les Tchèques, confondant l'un avec l'autre, les haïssent d'une double haine. d'abord pour ce qu'ils sont, puis pour ce qu'ils semblent être.

A Vienne et à Budapest , les Juifs, à travers les journaux qu'ils contrôlent, semblent exercer une puissante influence sur la politique. Je me souviens avoir entendu des références répétées alors que j'étais là-bas à la « presse juive ». A Prague, on dit que tous les journaux allemands, sauf un, sont contrôlés par des Juifs. Mais les Juifs sont représentés non seulement dans la presse en Autriche-Hongrie, mais aussi dans l'armée et dans toutes les autres professions. Ce ne sont pas seulement des financiers et des hommes d'affaires, mais aussi des médecins, des avocats, des artistes et des acteurs, comme partout en Europe où ils ont conquis leur liberté. Néanmoins, les mariages mixtes entre juifs et chrétiens sont toujours interdits en Autriche-Hongrie.

J'ai évoqué assez longuement la condition des Juifs dans d'autres parties de l'Europe où ils ont profité de la liberté sociale et politique qui leur a été accordée au cours du XIXe siècle, parce que leurs progrès là-bas contrastent de façon si frappante avec leur état tel que je l'ai vu à Cracovie et dans ses environs, en Galice ; comme c'est également le cas juste de l'autre côté des frontières de l'Autriche-Hongrie, en Pologne russe et en Roumanie , et comme cela semble avoir été le cas dans d'autres parties de l'Europe il y a soixante-quinze ou cent ans, avant que les portes du ghetto ne soient ouvertes. et les habitants s'émancipèrent.

Les restrictions qui leur sont imposées aujourd'hui en Russie et en Roumanie peuvent donner une idée des conditions dans lesquelles vivaient les Juifs, dans presque toutes les régions de l'Europe, il y a cent ans . En Roumanie, un juif ne peut ni voter ni exercer de fonctions dans la fonction publique. Il est exclu des professions ; il ne lui est pas permis, par exemple, de devenir médecin ou même d'ouvrir une pharmacie ; il n'est pas autorisé à résider dans les communes rurales ; il ne peut ni posséder de terres en dehors de la ville ni travailler comme ouvrier agricole . Dans les moulins et les usines, pas plus de 25 pour cent. des employés peuvent être juifs. Bien qu'ils soient pratiquement limités aux entreprises commerciales, les Juifs ne peuvent pas devenir membres des chambres de commerce. Les Juifs sont tenus de servir dans l'armée, ils paient proportionnellement des impôts plus élevés que les autres parties de la communauté, mais ils sont classés par la loi comme des « étrangers non soumis à une protection étrangère ».

En Russie, les Juifs ne sont pas autorisés à vivre en dehors de ce qu'on appelle la « Zone de colonisation », qui comprend douze provinces situées aux frontières ouest et sud-ouest que la Russie a annexées au cours des deux cents dernières années. Seuls les commerçants qui paient une licence spéciale de 1 000 roubles, soit environ 500 dollars, les diplômés universitaires et quelques autres peuvent vivre hors du commun. Un Juif n'est même pas autorisé à vivre en Sibérie à moins qu'il n'y ait été envoyé en punition d'un crime.

À l'intérieur du pays, les Juifs ne sont pas autorisés à vivre en dehors des villes et des villages incorporés. Bien que les Juifs soient autorisés à voter en Russie et à envoyer des représentants à la Douma, ils ne sont pas autorisés à occuper des fonctions ou à être employés dans la fonction publique. Ils sont obligés de payer, outre les impôts ordinaires, qui sont assez lourds, des impôts sur les rentes qu'ils reçoivent des biens qui leur appartiennent, ou des héritages, sur la viande tuée selon la loi juive, sur les bougies utilisées dans certaines de leurs religions. observances et sur les calottes crâniennes qu'ils portent lors des services religieux. Malgré cela, ils sont exclus des hôpitaux, des écoles et des fonctions publiques, qui sont en grande partie financés par les impôts supplémentaires qui leur sont imposés.

Le plus singulier dans tout cela, c'est que les infirmités dont souffre actuellement le Juif russe sont immédiatement supprimées par le baptême. Non seulement cela, mais tout Juif qui se laisse asperger d'eau bénite, en signe de renonciation à sa religion et à son peuple, reçoit en récompense trente roubles, « trente pièces d'argent ».

Les Juifs que j'ai vus en Galice ne sont soumis à aucune des restrictions médiévales qui sont imposées aux membres de leur race en Russie et en Roumanie . Ils jouissent, en fait, de tous les droits politiques des autres races. Néanmoins, on dit que les Juifs de Galice sont plus pauvres que dans certaines régions de la Pologne russe, bien que dans une bien meilleure situation que dans certaines régions du sud de la Russie.

Ailleurs en Europe, où ils ont retrouvé leur liberté, les Juifs sont en général plus prospères que les gens qui les entourent. A Berlin, en Allemagne, par exemple, où les Juifs représentent 4,88 pour cent. de la population totale, 15 pour cent. parmi ceux qui avaient un revenu de 1 500 marks ou plus étaient juifs. Les statistiques montrent que des conditions similaires existent dans d'autres régions d'Europe. [3]

Lorsque j'ai demandé pourquoi à une connaissance qui avait vécu plusieurs années en Autriche, il m'a répondu qu'il y avait tellement de Juifs en Galice qu'il n'y avait pas assez d'autres personnes pour les soutenir. Il explique ensuite qu'entre les deux classes, la noblesse qui possède la terre et le paysan qui la cultive, le Juif représente le commerçant ou l'intermédiaire. Il était donc littéralement vrai qu'il n'y avait pas assez d'autres personnes dans le pays pour soutenir les Juifs, qui ne représentent cependant pas plus de 11 pour cent. de la population totale.

L'une des premières personnes que j'ai rencontrées en Galice était un représentant de cette classe pauvre de Juifs. Je suis arrivé à Cracovie en fin d'après-midi, à la fin du mois de septembre. Il y avait un vent froid qui soufflait et, pour la première fois depuis que j'avais quitté l'Écosse, j'ai remarqué une vivacité inconfortable dans l'air du soir, ce qui indiquait, je suppose, que j'étais du côté nord et est ou du côté russe de l'Écosse. Montagnes carpates. L'une des premières personnes que j'ai rencontrées alors que j'étais debout, grelottant, à l'entrée de l'hôtel, était un petit garçon au visage pâle et aux yeux bruns, qui me parlait en anglais et semblait vouloir nouer une sorte d'amitié avec moi sur le chemin. base de notre connaissance commune de la langue anglaise. Il était incontestablement juif et, alors que nous marchions ensemble dans la rue, il m'a raconté un peu de sa vie à Londres puis à Cracovie. J'ai déduit de ce qu'il a pu me dire que son père, qui était ébéniste et, comme il le disait, « très pauvre », avait eu plus de mal à vivre dans la concurrence féroce des ateliers clandestins de Londres, où il travaillait, que dans le ghetto de Cracovie, il s'était donc découragé et était revenu.

J'ai appris de lui, comme plus tard d'autres de sa race, que tous les Juifs venus en Angleterre et en Amérique ne réussissent pas et ne s'enrichissent pas en quelques années, comme cela semble être communément supposé. Certains d'entre eux échouent, d'autres se retrouvent dans des difficultés inattendues, et fréquemment les familles qui immigrent sont brisées et certains d'entre eux sont renvoyés en raison de l'application des réglementations sur l'immigration, de sorte qu'il n'y a pas autant d'empressement à aller en Amérique que il y a quelques années.

Malgré ce fait, les Juifs de Galice, dont presque tous ont probablement des amis ou des parents en Angleterre ou en Amérique, semblent porter un intérêt particulier à tous ceux qui parlent la langue anglaise, parce qu'ils les considèrent comme des représentants d'un peuple. qui, plus que quiconque au monde, ont essayé d'être juste envers les Juifs.

Quelques jours plus tard, je rencontrai dans un petit village à quelques kilomètres de Cracovie un commerçant juif qui, comme la plupart des Juifs de cette partie du pays, parlait aussi bien l'allemand que le polonais, de sorte qu'avec l'aide du docteur Park, je pus pour lui parler. Il disait que son activité consistait à acheter du grain et du fourrage aux grands propriétaires terriens de différentes parties de la Galice et à le revendre aux paysans, qui l'utilisaient pour nourrir leur bétail. Lorsqu'il a appris que j'étais originaire d'Amérique et que je voulais voir un peu la vie des paysans, il s'est porté volontaire pour être mon guide. Ce fut une rencontre très heureuse pour moi, car j'ai découvert que cet homme non seulement connaissait la situation de presque toutes les familles du village, mais qu'il savait aussi exactement comment les traiter afin que, à son contact, chaque porte s'est ouvert, comme par magie, et j'ai pu voir et apprendre tout ce que je voulais savoir.

Entre- temps , j'ai remarqué que notre guide et interprète semblaient tout aussi intéressés à en apprendre davantage sur l'Amérique que moi à connaître la Galice. Il entrelaçait toutes ses informations sur la condition des paysans dans différentes parties du pays avec des questions sur la situation en Amérique. Il s'est avéré qu'il avait non seulement de la famille en Amérique, mais aussi un cousin à New York qui avait eu des ennuis et avait été envoyé en prison pendant trois ans pour une irrégularité commerciale. C'était une petite affaire, selon mon ami juif, qui n'aurait pas coûté plus de huit jours d'emprisonnement en Galice. Il ne pouvait donc pas comprendre comment un pauvre homme devait être traité plus durement dans un pays libre comme l'Amérique, où tous sont égaux, que chez lui, où il était l'opprimé et n'attendait pas de considération. Mais ce qui semblait le plus troublant, c'était le fait qu'il n'avait plus de nouvelles de son cousin depuis un an et que personne ne savait ce qu'il était devenu.

Lorsqu'on m'a expliqué l'affaire, j'ai dit à l'homme que s'il me donnait le nom et la dernière adresse de son cousin, à mon retour à New York, je vérifierais l'affaire et, si possible, j'apprendrais ce qu'il était advenu de son cousin. cousin disparu.

Cela me parut une proposition très naturelle, dans les circonstances, mais elle prit évidemment le pauvre homme par surprise, car il s'arrêta, me regarda un instant, puis, de la manière la plus humble, s'agenouilla et me baisa la main . J'avoue qu'au début j'étais un peu choqué et plutôt dégoûté. J'ai appris par la suite que c'est une habitude courante, surtout en Russie, que les paysans baisent les mains et même les pieds de leurs supérieurs. Cependant, l'idée qui m'est venue à l'esprit était qu'il a fallu plusieurs siècles de sujétion et d'oppression pour que cette attitude d'humilité soit une manière familière et naturelle, comme cela semblait être le cas dans ce cas, d'exprimer sa gratitude.

Ce qu'il y avait de singulier dans tout cela, c'est que ce juif qui s'était montré si humble à mon égard méprisait et méprisait les paysans polonais avec lesquels il faisait du commerce. Il les qualifiait de « créatures ignorantes et sales ». Pour autant, il semblait avoir appris leurs manières de s'exprimer auprès de ceux dont il cherchait aide ou protection au pouvoir ou à l'influence.

Dans ces circonstances, avec ces habitudes enracinées dans les masses populaires, j'avais du mal à imaginer ce que le droit au suffrage masculin, qui a récemment été conféré au peuple dans toutes les provinces d'Autriche, pouvait signifier dans la réalité. pratique.

Rien ne m'a été plus fortement impressionné au cours de mon étude des conditions en Europe que ceci : à savoir que nous ne pouvons pas vraiment savoir, du simple fait que telle ou telle institution politique existe dans un pays, quels privilèges ou désavantages ces institutions apportent aux masses.

des gens. En fait, il semble être tout aussi vrai en Europe qu'en Amérique que de simples textes législatifs ne peuvent pas plus, à eux seuls, produire la justice et la liberté qu'ils ne peuvent produire l'industrie et l'épargne. Après que l'esclavage physique a été détruit, il reste encore l'esclavage de la superstition, de l'ignorance et des préjugés religieux, de classe et de race. Le fait de ce Juif de me baiser la main fut pour moi une révélation, non seulement de son propre état d'esprit, mais des conditions dans lesquelles il était entouré.

Je pense que cet incident, plus que tout ce que j'ai vu ou entendu pendant mon séjour en Galice, m'a donné un aperçu de la vie des gens. Il me semblait comprendre, par exemple, à partir de cela seul, pourquoi les Juifs n'ont guère fait plus de progrès en Galicie que dans les provinces voisines de Roumanie et de Russie.

Quant à mon guide, j'ajouterai que je n'ai plus eu de nouvelles de lui par la suite. S'il m'a écrit, la lettre ne m'est jamais parvenue, et j'ignore ce qu'est finalement devenu le cousin qu'il avait perdu.

Peut-être devrais-je, avant d'essayer de décrire la condition de la classe la plus pauvre des Juifs à Cracovie, dire quelque chose d'un autre ghetto que j'ai vu alors que j'étais en Europe.

Pendant mon séjour à Prague, je me promenai un jour dans un ancien quartier de la ville qui était autrefois habité par des Juifs. Le ghetto de Prague est considéré comme le plus grand et le plus célèbre d'Europe. C'était, en fait, une ville en soi, car elle contenait non seulement la plus ancienne synagogue d'Europe, à laquelle était attaché un ancien cimetière juif célèbre, mais aussi un Rathhaus, ou hôtel de ville, et un marché dans lequel , selon Tradition, les commerçants juifs vendaient autrefois des esclaves chrétiens. Les Juifs étaient autrefois si bien établis dans ce quartier de la ville qu'il prit le nom de Judenstadt , ou Jewtown . Là, ils maintinrent, dans une certaine mesure, leur propre gouvernement civil séparé, tout comme ils le font, dans une moindre mesure, en Russie aujourd'hui. Dans son livre sur les Juifs, déjà mentionné, M. M. Fishberg , à qui je dois de nombreux faits et statistiques concernant la condition des Juifs, dit des Juifs en Russie aujourd'hui :

> Ils parlent leur propre langue, le yiddish, et nombre d'entre eux gèrent leurs affaires, tiennent leurs registres, rédigent des contrats, des testaments et bien d'autres documents dans ce dialecte ; l'enregistrement des naissances, des mariages et des décès est effectué par leurs rabbins, et les divorces prononcés par eux sont reconnus valides par l'État ; dans les petites villes, ils préfèrent régler leurs différends devant leur propre pouvoir judiciaire (Beth Din) et non devant les tribunaux de l'État ; ils perçoivent la plus grande

partie de leurs propres impôts pour le gouvernement au nom de la communauté juive ; non seulement chaque Juif est tenu d'accomplir son devoir militaire, mais la communauté juive dans son ensemble est tenue responsable de fournir chaque année un certain nombre de recrues. Cette séparation va jusqu'au calendrier chez de nombreux Juifs, qui datent leurs lettres et documents selon le calendrier hébreu et non russe. Il y a encore cinquante ans, c'était une honte pour un juif de pouvoir lire le russe ou l'allemand, ou même d'avoir en sa possession un livre dans une de ces langues vulgaires ; c'était un péché à côté de l'apostasie. Mais au cours des deux dernières générations, un changement profond s'est produit.

À l'époque où j'étais à Prague, l'ancien ghetto était en cours de démolition, et cela illustre le changement survenu ces dernières années : la plupart des gens vivant dans les rues étroites et les anciens bâtiments délabrés de l'ancien ghetto n'étaient pas juifs mais chrétiens. .

Après Prague, la ville qui possède le ghetto le plus ancien et le plus intéressant d'Europe est Cracovie, et le plus intéressant est le fait qu'elle est toujours habitée par des Juifs. Ils y vivent aujourd'hui, je suppose, comme ils le faisaient il y a cent ans, une race séparée et à part, plus éloignée, apparemment, des mœurs, des coutumes et de la compréhension du reste du monde que n'importe quel peuple de ce côté-ci. de Chine.

J'ai connu des Juifs presque toute ma vie. J'ai fait des affaires avec eux et je leur ai parlé plus d'une fois dans leurs synagogues, et j'ai toujours trouvé parmi eux de la sympathie et du soutien pour le travail que j'ai dû accomplir pour mon propre peuple. J'ai fréquemment visité et étudié, dans une certaine mesure, les classes les plus pauvres du quartier juif de l'East Side à New York. Malgré cela, quand on leur montra d'étranges personnages vêtus de longs manteaux noirs, de doux chapeaux de feutre, aux visages pâles, éclairés par des yeux sombres et brillants et encadrés de boucles brillantes qui pendaient de chaque côté devant leurs oreilles, Moi, à Vienne, je n'avais pas la moindre idée à quelle race ou nationalité ils appartenaient. Plus tard, lorsque j'arrivai à Cracovie, ces mêmes silhouettes élancées et ces mêmes visages pâles et délicats me devinrent très familiers et j'appris à reconnaître en eux le type supérieur du Juif polonais.

La grande majorité des Juifs de Cracovie habitent encore dans un quartier de la ville appelé "Kazimierz", qui tire son nom de celui d'un roi polonais tombé amoureux d'une belle juive il y a environ quatre cents ans et, par exemple, pour elle, elle fit de la Pologne un refuge pour les membres de sa race, qui, à cette époque, étaient chassés presque comme des bêtes sauvages dans d'autres parties de l'Europe.

J'ai visité Kazimierz en fin d'après-midi, alors que les rues étroites, sales et malodorantes grouillaient de leur étrange progéniture d' habitants salauds, pauvres et en mauvaise santé .

J'ai traversé le quartier juif de New York, avec son fouillis de charrettes, ses nuées d'enfants aux yeux noirs et ses étranges vieillards à la barbe gris-brun qui erraient, fatigués et absorbés, dans les rues bondées, chacun anxieusement absorbé par une pensée. ou un but qui lui est propre. Le quartier juif de l'East Side de New York n'est pourtant qu'un pâle reflet du ghetto de Cracovie. D'une part, le Juif de New York, bien qu'il conserve bon nombre des us et coutumes du pays d'où il est originaire, semble, dans la plupart des cas, faire un effort sérieux pour devenir un Américain ; apprendre la langue, adopter le costume et, autant que possible, les manières du nouveau pays dont il va bientôt devenir, s'il n'est pas déjà citoyen.

Cependant, les masses des Juifs polonais s'accrochent toujours avec ténacité aux coutumes de leur religion et du ghetto dans lequel, depuis mille ans ou plus, ils vivent en exil et, plus ou moins, comme des prisonniers. Au lieu de chercher à ressembler au reste des gens parmi lesquels ils vivent, ils semblent s'efforcer de préserver et de mettre en valeur les caractères dans lesquels ils se distinguent de ceux qui les entourent.

Même si j'ai rencontré à Cracovie des Juifs à toutes les étapes de transition - en ce qui concerne leur tenue vestimentaire - du Juif traditionnel du ghetto à l'homme de lettres, de professionnel ou d'affaires moderne, la majorité des Juifs s'accrochent néanmoins encore au long manteau noir. qu'ils étaient obligés de porter au Moyen Âge. Certains ont abandonné ce symbole d'exclusivité, mais portent toujours la longue barbe et les boucles latérales devant les oreilles, qui semblent leur être particulièrement chères, peut-être parce que, pour une raison que je ne comprends pas, elles sont interdites. les porter en Russie.

Peut-être était-ce l'effet du costume qui leur donnait une apparence étrange et étrangère, mais il me sembla, au début, que tous les Juifs de Cracovie avaient exactement les mêmes traits, la même manière de marcher et la même expression de visage. Cependant, en observant de plus près les différents personnages dans les rues bondées, j'ai découvert que sous leurs vêtements et leurs manières particuliers se cachaient de nombreux types différents d'êtres humains. Il y avait les étudiants aux sourcils pâles, qui se déplaçaient dans la foule d'un air précipité et distrait ; il y avait des aristocrates sveltes et élégants, qui, tout en portant l'uniforme de leur race, s'habillaient avec une scrupuleuse correction et vous regardaient avec une expression qui semblait un curieux mélange de l'humilité du juif et du mépris du pharisien.

Il y avait le Juif laborieux et ordinaire, suivant humblement les ornières communes du troc et du commerce et la routine quotidienne et hebdomadaire que prescrivait sa religion. Il y avait le mendiant exclu, sale et misérable, qui errait sans but dans la rue sale ou assis dans l'embrasure d'une porte, regardant la rue d'un air inconsolable. Il y avait aussi le type sale, glouton, ignorant et brutal, sur lequel ni la souffrance ni le fanatisme ne semblaient avoir fait aucune impression, et qui, dans ses vêtements et ses manières juives, ressemblait à une caricature de son voisin plus noble. .

J'ai visité l'ancienne synagogue alors que j'étais à Cracovie, qu'on dit avoir été construite pour les Juifs par ce même roi polonais, Kazimierz, qui les invita le premier à se réfugier dans son pays. J'y ai vu l'ancien Registre des Lois et l'ancien Livre de Prières qui avaient été apportés d'Espagne lorsque les Juifs furent expulsés de ce pays.

A proximité de la synagogue se trouve l'ancien marché juif. Une rue étroite mène à une place ouverte au centre de laquelle se trouve un bâtiment circulaire. Devant l'une des entrées de cet édifice, un homme au front pâle et aux traits délicats qui semblent être une marque de supériorité parmi les gens du Ghetto, égorgeait publiquement des oies. La place sur laquelle se trouvait ce bâtiment était entourée de tous côtés par des rangées de petites échoppes de marché, devant lesquelles des groupes d'hommes et de femmes se chamaillaient et faisaient du commerce de diverses petites marchandises. Une foule de femmes se tenait autour du bâtiment au centre de la place et regardait l'homme aux sourcils pâles, qui ne semblait pas apprécier ce travail, exécuter rapidement et adroitement la cérémonie de l'égorgement des oies. Ceux-ci lui furent remis par une femme à l'air bon enfant, vêtue d'un tablier et de bottes hautes rouges de sang. Une fois les oies tuées , elles étaient suspendues au-dessus d'une fosse pour être égouttées, tandis que de nouvelles victimes étaient ramenées des paniers et des caisses qui se trouvaient sur la place ouverte. Une odeur nauséabonde provenant de la fosse à ciel ouvert dans laquelle les oies pouvaient saigner remplissait la place. Cela n'ajouta rien à la dignité des débats, mais cela servit à les graver dans ma mémoire.

Dans un coin de la place , j'ai remarqué un bâtiment d'un gris terne d'où sortaient des troupes de petits enfants juifs. C'était une de ces écoles grâce auxquelles les enseignants juifs, à travers toutes les persécutions et dispersions de dix-neuf siècles, ont maintenu vivant la mémoire de l'histoire juive et de la loi juive et ont ainsi maintenu la race unie. Je ne pense pas connaître quoi que ce soit qui illustre et souligne autant le pouvoir de l'éducation que l'influence que ces écoles ont exercée sur le peuple juif.

J'étais intéressé par tout ce que je voyais de la vie des Juifs à Cracovie, car cela me donnait une idée de la pauvreté, de la dégradation et de la misère dans lesquelles vit aujourd'hui plus de la moitié de la race juive dans différentes parties de l'Europe. . Sur les douze millions de Juifs que compte le monde, environ neuf millions vivent en Europe. De ce nombre, plus de six millions vivent en Russie et près de deux millions et demi en Autriche, en Roumanie et dans les autres régions du sud-est de l'Europe. J'ai donné une idée de la pauvreté des Juifs en Galice, où ils sont politiquement libres. De tout ce que je peux apprendre, les Juifs de Russie et de Roumanie sont dans une bien pire situation que dans la province autrichienne de Galice. La plupart d'entre nous, qui ne connaissons les Juifs qu'en Amérique ou en Europe occidentale, ont été amenés à croire, malgré la pauvreté évidente de nombreux Juifs qui vivent dans l'East Side de New York et dans le quartier de Whitechapel à Londres. , que, en tant que race, les Juifs sont extrêmement riches. J'ai donc été surpris de lire récemment la déclaration faite par des Juifs qui ont enquêté sur la condition de leur propre peuple, selon laquelle, bien qu'ils soient indéniablement plus riches que leurs voisins chrétiens dans les pays où, au cours des cent dernières années, , ils ont obtenu leur liberté, si l'on considère que les Juifs dans leur ensemble sont plus pauvres que toute autre nation civilisée au monde. En bref, un auteur a dit : « Si nous devions capitaliser leurs richesses et les distribuer entre les douze millions de Juifs, ils se disputeraient avec n'importe quelle nation pauvre la place la plus basse sur l'échelle des richesses. » [4]

La direction dans laquelle les Juifs semblent supérieurs à tout le reste du monde n'est apparemment pas en termes de richesse mais en termes d'éducation. Même en Russie, où ils ne bénéficient pas des mêmes avantages éducatifs que le reste de la population, on constate que 79 pour cent. de la population totale ne sait ni lire ni écrire, le pourcentage d'analphabétisme parmi les Juifs est de 61 pour cent. soit 18 pour cent. inférieur à celui du reste de la population.

En Europe occidentale, où les Juifs ont les mêmes chances que leurs voisins païens en matière d'éducation, ils sont bien en avance sur eux en matière d'éducation. Les statistiques de Cracovie montrent par exemple que ce chiffre n'est que d'un peu plus de 2 pour cent. des Juifs qui ont demandé une licence de mariage ne savaient ni lire ni écrire, entre 15 et 20 pour cent. des chrétiens de la même catégorie étaient analphabètes. En Italie, où 42,6 pour cent. des hommes et 57 pour cent. des femmes chrétiennes de plus de quinze ans ne savent ni lire ni écrire, soit 3 pour cent seulement. des hommes et 7,5 pour cent. des femmes parmi les Juifs sont analphabètes.

En Autriche, plus de 25 pour cent. des étudiants des universités sont juifs, bien qu'ils ne représentent que 5 pour cent. de la population. En Hongrie, où les Juifs représentent 4,9 pour cent. de la population, ils fournissent 30,27 pour cent. des étudiants des universités et autres écoles d'enseignement supérieur. À Baden, en Allemagne, les Juifs ont proportionnellement trois fois et demie plus d'étudiants que les Chrétiens. Depuis 1851, le nombre d'étudiants juifs dans les universités autrichiennes a été multiplié par plus de sept, tandis que le nombre d'étudiants chrétiens a à peine plus que triplé au cours de cette période.

L'une des raisons à cela est que les Juifs ont presque invariablement élu domicile dans les villes, où les possibilités d'éducation existaient. En même temps, ils se sont presque exclusivement occupés d'activités commerciales qui non seulement exigent une certaine instruction, mais qui sont en elles-mêmes, plus que d'autres occupations, une source d'éducation.

Le nom de rabbin, ou professeur, a toujours été un titre de respect et d'honneur parmi les Juifs depuis les temps les plus reculés. C'était le nom que ses disciples donnaient à Jésus.

S'il n'y avait pas d'autres raisons pour lesquelles l'histoire du Juif devrait être étudiée, elle serait intéressante et inspirante car elle montrerait ce que l'éducation peut faire et ce qu'elle a fait pour un peuple qui, face aux préjugés et aux persécutions, a patiemment lutté jusqu'à atteindre un niveau élevé. position de pouvoir et de prééminence dans la vie et la civilisation à laquelle toutes les races commencent maintenant à participer.

NOTES DE BAS DE PAGE :

[3] M. Fishberg , « Les Juifs », p. 366.

[4] M. Fishberg , « Les Juifs : une étude de la race et de l'environnement », p. 361.

CHAPITRE XIV
UN VILLAGE POLONAIS DANS LES MONTAGNES

C'est un commerçant juif qui m'a conseillé de visiter Jedlovka . Il a dit que je verrais les paysans y vivre maintenant comme ils l'avaient fait pendant des centaines d'années, de la manière la plus simple et la plus primitive.

Jedlovka , j'ai découvert, est un petit village dispersé au pied des Carpates, les montagnes qui séparent la Galice de la Hongrie. Pour arriver au village , il fallait prendre le train à Cracovie et rouler pendant une heure ou plus en direction de Lemberg, qui est la ruthène, tout comme Cracovie est la polonaise, métropole de la Galice.

A un endroit appelé Turnow , nous avons changé de voiture et avons continué notre voyage dans une direction perpendiculaire à celle dans laquelle nous voyagions auparavant. Il restait encore une heure de train jusqu'aux contreforts de la montagne. A Tuchow , à l'endroit où la voie ferrée, allant vers le sud, plonge dans la montagne, nous débarquâmes de nouveau et continuâmes notre voyage en chariot. La route sortait de la vaste plaine que nous avions traversée pour aboutir à une petite vallée étroite et sombre . Au fond de cette vallée se trouve une petite auberge au bord du chemin. Plus haut, là où la route, qui sort de la vallée, mène à un espace élevé et dégagé, ce qui semble être le sommet de la montagne, il y a une église, et cette taverne et l'église, ainsi que quelques quelques uns . cabanes en rondins, étaient le village de Jedlovka et la fin de notre voyage.

J'avais eu l'idée vague que je rencontrerais quelque part dans cette région reculée des paysans portant des vestes en peau de mouton, des sandales et des jambières liées par des lanières, conduisant leurs troupeaux au pâturage. J'avais même l'espoir fou de tomber sur quelque fête champêtre, comme j'en avais entendu parler, où les jeunes hommes et femmes danseraient sur la pelouse, au son des flûtes des bergers. En fait, il se trouvait que notre visite tombait un jour de fête, mais il n'y avait ni bergers ni danses. Ce que j'ai vu, c'était une foule de femmes sortant en masse de la petite église, située en haut de la colline, et des foules d'hommes ivres faisant la fête à la taverne en contrebas.

Avant de raconter ce que j'ai appris de la vie paysanne dans cette région montagneuse, je voudrais cependant évoquer un aspect de la vie polonaise qui m'a été marqué par ce que j'ai vu en chemin.

J'ai évoqué dans le chapitre précédent la place qu'occupe le Juif dans l'organisation économique de la vie polonaise. Il est l'intermédiaire et gère en grande partie le commerce du pays. J'ai été particulièrement impressionné par ce que j'ai vu au cours de ce voyage. Bien que les Juifs ne représentent qu'environ 13 pour cent. de la population de Galice, je suis sûr que plus de la moitié des personnes qui se trouvaient à bord du train dans lequel nous avons voyagé étaient de cette race. Il y avait des Juifs de toutes sortes et à tous les stades d'évolution, depuis le pauvre colporteur patient , portant les costumes du ghetto, jusqu'au riche banquier ou marchand fastidieusement habillé à la dernière mode européenne. Lorsque nous descendîmes du train à Tuchow , c'était un marchand de chevaux juif qui nous conduisit dans son carrosse improvisé pendant le reste de notre voyage dans les montagnes. Un restaurant dans lequel nous nous sommes arrêtés pour manger quelque chose à notre retour était tenu par un juif. À mi-chemin de notre destination, nous sommes passés devant une maison en ruine, près du bord de la route, avec quelques bibelots à la fenêtre et des peaux suspendues à la poutre qui longeait la façade du bâtiment. Nous nous sommes arrêtés et avons parlé à un homme ancien avec une longue barbe blanche, qui vit là-bas. Lui aussi était un commerçant juif. Si je me souviens bien, il s'occupait d'acheter des peaux aux paysans, en les payant avec la ferraille que j'avais remarquée exposée dans la vitrine. Lorsque nous sommes arrivés à la taverne à la fin de notre voyage, il s'est avéré que l'homme qui dirigeait la taverne était juif. Apparemment, partout où l'argent change de mains en Pologne, un juif est toujours là pour s'en charger. En fait, il me semblait que le Juif de Pologne était presque comme l'argent qu'il manipulait, une sorte de moyen d'échange.

C'était un véhicule bien curieux dans lequel nous fîmes la dernière étape de notre voyage dans les montagnes. Au lieu du droske que nous nous attendions à rencontrer à la gare, nous avons trouvé ce qui, dans des circonstances ordinaires, aurait été un chariot de fermier, je suppose, bien que ce soit un type de chariot de fermier tout à fait différent de tous ceux que j'ai jamais vus en Amérique. Le châssis de ce véhicule ressemblait à un grand et long panier, étroit en bas, là où il reposait sur les essieux, et plus large en haut. Le bord de ce panier était fait de poteaux, de la taille d'un rail de clôture, et ce bord était soutenu sur le cadre, qui reposait sur le chariot, par de petits poteaux ou piquets fixés dans le cadre en dessous et dans le bord au-dessus, comme un clôture pâlissant. Le cadre était formé de telle sorte qu'il aurait pu servir soit de meule à foin, soit de fourre-tout. Dans ce cas, il avait été transformé en une sorte de car ou d'omnibus, avec des sièges suspendus, soutenus par des lanières de cuir fixées sur le bord. Disposé de cette manière, ce chariot de fermier constituait un moyen de transport non gênant et, traversant la campagne verdoyante et fraîche, parsemée de petites maisons pittoresques couvertes de mousse qui semblaient faire autant partie du paysage que si elles y avaient poussé, le le voyage s'est fait très agréablement.

Les maisons de cette partie du pays étaient pour la plupart plus petites, plus usées par les intempéries et plus décrépites que celles que j'avais vues dans d'autres régions de Galice. En fait, dans certains cas, les toits de chaume vert étaient si vieux, si envahis par la végétation, et les petites charpentes blanchies à la chaux des bâtiments qui les soutenaient s'étaient tellement enfoncées dans le sol, que certains d'entre eux ressemblaient à de gigantesques champignons vénéneux. Comme le jour de notre visite dans cette partie du pays était un jour férié, nous avons rencontré en chemin de nombreux paysans, vêtus des costumes pittoresques et pittoresques du pays, passant par groupes de deux ou trois le long de la route.

J'avais auparavant visité un certain nombre de maisons de paysans et j'en connaissais le plan et la disposition. L'intérieur de ces maisons est généralement divisé en deux pièces, séparées dans la plupart des cas par une entrée ou un couloir. Dans une de ces pièces, toute la famille, composée des parents et peut-être de cinq ou six enfants, vit, mange et dort. Dans cette pièce se trouve généralement un très grand four en brique ou en pierre qui, j'ai appris, lors des froides nuits d'hiver, sert souvent de lit. Dans l'autre pièce se trouvent les vaches, les cochons, les oies, les poules. Si le fermier est aisé, il aura un certain nombre de bâtiments disposés en carré creux avec un bassin aux oies au centre et, dans ce cas, les domestiques dormiront très probablement dans la paille dans les granges avec le bétail. Je peux donner une idée plus vivante de certaines de ces maisons en citant quelques lignes des notes notées par le docteur Park lors de notre visite :

> Aujourd'hui, pour la première fois, nous avons visité quelques maisons de paysans dans un petit village situé à trois ou quatre milles environ de Cracovie. Au début, il était difficile de se lier d'amitié avec les gens. Au bout d'un moment , il est apparu qu'ils avaient peur que, même si nous étions évidemment des étrangers, nous puissions être des fonctionnaires du gouvernement. Ce n'est peut-être pas étrange, puisqu'il existe de nombreuses races dans ce pays et que la plupart d'entre elles sont « étrangères » les unes aux autres. Notre guide dit que les gens craignent que le pays soit un jour livré à la Russie. Nous nous sommes mieux entendus lorsque les gens ont appris que nous étions Américains.
>
> Chaque fenêtre des petites chaumières devant lesquelles nous passions était remplie d'enfants rieurs et curieux, au visage rose et aux dents blanches. Nous avons visité la maison d'une veuve possédant dix « jougs » de terre et deux vaches. Les vaches donnent quinze litres de lait par jour, soit environ dix litres. La femme le porte chaque jour au

marché de Cracovie. Dans la petite cuisine étroite , les enfants étaient tous alignés contre le mur lorsque nous sommes entrés. L'un d'eux s'est précipité vers moi pour me baiser la main. La mère et les enfants étaient pieds nus. La vache est en face de la cuisine. Ces deux pièces, la cuisine et la stalle, constituent tout ce qu'il y a à la maison. J'ai découvert à quoi sert la mare aux canards devant la maison. La femme le remplissait de paille pour faire du fumier.

L'un des principaux hommes du village possède une maison toute neuve en rondins. Les rondins étaient soigneusement équarris et les interstices entre eux soigneusement plâtrés et peints. La maison avait trois pièces, en plus d'un cellier et d'une étable. J'ai compté trois granges dans la cour, outre trois caves extérieures, une pour le lait et les autres pour le stockage des légumes. A ma question sur ce que faisait le fermier pendant l'hiver, notre guide a répondu : "Rien. Quand ils veulent de l' argent , ils vont au trou où sont enterrés les pommes de terre et les navets et transportent un chargement jusqu'à la ville." Le propriétaire de cette maison était très fier de son nouveau logement et montra une pièce dans laquelle se trouvaient plusieurs énormes coffres, décorés et teintés de vermillon brillant dans le style particulier de l'art paysan. Ces coffres étaient remplis de vêtements, de costumes de paysans d'une très belle étoffe, très joliment brodés et décorés. L'ornement principal du costume que nous avons montré était une ceinture cloutée de clous de cuivre et munie de larges attaches de cuir, aussi grandes qu'un petit plateau, derrière et devant. Il a dû occuper de nombreuses et longues soirées d'hiver pour confectionner les vêtements que cet homme avait rangés dans ces coffres. Bien qu'il y ait beaucoup d'espace dans cette maison, il est évident que la famille vit presque entièrement dans le seul grand salon.

Les maisons que j'ai visitées dans la montagne étaient construites sur le même plan que celles décrites, sauf qu'il n'y avait parfois qu'une seule pièce pour toute la famille, y compris la vache, les poules et le reste des animaux. Il fait très froid sur le versant nord des montagnes en hiver, et les paysans et le bétail vivent souvent dans la même pièce pour se réchauffer.

Dans une des petites huttes où j'ai osé entrer, j'ai trouvé deux vieilles femmes couchées, apparemment endormies, sur un tas de paille, tandis qu'une vache, debout à côté d'elles, ruminait paisiblement, et que plusieurs poules grattaient activement dans la paille. le sol en terre battue. Comme il n'y avait presque aucune ventilation, l'air dans certaines de ces maisons était presque indescriptible.

C'est dans cette partie du pays, à proximité de la taverne du village, que j'ai rencontré des gens pauvres, même au regard du niveau de confort très modéré qui prévaut dans la Pologne rurale. En remontant la vallée, nous avons croisé un certain nombre de petites huttes serrées au toit de chaume. L'un d'eux, qui ne semblait pas habité, je résolus de l'explorer. Le bâtiment était du type courant, avec l'étable à une extrémité et la salle de séjour à l'autre, mais le toit de chaume n'était plus vert et l'âge avait donné à tout l'extérieur du bâtiment un aspect très lugubre et atmosphérique. aspect usé. Les fenêtres étaient évidemment en peau, de la même couleur brune que le bâtiment lui-même. L'entrée se faisait par ce qui aurait évidemment été l'étable, mais celle-ci était vide. La porte du salon était ouverte et, en entrant, je ne vis d'abord qu'une vache attachée à une mangeoire. A l'autre bout de la pièce, autour d'un petit foyer de pierre où brûlait un petit feu de brindilles, se tenaient un vieillard et une femme. Comme c'est souvent le cas dans de nombreuses régions de Pologne, il n'y avait pas de cheminée et les chevrons de la maison étaient profondément incrustés de fumée qui s'était accumulée au sommet du toit et s'échappait à travers le chaume ou par une ouverture à l'extrémité. du bâtiment. Les vieillards semblaient très pauvres et impuissants et, alors que j'allais quitter la pièce, ils me tendirent les mains et demandèrent l'aumône. J'aurais aimé rester et discuter avec eux, mais malheureusement, à ce moment-là, je n'avais personne avec moi qui parlât la langue polonaise.

En apprenant qu'un certain nombre de personnes étaient parties de cette vallée pour l'Amérique , j'ai soupçonné que ces personnes âgées faisaient partie de celles qui avaient été laissées sur place et peut-être oubliées par la jeune génération qui avait traversé les mers. J'ai essayé plus tard de savoir si mes soupçons étaient fondés, mais personne que j'ai rencontré par la suite ne semblait connaître quoi que ce soit de l'histoire des vieillards.

Le propriétaire le plus riche des environs était, comme je l'ai appris, un prêtre polonais, qui possédait quatre fermes différentes, et la plupart des habitants du quartier semblaient être ses locataires. Il vivait dans une grande maison nue et errante, entourée de grandes granges remplies de bétail et de produits de toutes sortes. Je me suis arrêté pour visiter cette maison, pensant que je pourrais apprendre de lui quelque chose sur les pauvres gens dont j'ai parlé, mais le bon curé n'était pas chez lui et les gens que je trouvais dans cette maison ne semblaient pas pouvoir le dire. moi n'importe quoi.

La taverne, qui était une structure longue et basse en rondins, construite sur le même plan général que les maisons du village, était bondée de fêtards et fumait des vapeurs de bière. Des hommes se tenaient debout, agitant les bras et se criant dessus à pleins poumons, et presque tous étaient ivres. Plusieurs des hommes présents, dont le propriétaire, se trouvaient, comme je l'ai appris, en Amérique. L'un d'eux, qui parlait quelques mots d'anglais, nous a réservé un accueil particulièrement chaleureux. Une partie de l'argent qui affluait en Pologne depuis l'Amérique avait atteint même ce coin le plus reculé du pays, semble-t-il.

J'ai demandé au propriétaire, qui avait vécu à Newark, dans le New Jersey, pendant un certain temps et parlait un peu anglais, s'il préférait cette partie du monde à l'Amérique.

"C'est plus facile de vivre ici", dit-il. Puis il a ajouté : "quand tu as un peu d'argent".

"Mais quand tu n'as pas d'argent ?" Je suggère. Il haussa les épaules. "Alors va en Amérique", dit-il.

Il m'a dit que de nombreuses terres avaient été achetées dans cette partie du pays avec l'argent gagné en Amérique. La terre valait de 500 à 1 000 florins par « joug », ce qui représente environ 100 à 200 dollars l'acre, une somme très importante dans un pays où les salaires ne dépassent peut-être pas 25 ou 50 cents par jour.

A la tombée de la nuit, nous retournons à Tuchow , qui semble être un bourg typique. La ville est organisée, comme beaucoup de nos villages de campagne du Sud, autour d'une grande place ouverte. Au centre de cette place se trouve un grand puits couvert d'où la ville puise son eau. Quatre pompes, à long manche en fer torsadé, disposées en cercle autour du puits, servent à faire remonter l'eau à la surface. Aux quatre coins de cette place se trouvent les boutiques des commerçants, la plupart avec des toits bas de chaume dépassant le trottoir pour former une couverture pour la promenade devant les boutiques, et souvent soutenus, du côté de la rue, par des poteaux en bois sculpté. Les petites boutiques n'avaient pas plus de six ou huit pieds de largeur. Il y avait généralement une petite pièce à l'avant réservée au magasin et une autre petite pièce à l'arrière dans laquelle vivait le commerçant. Comme les plafonds étaient généralement très bas et que les fenêtres sous les larges toits en saillie étaient très petites, tout semblait très serré et serré, un peu comme si chaque bâtiment s'accrochait à tout ce qu'il contenait avec ses deux bras.

Tout cela avait l'air très intéressant mais très pittoresque et démodé. J'ai cependant remarqué qu'il y avait un ou deux nouveaux bâtiments en brique dans la ville, et le soir de notre arrivée, tout le monde était très excité par l'installation sur la place publique de deux nouvelles lumières électriques, la première, je suppose, qui avait été installée. été vu dans cette partie du pays.

Il était évident qu'en dépit de l'apparente solidité et de l'antiquité, les choses changeaient ici comme ailleurs.

CHAPITRE XV
UN VILLAGE FRONTIÈRE RUSSE

Des trois anciennes capitales de la Pologne, la ville de Cracovie, la dernière du territoire polonais à perdre son indépendance, est aujourd'hui une forteresse autrichienne. Un jour, peu après mon arrivée, je conduisais dans la banlieue de la ville lorsque mon attention fut attirée par un certain nombre de monticules bas couverts d'herbe, éparpillés à intervalles réguliers dans la plaine à l'extérieur de la ville. Selon toute apparence, ces monticules n'étaient rien d'autre que de légères élévations de terrain s'enfonçant, dans une direction éloignée de la ville, presque imperceptiblement dans le paysage environnant. Selon toute vraisemblance, sans une certaine régularité dans les positions qu'ils occupaient, je ne les aurais pas remarqués. Je n'avais jamais vu de ville fortifiée moderne et je fus donc considérablement surpris d'apprendre que ces douces élévations étaient des fortifications et que sous ces monticules d'herbe se cachaient d'énormes canons, assez puissants pour tenir à distance une vaste armée. Ces faits m'ont rappelé que Cracovie était une ville frontalière, gardant une frontière qui divise non seulement deux pays européens, mais deux civilisations, je pourrais presque dire deux mondes. Cracovie est, en fait, à dix milles de la frontière russe et, bien que les habitants de la Pologne russe soient de la même race ou nationalité que ceux qui vivent dans la province autrichienne de Galice, parlant la même langue et partageant la même traditions, la ligne qui les divise marque les limites du gouvernement libre en Europe.

Il y avait plusieurs choses qui rendaient cette frontière, où se rencontrent l'Europe de l'Est et de l'Ouest, particulièrement intéressante pour moi. En premier lieu, je savais que des milliers de personnes, pour la plupart polonais et juifs, qui ne voulaient pas ou ne pouvaient pas payer les impôts élevés que la Russie impose à ses émigrants, traversaient chaque année clandestinement cette frontière pour s'embarquer dans un pays allemand. ou port autrichien pour l'Amérique. Je savais en même temps que les Juifs et, dans une moindre mesure peut-être, les Polonais, hors de Russie, utilisaient ce même métro pour renvoyer, en échange des émigrés qui en sortaient, une autre sorte de contrebande, à savoir : des livres et des bombes. En fait, j'avais entendu dire qu'il y a quelques années, alors que la Pologne russe était en proie à la guerre civile, c'était depuis Cracovie que les Juifs, qui étaient les esprits dirigeants de ce mouvement, dirigeaient la révolution.

Naturellement, tout cela n'a fait qu'accroître ma curiosité naturelle pour ce pays frontalier. C'est donc par une journée fraîche et claire de septembre que j'ai loué un petit droske pour la journée et que je suis parti, en compagnie de mon compagnon, le docteur Park, vers la frontière russe.

Nous roulions tranquillement sur une magnifique route militaire, entre de vastes champs, dans lesquels des paysans récoltaient, dans la fraîcheur du soleil d'automne, les derniers fruits de la récolte de l'été. Une route de campagne en Galice, comme c'est le cas dans presque toutes les régions d'Europe, est bien plus une autoroute qu'une route de campagne dans la plupart des régions d'Amérique. On rencontre toutes sortes de voyageurs . Nous croisâmes par exemple, juste au-delà des limites de la ville, une troupe de soldats, à l'allure crue de recrues, des garçons de campagne au visage rouge, ils semblaient pour la plupart sortir de leurs combinaisons militaires et marcher péniblement sur la route poussiéreuse. avec un effort maladroit sur la précision militaire et l'ordre des vétérans. De temps en temps, nous croisions une paysanne pieds nus, marchant d'un pas vif vers ou depuis la ville, un panier sur la tête ou un bidon de lait jeté sur l'épaule.

Une fois, nous nous sommes arrêtés pour regarder un groupe de femmes et de filles battre. Une femme déposait des gerbes de seigle depuis le grenier de la grange, une autre les donnait à manger à la machine, et tous se réjouissaient de la manière merveilleuse, leur semblait-il, avec laquelle cette nouvelle invention séparait le grain de l'ivraie. Ils étaient si fiers de cette petite machine que, lorsque nous nous sommes arrêtés et avons manifesté notre intérêt pour ce qu'ils faisaient, ils ont tenu à nous montrer comment elle fonctionnait et ont pris soin de nous expliquer les avantages par rapport au fléau à l'ancienne. Il y avait un homme assis sur une poutre à l'extérieur de la grange, fumant la pipe, mais les femmes faisaient le travail.

Au cours de ce même voyage, nous nous sommes arrêtés dans un petit village dispersé et avons passé une heure ou deux à visiter les maisons des gens. Nous avons vu la maison du paysan le plus riche du village, qui possédait et exploitait environ cent acres de terre, si je me souviens bien ; puis nous avons visité la maison de l'homme le plus pauvre de la communauté, qui vivait dans une petite chaumière de deux pièces ; l'un d'eux était juste assez grand pour contenir une vache, mais il n'y avait pas de vache là-bas. L'autre pièce, bien que propre et soignée, n'était pas beaucoup plus grande que la stalle des vaches, et dans cette pièce vivaient ce pauvre vieillard et sa fille. D'ailleurs, au cours de notre promenade dans le village, le docteur Park a réussi à recueillir un peu de l'histoire familiale des gens et pas peu des ragots actuels dans la communauté, et tout cela m'a aidé à avoir un aperçu, comme par exemple Je n'avais pas pu m'immerger ailleurs, dans la vie quotidienne et les intérêts humains de cette petite communauté rurale.

À un moment donné sur la route , nous nous sommes arrêtés quelques minutes dans une taverne au bord de la route. C'était une structure en rondins, avec une grande pièce longue, basse et désolée, dans un coin de laquelle se trouvait un bar présidé par une femme au visage aigre. Deux ou trois hommes se prélassaient sur les bancs répartis dans différentes parties de la pièce, mais là encore, c'était la femme qui faisait le travail.

Tous les kilomètres ou deux, il me semblait que nous rencontrions un chariot rempli de grands sacs bombés aussi gros que des tiques de lit. Dans chaque cas, ces chariots étaient conduits par un petit juif au visage astucieux. Ces chariots, comme je l'ai appris, étaient arrivés ce matin-là de Russie et les chargements qu'ils transportaient étaient des plumes d'oie.

Un peu plus loin, nous rencontrons un passager à pied qui se dirige à grands pas vers la frontière. Il s'est avéré être un juif, un personnage grand et droit, avec le chapeau rond et plat habituel et le long manteau noir qui distinguent le juif polonais. Notre chauffeur nous a cependant informé qu'il était juif russe et a souligné l'absence de boucles latérales comme étant une indication de ce fait. Bien que cet homme ait l'apparence, les manières et l'habillement des Juifs que j'avais vus à Cracovie, il y avait quelque chose dans sa voiture vigoureuse et droite qui m'impressionna au point que je proposai que nous nous arrêtions et causions avec lui. . Comme nous étions déjà près de la frontière et qu'il venait évidemment de Russie, j'ai suggéré au docteur Park de lui montrer nos passeports et de lui demander s'ils nous laisseraient entrer en Russie.

Il s'arrêta brusquement tandis que nous lui parlions et tourna vers nous ses yeux noirs et perçants. Sans dire un mot, il prit les passeports, les feuilleta rapidement, les tapota du revers de la main et nous les rendit.

« Ce n'est pas un passeport, dit-il, puis il ajouta : il devrait porter le nom de votre consul.

Cela dit, il se tourna brusquement, sans attendre la suite de la conversation, et continua son chemin. Nous l'avons rapidement rattrapé et dépassé, mais il n'a pas levé les yeux. Un peu plus tard, nous nous arrêtons à la frontière. J'ai regardé autour de moi pour voir ce qu'était devenu notre juif errant, mais il avait disparu. Peut-être s'était-il arrêté à l'auberge, et peut-être avait-il sa propre façon de traverser la frontière.

Ce chiffre étrange me fut rappelé quelques mois plus tard lorsque je remarquai dans un des journaux de Londres un télégramme de Vienne selon lequel une trentaine de personnes avaient été arrêtées à Cracovie et soupçonnées d'être les meneurs « de ce que l'on croit être une organisation révolutionnaire très répandue de réfugiés russes. Le rapport ajoutait qu'« un wagon entier de fusils Mannliches , de pistolets Browning et de grenades à dynamite, ainsi qu'un grand nombre de documents compromettants et de plans de travaux militaires, ont été saisis à la suite de perquisitions effectuées par la police dans les maisons des hommes arrêtés. »

J'avais souvent vu des articles de ce genre dans les journaux auparavant, mais ils avaient pour moi une signification nouvelle maintenant que j'avais visité le pays frontalier où ce commerce avec ce qu'on a appelé la Russie « souterraine » ou « révolutionnaire » faisait partie de l'expérience quotidienne des gens. Tout cela me rappelait les histoires que j'avais entendues, quand j'étais enfant, dans les lèvres de ma mère sur l'American Underground Railway et les aventures des esclaves en fuite dans leurs efforts pour traverser la frontière entre les États libres et esclavagistes. Cela m'a rappelé aussi les luttes les plus sauvages et les plus désespérées dont on entendait parler à l'époque de l'esclavage, lorsque les esclaves cherchaient à conquérir leur liberté par l'insurrection. C'était une époque où, dans les États du Sud, quelles que soient les bonnes relations entre le maître et ses esclaves, chaque race vivait dans la peur constante de l'autre. C'est dans cet état, autant que je sache, que vit aujourd'hui une grande partie du peuple russe, car il est fatalement vrai qu'aucune communauté ne peut vivre sans la peur dans laquelle une partie du peuple cherche à gouverner. l'autre partie par la terreur.

La frontière austro-russe à Barany, le village où nous venions d'arriver, n'est pas imposante. Une clôture métallique et une porte comme on en utilise parfois pour garder un passage à niveau sont les seuls qui séparent un pays de l'autre. D'un côté de cette porte j'ai remarqué une petite loge de sentinelle, marquée à larges rayures, aux couleurs autrichiennes , et à l'autre extrémité de la porte il y avait une petite loge semblable marquée à larges rayures, aux couleurs russes . Du côté autrichien, il y avait un grand bâtiment à l'usage des douaniers. Du côté russe, il y avait un bâtiment similaire avec en plus un grand complexe. Dans cette enceinte se trouvaient une vingtaine de soldats russes, debout, les bras croisés, avec leurs chevaux sellés et bridés. La raison de la présence des soldats du côté russe de la frontière était due au fait que la tâche des douaniers n'est pas seulement de percevoir les péages sur le commerce qui traverse la frontière à cet endroit, mais d'empêcher tout celui qui entre ou sort du pays. Comme la Russie impose une taxe presque prohibitive sur l'émigration, la plupart des émigrants russes traversent clandestinement la frontière.

En même temps , il est nécessaire de surveiller étroitement la frontière afin d'empêcher, comme je l'ai dit, l'importation de livres et de bombes, les deux éléments de la civilisation occidentale dont la Russie semble avoir le plus peur.

Laissant notre droske du côté autrichien de la frontière, le docteur Park et moi nous présentâmes à la porte entre les deux pays. Un grand fonctionnaire russe au bon caractère a souri, mais a secoué la tête et a indiqué que nous ne pouvions pas être autorisés à traverser. Notre chauffeur lui a parlé en polonais, mais il n'a pas compris ou a fait semblant de ne pas comprendre. Ensuite, nous avons trouvé un homme qui parlait russe aussi bien qu'allemand et, par son intermédiaire, nous avons expliqué que nous voulions simplement visiter la ville et pouvoir dire que nous avions au moins touché le sol russe. Sur ce, l'homme nous a permis de monter au bureau des douanes et d'y faire notre demande. À la douane, nous avons essayé de paraître le plus inoffensif possible et, avec l'aide de l'interprète que nous avions amené avec nous, j'ai expliqué ce que nous souhaitions.

Au bureau de douane, tout le monde était poli, de bonne humeur et apparemment aussi intéressé par nous que nous par eux. On m'a dit cependant que je devrais attendre l'arrivée d'un certain personnage plus élevé et plus important. Au bout d'une demi-heure, le personnage le plus important apparut. Il nous a examinés attentivement, a écouté les explications de ses subordonnés, puis, souriant avec bonhomie, nous a donné la permission de visiter le village. Avec cette gracieuse permission, nous sommes partis.

La première chose que j'ai remarquée, c'est que la route lisse et dure que nous avions empruntée de Cracovie à la frontière s'interrompait brusquement du côté russe de la frontière. La route qui traverse le village était pleine d'ornières et de bourbiers et les attelages lugubres et boueux qui se tenaient près de la porte, attendant de passer la frontière, ne montraient que trop clairement les difficultés de déplacement dans le pays qu'ils avaient traversé. Or, j'avais appris en Europe que les routes sont un assez bon indice du caractère des gouvernements qui les entretiennent, de sorte qu'il n'était pas difficile de voir d'emblée que les Russes étaient de très mauvais gouvernants, pour ainsi dire, du moins en comparaison avec leurs voisins autrichiens . Cela n'était évidemment pas dû au manque d'hommes et de fonctionnaires pour accomplir le travail. En comptant les fonctionnaires civils et les militaires, je suppose qu'il devait y avoir entre vingt et trente personnes, et peut-être plus, stationnées dans ce petit village frontalier, pour percevoir le péage du petit trafic qui traversait à cet endroit. Ils n'étaient cependant qu'une partie de la vaste armée de fonctionnaires et de soldats que l'Empire russe entretient le long de sa frontière occidentale, depuis la Baltique jusqu'à la mer Noire, pour assurer la surveillance entre l'est et l'ouest ; arrêter, inspecter et taxer, non seulement le trafic ordinaire, mais l'échange de sentiments et d'idées.

Je ne pouvais m'empêcher de penser combien il serait beaucoup plus rentable si ces soldats, employés et fonctionnaires, et la vaste armée de frontaliers à laquelle ils appartiennent, pouvaient être employés, par exemple, à construire des routes plutôt qu'à entretenir des clôtures ; en facilitant le commerce, en ouvrant la voie à la civilisation, plutôt qu'en l'excluant.

En fait , il n'était plus étrange que, malgré toutes les vastes ressources que possède la Russie, les masses populaires aient fait si peu de progrès, si l'on considère qu'une grande partie de la population n'avait d'autre tâche que de retenir le peuple, de l'empêcher d'avancer. plutôt que d'inspirer et de diriger les efforts des masses pour se soulever.

Je n'avais pas parcouru bien loin le village avant de découvrir que le Polonais qui s'était si gentiment porté volontaire pour nous aider était un homme d'une intelligence plus que ordinaire. Il avait vu un peu du monde, et je trouvais ses commentaires plutôt bavards sur le caractère des différents individus que nous rencontrions et sur les habitudes des gens du village en général, non seulement divertissants mais instructifs. Il avait, par exemple, un mépris très franc pour ce qu'il appelait la stupidité des fonctionnaires des deux côtés de la frontière, et il était clair qu'il n'aimait pas les soldats et le gouvernement. Un jour, alors que nous empruntions une petite rue, il dit : « Il y a un gendarme là-bas. Il est comme un de ces chiens de garde stupides et fidèles qui se hérissent et aboient sur chaque passant. Vous verrez tout à l'heure . ... Il viendra dans la rue pour vous arrêter et vous faire rebrousser chemin.

« Que ferons-nous lorsque nous le rencontrerons ? J'ai demandé.

"Oh, il n'y a rien d'autre à faire que de revenir en arrière s'il le dit, mais vous serez peut-être intéressé d'observer la façon dont il se comporte."

Bientôt, nous remarquâmes un soldat qui grimpait précipitamment par-dessus une clôture voisine et, quelques minutes plus tard , il nous rejoignait, le visage tout plissé, avec une expression de surprise alarmée.

"C'est le gendarme dont je vous parlais", dit doucement notre guide, et il continua à parler de l'homme comme s'il n'était pas présent.

Comme nous ne pouvions pas parler nous-mêmes avec ce soldat, et comme de toute façon il n'avait pas l'air très prometteur, nous sommes rentrés tranquillement pendant que notre guide entamait une longue explication sur qui et ce que nous étions. J'imagine qu'il a dû mettre beaucoup de vernis sur son histoire, car j'ai remarqué que, à mesure que le soldat nous regardait de temps en temps, ses yeux devenaient de plus en plus grands, et sa bouche s'ouvrait de plus en plus large, jusqu'à ce qu'il nous a regardé d'un air stupide et émerveillé. Finalement, l'interprète annonça que le gendarme était parvenu à la conclusion que nous pouvions parcourir la route aussi loin que nous le voudrions, seulement il serait obligé de nous accompagner pour veiller à ce que nous ne troublions en rien la paix.

guide autoproclamé, nous avons visité un petit bar poussiéreux et moisi, qui semblait être le centre de la vie qui existait dans le village. Nous trouvâmes quelques jeunes garçons de la campagne flânant sur les bancs, et l'habituelle femme maussade, au visage acéré, surmenée, qui quitta en grommelant ses tâches ménagères pour s'enquérir de ce que nous voulions.

Le contenu du bar lui-même était constitué de rangées de petites bouteilles de liqueurs de différentes couleurs , entrecoupées de paquets de cigarettes, toutes fabriquées et vendues sous la surveillance du gouvernement. J'ai acheté une de ces petites bouteilles de vodka, comme on l'appelle, parce que je voulais voir ce que le gouvernement donnait à boire aux paysans. C'était un liquide blanc et incolore , qui ressemblait à de l'alcool brut et qui était en fait, comme je l'appris par la suite, en grande partie, sinon en totalité, ce que les chimistes appellent « alcool à brûler », ou alcool de bois.

Nous avons visité une des petites maisons paysannes du quartier de la douane. C'était une petite cabane basse en rondins avec une mare aux canards devant la porte et un enclos à vaches perpendiculairement à la maison. Il y avait deux pièces, une chambre et une cuisine. Dans la cuisine, qui avait un sol en terre battue, trois, quatre ou cinq membres de la famille étaient assis sur des tabourets, rassemblés autour d'un grand bol dans lequel chacun trempait sa cuillère. La chambre était une petite pièce soignée, contenant un lit haut, une commode très décorée , et était remplie de curieux morceaux d'art rustique, comprenant entre autres plusieurs tableaux et images religieuses.

Même si tout dans cette maison était très simple et primitif, il y avait un air d'économie et de propreté qui se respectait qui montrait que la famille qui vivait ici était relativement prospère et aisée.

Tout aussi intéressantes pour moi que les maisons que nous avons visitées étaient les histoires que notre guide nous racontait sur les gens qui y vivaient. Je me souviens entre autres de l'histoire de la jeune veuve qui servait à la douane comme commis et vivait dans une seule pièce dans un coin de la maison du paysan dont je viens de parler. C'était une femme, me dit-il, d'une classe supérieure, comme semblaient l'indiquer ses manières entreprenantes et son visage intelligent ; une petite noblesse , qui avait épousé un fonctionnaire russe condamné pour quelque faute à servir à ce poste obscur. Il était mort ici, laissant un enfant rachitique, et sans moyens.

Une autre fois, notre guide nous montra un bâtiment plus imposant que les autres que nous avions vus, bien qu'il fût construit dans le même style rustique que les petites chaumières des paysans qui l'entouraient. Cette maison, semble-t-il, appartenait autrefois à un noble , mais elle appartenait désormais à un paysan. Ce paysan, si j'ai bien compris, avait été autrefois serf et servait comme valet dans une famille aisée. De cette famille, il avait hérité, en récompense de ses longs et fidèles services, une somme d'argent considérable, avec laquelle il avait acheté cet endroit et s'était établi, dans une petite mesure, comme propriétaire foncier.

J'ai acquis, je pense, une vision plus intime de la vie paysanne en Pologne que dans toute autre partie de l'Europe que j'ai visitée. Pour cette raison, et parce que j'espérais aussi que ces questions apparemment insignifiantes se révéleraient peut-être aussi intéressantes et suggestives aux autres qu'elles l'étaient à moi, j'ai exposé en détail dans ce chapitre et dans les précédents les impressions que j'y ai recueillies. .

Dans le petit village de Barany, en Pologne russe, j'avais atteint le point le plus éloigné, sinon en distance, du moins en institutions et en civilisation, de l'Amérique ; mais, alors que je me tenais sur une petite colline à la lisière du village et que je regardais à travers le paysage vallonné, j'ai senti que j'étais simplement à l'entrée d'un monde dans lequel, malgré de nombreux changements extérieurs et différences de circonstances, il y avait à peu près la même vie que j'avais connue et vécue parmi les agriculteurs noirs d'Alabama. Je croyais aussi que je trouverais dans la vie des paysans russes beaucoup de choses qui seraient instructives et utiles aux masses de mon propre peuple.

J'ai touché, avant d'achever mes expériences européennes, non seulement les provinces autrichiennes, mais aussi les provinces russes et allemandes polonaises, mais j'aurais aimé aller plus loin, à Varsovie et à Posen, approfondir la vie et en apprendre davantage sur les remarquables lutte que le peuple polonais, en particulier dans ces deux dernières provinces, mène pour préserver la nationalité polonaise et améliorer la condition du peuple polonais.

A ce propos, et pour conclure ce que j'ai à dire sur mes observations en Pologne, je veux noter un fait singulier, et qui me semble suggestif : des trois sections de la race polonaise, allemande, russe et autrichienne, il y en a deux dans lesquels, d'après les informations que j'ai pu obtenir, le peuple est opprimé, et un dans lequel il semble être, au contraire, l'oppresseur. En Pologne russe et en Pologne allemande, les Polonais luttent désespérément pour maintenir leur existence nationale, mais dans ces deux pays, les Polonais sont prospères. La Pologne russe est devenue ces dernières années l'un des plus grands centres manufacturiers d'Europe, et les masses du peuple polonais sont devenues des citoyens et des travailleurs prospères . Dans la Pologne allemande, les paysans polonais sont devenus, au cours des quarante dernières années, une classe agricole économe. Les grands domaines qui étaient autrefois aux mains de la noblesse polonaise ont été, dans une très large mesure, divisés et vendus entre une classe rapidement croissante de petits propriétaires fonciers. En d'autres termes, ce qui était à l'origine un mouvement politique dans ces deux pays pour faire revivre et rétablir le royaume de Pologne est devenu un effort déterminé pour élever le niveau d'existence des masses du peuple polonais.

En Pologne autrichienne, au contraire, où le gouvernement autrichien, peut-être pour contenir les aspirations politiques des Ruthènes, leur a donné les mains libres dans le gouvernement de la province, ils ont une liberté bien plus grande et ils ont fait moins de progrès.

J'énonce ce fait ouvertement, tel qu'il m'a été présenté, et sans aucune tentative d'explication. De nombreux facteurs différents se sont sans aucun doute combinés pour produire cet apparent paradoxe. J'ajouterai simplement cette autre observation : là où les Polonais avancent, le progrès a commencé par la base, parmi les paysans ; là où ils sont restés stationnaires, la noblesse polonaise règne toujours et les masses populaires n'ont pas encore été poussées dans une grande mesure dans la lutte pour l'existence nationale. Les nobles se contentent de la possibilité de faire de la politique, d'une manière qui ressemble à l'ancienne manière traditionnelle, et n'ont pas appris la nécessité de développer les ressources qui existent dans les masses populaires. D'un autre côté, l'oppression n'a pas encore incité les paysans comme elle l'a fait, notamment en Allemagne, à un effort commun pour s'aider eux-mêmes.

Je mentionne ce fait non seulement parce qu'il est intéressant, mais parce que je suis convaincu que quiconque étudie les mouvements et les progrès des Noirs en Amérique trouvera beaucoup de choses intéressantes à titre de comparaison dans la situation actuelle du peuple polonais et que des Noirs américains. Ma propre observation m'a convaincu, par exemple, que dans les États où les dirigeants noirs ont été encouragés à tourner leur attention vers la politique, les masses populaires n'ont pas fait les mêmes progrès que dans les États où les dirigeants, à cause de préjugés raciaux ou pour d'autres raisons, ont été contraints de chercher leur propre salut en éduquant et en édifiant, dans des directions morales et matérielles, les membres les plus humbles de leur propre peuple.

Je ne souhaite pas faire de comparaisons, mais je pense pouvoir affirmer avec certitude, à titre d'illustration, que nulle part ailleurs aux États-Unis les masses noires n'ont été plus complètement privées de privilèges politiques que dans l'État du Mississippi. et cependant il n'y a presque aucune région du pays où les masses populaires aient construit plus d'écoles et d'églises, ou où elles aient pris pied plus solidement sur le sol et dans les industries de l'État.

En attirant l'attention sur ce fait , je n'ai pas l'intention de fournir une excuse pour priver des membres de ma race d'un quelconque des privilèges auxquels la loi leur donne droit. Je souhaite simplement souligner le fait qu'il y a de l'espoir pour eux dans des directions autres et plus fondamentales que la politique de parti ordinaire. Plus particulièrement, je voudrais souligner un fait : pour les Noirs, comme pour les autres peuples qui luttent pour se relever, le succès vient à ceux qui apprennent à profiter de leurs désavantages et à faire de leurs difficultés leurs opportunités. C'est ce que semblent avoir

fait les Polonais d'Allemagne, plus que toutes les autres nationalités
opprimées d'Europe.

———————————

CHAPITRE XVI
LES FEMMES QUI TRAVAILLENT EN EUROPE

Plusieurs fois au cours de mon séjour à Londres, j'ai observé, debout dans un coin d'un des quartiers les plus fréquentés de la ville, une jeune femme qui vendait des journaux. Il y a beaucoup de femmes, jeunes et vieilles, qui vendent des journaux à Londres, mais chacun pouvait voir d'un coup d'œil que cette fille était différente. Il y avait quelque chose dans sa voix et ses manières qui m'impressionnaient, parce qu'elles semblaient à la fois timides, complaisantes et un peu insolentes, si ce n'est un mot trop fort. Cette jeune femme était, comme je l'appris bientôt, une suffragette et elle vendait des journaux : « Votes pour les femmes ».

C'était ma première rencontre avec les femmes insurgées d'Angleterre. Mais un ou deux jours plus tard, je tombai par hasard sur plusieurs de ces vendeurs de journaux suffragettes. L'un d'eux, d'une manière vivante et amusante, racontait les événements de la matinée. Je ne pus m'empêcher d'entendre ce qu'elle disait et je fus bientôt très intéressé par la conversation. En fait, je me suis vite trouvé tellement amusé par les récits brillants et pleins d'esprit que ces jeunes femmes faisaient de leurs aventures qu'il ne m'a pas fallu longtemps avant de commencer à entrer avec elles dans l'esprit de leur croisade et à réaliser pour la première fois de ma vie quelle chose glorieuse et excitante c'était d'être une suffragette et, pourrais-je ajouter, quel plaisir ces jeunes femmes y prenaient.

Il ne m'était pas venu à l'esprit, lorsque je suis parti d'Amérique pour faire la connaissance de l'homme le plus éloigné, que je devrais me trouver concerné d'une manière ou d'une autre par le problème des femmes. Cependant, je n'étais à Londres que depuis quelques jours avant de découvrir que la femme qui se situe au bas de l'échelle de la vie londonienne est tout aussi intéressante que l'homme au même niveau de vie, et peut-être un objet d'étude plus méritant. et observation.

D'une certaine manière, tout ce que j'ai vu de la condition de la femme d'en bas se rattachait dans mon esprit à l'agitation qui se déroule à l'égard de la femme d'en haut.

Sauf en Angleterre, le mouvement des femmes n'a pas, autant que j'ai pu le savoir, pénétré dans une certaine mesure dans les couches inférieures de la vie, et cela me semble être l'un des faits intéressants du mouvement. Cela montre à quel point les intérêts, les espoirs et les ambitions de la vie moderne sont, ou plutôt ne sont pas, entrés et ne sont pas devenus une force dans la vie des gens d'en bas.

ainsi que mon intérêt pour tout ce que je voyais des travailleuses en Europe était teinté de la pensée de ce qui allait se passer lorsque l'agitation actuelle pour l'émancipation et la liberté plus large des femmes en général atteindrait et influencerait les femmes les plus en bas.

Au cours de mon voyage à travers l'Europe, je me suis intéressé, dans chacun des différents pays que j'ai visités, à certaines choses définies et caractéristiques. A Londres, par exemple, ce sont certains des effets destructeurs d'une vie urbaine très organisée et compliquée, ainsi que les méthodes employées par le gouvernement et la philanthropie organisée pour les corriger, qui ont attiré mon attention. Ailleurs, c'était surtout la condition des populations agricoles qui m'intéressait. Cependant, dans toutes mes observations et études, j'ai constaté que les faits que j'ai appris sur la condition des femmes tendaient à se démarquer et à prendre une importance particulière dans mon esprit. C'est pour cette raison que je propose d'en donner, autant que je le peux, un compte rendu cohérent à ce stade.

Ce qui m'a particulièrement impressionné à Londres, c'est l'ampleur et les effets de la consommation d'alcool chez les femmes des classes inférieures. Avant d'aller à Londres , je ne crois pas avoir vu plus d'une ou deux fois dans ma vie des femmes se tenant côte à côte avec des hommes pour boire dans un bar public. Une des premières choses que j'ai remarquées à Londres, c'est le nombre de femmes ivres et flânantes qu'on croisait dans les rues des quartiers populaires. Plus d'une fois, j'ai croisé ces êtres ivres et abrutis, aux visages rouges et tachetés, qui racontaient des années d'excès constants, en haillons, sales et en désordre dans leurs vêtements, ivres appuyés à l'extérieur d'une gin-salon ou dormant paisiblement sur le trottoir . le trottoir d'une ruelle.

Dans certains quartiers de Londres , le bar semble être le lieu de rencontre général des hommes et des femmes. Là, le soir, les voisins se rassemblent et bavardent en buvant leur bière noire et amère. Il est interdit aux parents d'emmener leurs enfants dans les bars, mais j'ai souvent observé des femmes debout près de la porte du bar, leurs bébés dans les bras, bavardant tranquillement tout en sirotant leur bière. Dans de tels cas, ils donnent fréquemment à boire les lies de leur verre aux enfants.

En Amérique, nous considérons généralement un bar comme une sorte de club d'hommes et, si les femmes entrent dans un tel endroit, elles sont admises subrepticement à « l'entrée familiale ». Parmi les classes les plus pauvres d'Angleterre, le bar-room est tout autant un club de femmes que celui d' hommes . La lumière, la chaleur et les commérages libres et amicaux de ces lieux les rendent également attrayants, et je peux comprendre que les habitants de ces quartiers densément peuplés de la ville, dont beaucoup vivent dans une ou deux petites pièces bondées, devraient être attiré vers ces lieux par le désir d'un peu de confort humain et de relations sociales.

A cet égard, les bars des quartiers les plus pauvres de Londres ressemblent aux brasseries que l'on rencontre sur le continent. Il y a cependant cette différence : l'effet de la boisson sur la population anglaise semble être plus destructeur qu'il ne l'est sur la population du continent. Ce n'est pas que les Anglais dans leur ensemble consomment plus de boissons enivrantes que les autres habitants, car les statistiques montrent que le Danemark est en tête du reste de l'Europe en termes de quantité de spiritueux, tout comme la Belgique est en tête pour la quantité de bière consommée par habitant. la population. L'un des problèmes semble être que, dans le système industriel anglais, les gens prennent plus de risques, ils sont soumis à un stress et à une tension plus importants, ce qui conduit à des irrégularités et à une consommation excessive d'alcool.

Pendant que j'étais à Vienne, je suis sorti un dimanche soir au Prater, le grand parc public, qui semble être une sorte de combinaison de Central Park, de New York et de Coney Island. Dans ce parc, on peut voir tous les types de vie autrichienne, du plus haut au plus bas. Le dimanche semble cependant être le jour du peuple, et la nuit où je me suis rendu sur place, il y avait, outre les travailleurs ordinaires de la ville, des centaines, peut-être des milliers, de paysans de la campagne. Il s'agissait pour la plupart de jeunes hommes et femmes qui étaient manifestement venus en ville pour les vacances du dimanche. A côté des costumes sobres et modernes de la ville se pressent ces paysannes, avec leurs bottes hautes, leurs foulards de couleurs vives sur la tête et leurs jupes larges, évasées et volumineuses (un peu comme celles d'une cavalière de cirque, à peine un peu plus grandes). plus long et moins vaporeux), avait une apparence étrange et pittoresque.

Pendant ce temps, il y avait une grande explosion de musique d'une certaine sorte ; et une multitude de spectacles de catchpenny, de saltimbanques, de music-halls, de théâtres, de manèges et de pavillons de danse donnaient à l'endroit l'apparence d'une formidable foire de comté. Je ne crois pas avoir jamais vu nulle part, sauf lors d'un pique-nique ou d'un barbecue chez les nègres des États du Sud, des gens qui s'adonnaient avec autant de franchise et avec autant d'enthousiasme à cette sorte de jouissance physique simple. Partout on mangeait, on buvait et on dansait, mais néanmoins je ne voyais aucun désordre ; très peu de gens semblaient souffrir de l'alcool, et jamais je n'ai vu de gens qui montraient, dans le désordre de leur tenue vestimentaire ou dans l'aspect taché de leur visage, les effets d'excès continus, comme on en voit dans tant d'autres. quartiers de Londres. Les individus étaient, pour la plupart, habillés proprement et proprement ; chaque classe de gens semblait avoir son propre lieu de divertissement et son propre code de manières, et chacun semblait se conformer facilement et naturellement aux restrictions prescrites par la coutume.

Je ne veux pas dire que j'approuve cette façon de passer le sabbat. Je désire simplement souligner le fait, que d'autres ont remarqué, que l'effet de l'habitude de boire semble être très différent en Angleterre de ce qu'il est dans les pays du continent.

J'ai eu l'occasion d'observer les effets néfastes de la consommation d'alcool sur les Anglaises des classes inférieures lorsque j'ai visité certains tribunaux de police des quartiers les plus pauvres de Londres. Lorsque j'ai fait remarquer à un journaliste de Londres que je voulais voir autant que possible, pendant que j'étais en ville, la vie des gens les plus pauvres, il m'a conseillé de visiter les commissariats de police de Worship Street et de Thames . La station Worship Street est située dans l'un des quartiers les plus peuplés de Londres, à proximité immédiate de Bethnal Green et de Spitalfields, qui ont été pendant de nombreuses années les foyers des classes populaires les plus pauvres, et en particulier de ces pauvres gens connus sous le nom de travailleurs domestiques et occasionnels. , qui vivent dans des mansardes et fabriquent des boîtes en papier, des fleurs artificielles, etc., ou font tous les petits boulots qu'ils peuvent trouver. La gare de Thames est située un peu à l'écart du London Dock et non loin de la célèbre Ratcliffe Highway, qui était jusqu'il y a quelques années la partie la plus difficile et la plus dangereuse de Londres.

Peut-être devrais-je dire, d'emblée, que deux choses en ce qui concerne les tribunaux de police de Londres m'ont particulièrement impressionné : premièrement, l'ordre et la dignité avec lesquels le tribunal est dirigé ; deuxièmement, le soin avec lequel le juge enquête sur tous les faits de chaque affaire qu'il juge, le souci dont il fait preuve pour garantir les droits de l'accusé et l'indulgence avec laquelle les personnes reconnues coupables sont traitées. Dans de nombreux cas, en particulier ceux dans lesquels des hommes ou des femmes étaient accusés d'ivresse, les prisonniers étaient autorisés à partir avec à peine plus qu'une réprimande douce et paternelle.

Après avoir écouté pendant plusieurs heures les différentes affaires portées à l'audience, j'ai bien compris que les policiers se soient parfois plaints de ce que leurs efforts pour réprimer la délinquance n'étaient pas soutenus par les magistrats qui, dit-on, sont toujours du côté des coupables.

À cet égard, je pourrais mentionner une déclaration que j'ai récemment trouvée au sujet d'un homme qui avait autrefois exercé les fonctions de magistrat dans les tribunaux de police de Worship Street et de Thames. Il a déclaré qu'il y avait beaucoup d'ivresse parmi certaines filles des usines de l'Est de Londres, bien qu'elles soient rarement arrêtées et traduites en justice pour ce délit.

Il a ajouté : "Il ne faut pas oublier que le nombre de condamnations pour ivresse n'est en aucun cas une mesure appropriée de l'insobriété. Si un policier voit un homme ivre se comporter tranquillement ou dormir dans l'embrasure d'une porte, il passe son chemin et n'y prête aucune attention. " Ceux qui sont condamnés appartiennent, en règle générale, aux classes désordonnées, qui, dès que l'alcool leur monte à la tête, manifestent leurs penchants naturels par une conduite tapageuse et tumultueuse. Pour un ivrogne de cet ordre, il doit y en avoir cinquante qui se comportent tranquillement et parviennent toujours à atteindre leurs foyers, quel que soit le chemin parcouru en zigzag."

Cette affirmation a été faite il y a plusieurs années, mais je suis convaincu qu'elle est toujours valable aujourd'hui, car j'ai remarqué que la plupart des personnes arrêtées et traduites en justice, en particulier les femmes, étaient tachées de sang et gravement battues.

Dans la majorité de ces cas, comme je l'ai dit, les personnes ont été autorisées à partir moyennant un blâme ou une petite amende. Le seul cas où, me semble-t-il, le juge a montré une disposition à la sévérité, c'est celui d'une pauvre femme accusée de mendicité. C'était une petite femme pâle, émaciée et d'apparence tout à fait misérable, et l'accusation portée contre elle était celle d'avoir parcouru les rues, tenant par la main un de ses enfants et demandant l'aumône parce qu'elle et ses enfants mouraient de faim. J'ai appris en discutant avec l'agent qui a enquêté sur l'affaire que sa déclaration était très probablement vraie. Il la connaissait depuis quelque temps et elle était dans un état très triste. Mais il semble que la loi exigeait que, dans de telles circonstances, elle se rende au workhouse.

Je pense qu'il y avait jusqu'à quinze ou vingt femmes amenées au tribunal chaque matin où je me rendais au tribunal. La plupart d'entre eux furent arrêtés pour disputes et bagarres, et presque tous montrèrent, par leurs visages bouffis et par leur aspect désordonné, que l'ivresse constante et abrutie était à l'origine de leur malheur.

J'ai découvert depuis mon retour d'Europe que l'ampleur de l'ivresse chez les Anglaises a souvent fait l'objet d'observations et de commentaires. Richard Grant White, dans son ouvrage « England Within and Without », déclare :

> J'étais frappé d'horreur par l'état d'absurdité de tant de femmes, des femmes qui, chaque année, mettaient au monde des enfants et les allaitaient, et qui ne me semblaient guère meilleures que d'immondes alambics humains à travers lesquels filtrait la liqueur maudite dont elles étaient trempées. goutte à goutte dans les petits ivrognes à leur sein. Pour ces enfants, l'ivresse vient inconsciemment, comme

leur langue maternelle. Ils ne peuvent pas se souvenir d'une époque où c'était nouveau pour eux. Ils sortent des nuages de l'enfance avec l'impression que l'ivresse est l'une des conditions normales de l'homme, au même titre que la faim et le sommeil.

Cela a été écrit il y a trente ans. On dit que la situation s'est considérablement améliorée ces dernières années en ce qui concerne le taux d'ivresse parmi les pauvres de Londres. Néanmoins, je remarque dans le dernier volume de l'"Annual Charities Register" de Londres la déclaration selon laquelle l'ébriété semble augmenter parmi les femmes, et qu'elle prévaut à un degré si alarmant parmi les femmes de tous les rangs de la société que "l'action nationale devient de plus en plus importante". essentiel à l'existence même de la nation. »

Les statistiques de la criminalité à Londres montrent que, alors que seulement deux fois moins de femmes que d'hommes sont arrêtées pour « ivresse simple » et « ivresse aggravée », plus de trois fois plus de femmes que d'hommes sont arrêtées pour « ivresse simple » et « ivresse aggravée » . l'ivresse" habituelle. Une autre chose qui m'a impressionné, c'est que les tribunaux de police américains traitent les femmes de manière beaucoup plus sévère. Cela est certainement vrai dans les États du Sud, où presque toutes les femmes traduites devant les tribunaux de police sont des Nègres.

La classe de personnes à laquelle j'ai fait référence représente, bien entendu, la classe la plus basse et la plus dégradée parmi les classes ouvrières. Néanmoins, ils représentent une très grande partie de la population, et l'existence même de cette classe désespérée, qui constitue la lie de la vie dans les grandes villes, est une indication de la difficulté et de l'amertume de la lutte pour l'existence dans les classes au-dessus d'elles. .

J'ai tenté, dans ce que j'ai déjà dit, d'indiquer la situation des femmes au bas de l'échelle de la vie complexe de la ville la plus grande et, si je puis dire, la plus civilisée du monde, où les femmes réclament tout juste maintenant les droits et privilèges des hommes. Mais il y a des régions d'Europe où, autant que j'ai pu le savoir, les femmes n'ont encore jamais entendu dire qu'elles avaient des droits ou des intérêts dans la vie distincts de ceux de leur mari et de leurs enfants. J'ai déjà évoqué le nombre croissant de femmes aux pieds nus que je rencontrais alors que je voyageais vers le sud depuis Berlin. Au début, il s'agissait pour la plupart de femmes qui travaillaient dans les champs. Mais une fois arrivé à Vienne, j'ai découvert qu'il n'était pas rare de rencontrer des femmes aux pieds nus dans les quartiers les plus fréquentés et les plus à la mode de la ville.

L'expérience des voyages m'a appris que le port de chaussures est une indication assez précise de la civilisation. Le fait que, dans une grande partie de l'Europe méridionale, les femmes originaires des campagnes ne soient pas encore parvenues au point où elles se sentent à l'aise dans leurs chaussures, est une indication du retard de la population.

Ce qui m'intéressait et me surprenait plus que l'absence croissante de chaussures chez les femmes de la campagne, c'était le nombre croissant de femmes que je voyais engagées dans des travaux pénibles et peu qualifiés de toutes sortes. Je n'avais jamais vu de femmes noires faire le genre de travail que je voyais faire les femmes du sud de l'Europe. En arrivant à Prague, par exemple, j'ai remarqué un chargement de charbon qui circulait dans les rues. Un homme la conduisait, mais des femmes se tenaient derrière avec des pelles. J'appris alors qu'il était d'usage d'employer des femmes pour charger et décharger le charbon et le transporter dans les maisons. Le battage et le pelletage étaient effectués par l'homme, mais la partie la plus sale et la plus difficile du travail était effectuée par les femmes.

A Vienne, j'ai vu des centaines de femmes travailler comme aides à la construction d'immeubles ; ils mélangeaient le mortier, le chargeaient dans des cuves, le mettaient sur leur tête et le portaient sur deux ou trois étages aux hommes travaillant sur les murs. Les femmes qui se livrent à ce genre de travail portent sur la tête de petites nattes rondes qui soutiennent les fardeaux qu'elles portent. Certaines de ces femmes sont encore jeunes, simplement des filles adultes, fraîchement arrivées de la campagne, mais la majorité d'entre elles ressemblent à des femmes âgées.

Il n'était pas rare que je croise des femmes tirant des charrettes dans les rues. Parfois, il y avait un chien attelé à la charrette à côté d'eux. C'est par exemple ainsi que les paysannes amènent parfois leur camion de jardin au marché. Le plus souvent, cependant, on les verra apporter leurs produits de jardin au marché dans de grands paniers sur la tête ou sur les épaules. Je me souviens, alors que j'étais à Budapest, qu'en rentrant à mon hôtel un soir assez tard, je traversais une place ouverte près du marché, où se trouvaient des centaines de ces marchandes endormies sur les trottoirs ou dans la rue. Certains d'entre eux avaient jeté une botte de paille sur le trottoir, sous leurs chariots, et s'y étaient endormis. D'autres, qui avaient apporté en ville leurs produits de la campagne sur le dos, avaient souvent simplement posé leurs paniers sur le trottoir, s'étaient allongés, avaient jeté une partie de leurs jupes par-dessus leur tête et s'étaient endormis. A cette heure, la ville était encore bien éveillée. D'une brasserie voisine, on entendait des sons de musique et des éclats de rire occasionnels. Pendant ce temps, les gens passaient et repassaient dans la rue et sur le trottoir, mais ils ne prêtaient pas plus d'attention à ces femmes endormies que si elles avaient été des chevaux ou des vaches.

Dans d'autres régions d' Autriche-Hongrie, j'ai rencontré des femmes engagées dans diverses sortes de travaux pénibles et non qualifiés . Alors que j'étais à Cracovie, en Pologne autrichienne, j'ai vu des femmes travailler dans les carrières de pierre. Les hommes faisaient sauter la roche, mais les femmes les aidaient à enlever la terre et à charger les chariots. En même temps , j'ai vu des femmes travailler dans des briqueteries. Les hommes fabriquaient la brique, les femmes servaient d'aide. Pendant mon séjour à Cracovie, l'un des endroits les plus intéressants que j'ai visités et où travaillent des femmes était une cimenterie. Le responsable a eu la gentillesse de me permettre de visiter les travaux et de m'expliquer le processus de concassage et de combustion de la pierre utilisée dans la fabrication du ciment. Une grande partie du gros travail dans cette cimenterie est effectuée par des filles. Le travail de chargement des fours est effectué par eux. C'étaient des créatures très solides, lourdes et d'apparence sale. Elles n'avaient rien de cette fraîcheur et de cette santé que je remarquais si souvent parmi les jeunes filles travaillant dans les champs.

Pendant que j'étudiais les différents types de travail que font les femmes en Autriche-Hongrie, je me suis souvenu des plaintes que j'avais parfois entendues de la part des femmes américaines, selon lesquelles on leur refusait leurs droits en matière de travail , et les hommes américains voulaient garder les femmes à la maison, liées aux tâches ménagères.

Dans le sud de l'Europe, en tout cas, il ne semble pas y avoir de disposition à maintenir les femmes attachées dans les maisons. Apparemment , ils sont autorisés à effectuer tout type de travail que les hommes sont autorisés à effectuer ; et ils effectuent, en fait, un grand nombre de types de travaux que nous, en Amérique, considérons comme réservés aux hommes. Je remarquai d'ailleurs, en règle générale, que ce n'était qu'un travail grossier et non qualifié qui leur était attribué. Si les femmes travaillaient dans les carrières de pierre, les hommes effectuaient la partie du travail qui exigeait du savoir-faire. Les hommes utilisaient les outils, faisaient le travail de dynamitage de la roche. Si les femmes travaillaient sur les bâtiments, elles n'effectuaient que les travaux les plus pénibles et les moins chers. Je n'ai vu aucune femme poseuse de briques, ni aucune femme charpentière ou tailleuse de pierre.

En Amérique, les femmes et les enfants noirs sont employés en grande partie au moment de la récolte dans les champs de coton, mais je n'ai jamais vu en Amérique, comme je l'ai vu en Autriche, de femmes employées comme ouvriers de section sur un chemin de fer, ou à creuser des égouts, à transporter du charbon, à transporter du charbon. le hod, ou faire les gros travaux dans les briqueteries, les fours et les cimenteries.

Dans les États du Sud de l'Amérique, la forme la plus basse de travail non qualifié est celle des hommes employés à ce qu'on appelle les travaux publics, c'est-à-dire le creusement des égouts, la construction des chemins de fer, etc. J'ai été très surpris, alors que j'étais à Vienne, de voir des femmes travailler côte à côte avec des hommes pour creuser un égout. C'était un spectacle tellement nouveau pour moi que je me suis arrêté pour regarder ces femmes manipuler la pioche et la pelle. C'étaient pour la plupart des jeunes femmes, de ce type lourd et impassible dont j'ai parlé. Je les ai observés pendant un certain temps et je n'ai pu constater qu'ils accomplissaient leur travail aussi rapidement et aussi facilement que les hommes à leurs côtés. Après cela, j'en suis venu à la conclusion qu'il n'y avait rien qu'un homme puisse faire qu'une femme ne puisse faire aussi.

En Pologne, les femmes effectuent apparemment la plupart des travaux agricoles. Beaucoup d'hommes sont allés à Vienne pour chercher fortune. Beaucoup aussi sont allés dans les villes, et d'autres encore sont dans l'armée, car sur le continent tout homme valide doit servir dans l'armée. Le résultat est qu'une part croissante du travail autrefois effectué par les hommes est désormais effectué par les femmes.

L'un des sites les plus intéressants que j'ai rencontrés en Europe était le marché de Cracovie. Ce marché est une grande place ouverte en plein centre de la ville antique. Sur cette place se trouve l'ancienne Halle aux Draps, un magnifique bâtiment ancien qui remonte au Moyen Âge, lorsqu'il servait de lieu d'exposition de marchandises, principalement de textiles de diverses sortes. Sur les quatre côtés de cette place se trouvent quelques-uns des principaux édifices de la ville, parmi lesquels l'hôtel de ville et l'église de la Vierge Marie, du haut de la haute tour dont les heures sonnent au son mélodieux d'un clairon.

Les jours de marché, toute cette place est remplie de centaines, voire de milliers de marchandes, qui arrivent de la campagne tôt le matin avec leurs produits, restent jusqu'à ce qu'ils soient vendus, puis rentrent chez elles.

Sur ce marché, on peut voir proposé à la vente tout ce que les paysans produisent dans leurs maisons ou dans leurs fermes. Entre autres choses à vendre, j'ai noté ce qui suit : des oies, des poulets, du pain, du fromage, des pommes de terre, des salades, des fruits de toutes sortes, des champignons, des paniers, des jouets, du lait et du beurre.

Ce qui m'intéressait le plus, c'était de constater que presque tout ce qui se vendait sur ce marché était transporté en ville sur le dos des femmes. En pratique, je pense, on peut dire que toute la ville de Cracovie, avec une population de 90 000 habitants, se nourrit des provisions que les paysannes apportent dans la ville, certaines d'entre elles parcourant jusqu'à dix ou quinze milles par jour.

Un jour, alors que nous circulions au marché de Cracovie, notre voiture rencontra une jeune paysanne vigoureuse qui marchait pieds nus d'un pas vif sur la grande route, un paquet balancé sur l'épaule. Dans ce paquet, j'ai remarqué, elle portait un bidon de lait. Nous nous sommes arrêtés et le chauffeur lui a parlé en polonais, puis a traduit en allemand à mon compagnon, le docteur Park. Au début, la femme semblait inquiète et effrayée. Dès que nous lui avons dit que nous venions d'Amérique, son visage s'est illuminé et elle a semblé très heureuse de répondre à toutes mes questions.

J'ai appris qu'elle était veuve, propriétaire d'une petite ferme avec deux vaches. Elle habitait à environ quatorze kilomètres de la ville et chaque jour elle venait en ville pour se débarrasser du lait qu'elle avait de ses deux vaches. Elle n'a pas fait tout le chemin à pied, mais a parcouru la moitié de la distance en train et a parcouru l'autre moitié à pied. Elle possédait un cheval, dit-elle, mais le cheval travaillait à la ferme et elle ne pouvait pas se permettre de l'utiliser pour se rendre en ville. Afin de soigner et traire ses vaches et d'arriver en ville assez tôt pour livrer son lait, elle devait se lever très tôt le matin, de sorte qu'elle rentrait généralement à la maison vers dix ou onze heures. Puis, l'après-midi, elle s'occupait de la maison et travaillait dans le jardin. C'est un assez bon exemple, je suppose, de la façon dont certaines de ces paysannes travaillent.

Toute la journée, on voit ces femmes, avec leurs costumes paysans aux couleurs vives, aller et venir dans les rues de Cracovie avec leurs paniers sur le dos. Beaucoup d'entre elles sont pieds nus, mais la plupart portent des bottes de cuir très hautes, qui diffèrent de celles que j'ai vues portées par les paysannes d'autres régions d'Autriche et de Hongrie par le fait qu'elles ont de très petits talons.

J'ai eu l'occasion de voir un grand nombre de types de femmes au cours de mon voyage à travers l'Europe, mais je n'en ai vu aucune qui paraisse aussi belle, fraîche et vigoureuse que ces paysannes polonaises.

On dit des femmes polonaises, comme on dit des femmes des races slaves en général, qu'elles vivent encore dans l'esclavage mental et physique des époques passées. Très peu d'entre eux ont probablement entendu parler des droits des femmes. Mais si cela est vrai, cela montre simplement à quel point ces mots abstraits ont très peu de rapport avec la condition, le bien-être et le bonheur des personnes qui jouissent de la liberté et de l'indépendance de la vie à la campagne. En tout cas, j'ose dire qu'il y a très peu de femmes, même dans les rangs supérieurs des travailleuses en Angleterre, dont la condition de vie se compare à celle de ces paysannes vigoureuses, saines et saines.

Comment le travail dans l'atmosphère étouffante d'une usine ou dans quelque mansarde bondée de ville peut-il se comparer à la vie que mènent ces femmes, travaillant dans les champs et vivant dans la campagne libre et ouverte ?

L'émigration vers l'Amérique a laissé un énorme surplus de femmes en Europe. En Angleterre, par exemple, les femmes sont dans la proportion de seize à quinze par rapport aux hommes. Dans certaines régions de l'Italie, il y a des villes, dit-on, où tous les hommes valides ont quitté le pays et sont allés en Amérique. Les changements apportés par l'émigration n'ont pas, dans l'ensemble, me semble-t-il, affecté favorablement la vie des femmes . Mais la même chose est vraie en ce qui concerne les changements provoqués par la croissance des villes et l'utilisation des machines. Les hommes ont davantage profité de l'utilisation des machines que les femmes. Les machines ont enlevé aux femmes les occupations qu'elles exerçaient à la maison, ce qui les a poussées à adopter d'autres formes de travail , de caractère plus ou moins temporaire, dans lequel elles sont surmenées et sous-payées.

Partout en Europe, nous trouvons des femmes soit occupées à des tâches obsolètes, soit effectuant un travail non qualifié . Par exemple, il y a encore cent mille personnes, pour la plupart des femmes, dans l'Est de Londres, dit-on, qui travaillent dans des industries domestiques - en d'autres termes, transpirent leur vie dans des mansardes bondées en essayant de rivaliser avec les machines et l'organisation en devenir. de vêtements ou de fleurs artificielles, et dans d'autres genres de travaux de cette même description générale.

Le mouvement pour le droit de vote des femmes en Angleterre, qui a commencé dans les classes supérieures parmi les femmes du West End, a atteint, dans une certaine mesure, jusqu'aux niveaux inférieurs parmi les femmes qui travaillent de leurs mains. Des réunions pour le droit de vote des femmes ont eu lieu, j'ai appris, à Bethnal Green et Whitechapel. Mais je ne crois pas que voter à lui seul améliorera la condition des travailleuses.

Il faut une nouvelle répartition des métiers. Trop de femmes en Europe effectuent un travail pour lequel elles ne sont pas naturellement préparées et pour lesquelles elles n'ont reçu aucune formation spéciale. Il y a trop de femmes parmi les travailleurs non qualifiés . Ma propre conviction est que ce dont les travailleuses européennes ont le plus besoin, c'est d'une sorte d'éducation qui permettra à un plus grand nombre d'entre elles d'accéder aux rangs de la main-d'œuvre qualifiée , qui leur apprendra à faire quelque chose, et à bien le faire.

Les femmes noires d'Amérique ont un grand avantage à cet égard. Elles sont partout admises dans les mêmes écoles où sont admis les hommes. Tous les collèges noirs sont remplis de femmes. Elles sont admises dans les écoles industrielles et dans la formation aux différents métiers dans les mêmes conditions que les hommes. L'un des principaux résultats pratiques de l'agitation pour le suffrage en Europe sera, j'imagine, de tourner l'attention des femmes des classes supérieures vers les besoins des femmes des classes inférieures. En Europe, il y a beaucoup de travail pour les femmes de leur propre sexe, car, comme je l'ai dit ailleurs, en Europe l'homme le plus bas est la femme.

CHAPITRE XVII
L'ORGANISATION DE LA VIE À LA CAMPAGNE AU DANEMARK

En Europe, l'homme dont la situation correspond le plus à celle du nègre dans les États du Sud est le paysan. J'avais vu des photos de paysans avant d'aller en Europe, mais j'avoue que j'étais très flou quant à ce qu'était un paysan. Je savais qu'il était un petit fermier, comme la majorité des fermiers noirs des États du Sud, et que, comme le fermier noir encore, il descendait dans la plupart des cas d'une classe qui avait été autrefois tenue dans une sorte de la soumission aux grands propriétaires terriens, la différence étant que, alors que le paysan était un serf, le fermier noir était un esclave.

En ce qui concerne la situation actuelle du paysan dans la vie qui l'entoure, quant à sa manière de vivre, ses possibilités et ses ambitions, je n'avais qu'une idée très vague. Les photos que j'avais vues n'étaient pas rassurantes à cet égard. L'image qui m'a le plus impressionné était celle d'une créature lourde, stupide, à moitié humaine, debout au milieu d'un champ désolé. La boue et l'argile s'accrochaient à lui et il s'appuyait sur une grande et lourde houe en fer forgé, comme celles dont se servaient autrefois les esclaves nègres. Cette image représentait mon idée d'un paysan.

Au cours de mon voyage à travers l'Italie et l'Autriche-Hongrie, j'ai vu un certain nombre d'individus qui m'ont rappelé cette image et d'autres images de paysans dont je me souviens. J'ai vu, comme je l'ai déjà dit, des paysannes dormir, comme des animaux fatigués, dans les rues de la ville ; J'en ai vu d'autres vivant dans une seule pièce avec leur bétail ; un jour, je suis entré dans une petite maison et j'ai vu toute la famille manger dans un seul bol. En Sicile, j'ai trouvé des paysans vivant dans des conditions de saleté, de pauvreté et de misère presque indescriptibles. Mais partout je trouvais parmi ces gens, même les plus bas, des individus qui, lorsque j'avais l'occasion de causer avec eux, faisaient invariablement preuve d'une dose de sagesse astucieuse et pratique, d'une bonne nature bienveillante et d'un bon sens qui me rappelait certains des anciens. Des fermiers noirs que je connais chez moi. Il est très curieux de voir quelle différence cela fait dans l'impression qu'un homme vous fait si vous vous arrêtez et lui serrez la main, au lieu de simplement le regarder d'un œil critique afin de faire un froid inventaire sociologique de son caractère et de sa condition.

Certains des souvenirs les plus agréables que j'ai d'Europe sont les entretiens que j'ai eus, par l'intermédiaire d'un interprète bien sûr, avec certains de ces mêmes paysans ignorants mais travailleurs, parfois pieds nus, mais toujours bienveillants. Le résultat fut que bien avant d'avoir terminé mon voyage , j'avais cessé de prendre littéralement certaines des photos de paysans que j'avais vues. J'ai découvert que l'artiste dont les tableaux m'avaient fait une si profonde impression avait cherché à compresser dans la figure d'un seul individu la misère et la misère de toute une classe ; qu'il avait essayé aussi de faire remonter à la surface et de rendre visibles dans son tableau toutes les difficultés et les dégradations que l'observateur occasionnel ne voit pas, ne veut peut-être pas voir.

Mais ce n'est qu'en arrivant au Danemark que j'ai commencé à sentir que je commençais vraiment à connaître le paysan européen, car ce n'est qu'en arrivant dans ce pays que j'ai compris quelles étaient les possibilités du paysan européen. Avant cela, j'avais vu un homme qui se débattait sous le poids de l'ignorance et des restes d'une ancienne oppression. Au Danemark, cependant, cet homme a réussi à s'imposer. Les paysans possèdent déjà la majorité des terres. Les trois quarts des exploitations agricoles sont entre leurs mains et le nombre de petites exploitations agricoles ne cesse d'augmenter. Au Danemark, le paysan, comme l'a observé un certain monsieur que j'y ai rencontré, est non seulement libre, mais il règne. Le paysan est le leader dans tout ce qui concerne le progrès de l'agriculture. Les produits des laiteries coopératives , des sociétés coopératives de collecte des œufs et de conditionnement du porc, organisées et contrôlées par les paysans, rapportent sur les marchés mondiaux des prix plus élevés que les produits similaires provenant de n'importe quel autre pays d'Europe.

Les paysans exercent désormais une influence dominante au Parlement danois. Quand j'étais là-bas, la moitié des membres du ministère au pouvoir étaient des paysans et la moitié des membres du cabinet étaient soit des paysans, soit des fils de paysans.

J'ajouterai qu'il existe un lien très étroit entre le prix du beurre des paysans et l'influence que les paysans exercent en politique. Pendant de nombreuses années, jusqu'en 1901 environ, je crois, le parti le plus influent au Danemark fut celui des grands propriétaires fonciers. Il y a quarante ans, les paysans avaient tous les droits politiques qu'ils possèdent aujourd'hui, mais ils ne comptaient pas beaucoup en matière politique. A cette époque, il y avait deux sortes de beurre au Danemark : il y avait le beurre fabriqué dans les crémeries des grands propriétaires fonciers, appelées gentlemen's domaines, et il y avait le beurre des petits agriculteurs. En d'autres termes, il y avait le « beurre de gentleman » et le « beurre de paysan ». Mais le beurre du paysan ne valait sur le marché que la moitié environ de celui du domaine du gentleman. Cependant, lorsque le prix du beurre paysan commença à augmenter, la situation politique commença à changer. D'année en année, le nombre de laiteries coopératives augmentait et, d'année en année, le nombre de paysans au Parlement se multipliait. En d'autres termes, le paysan danois est devenu une puissance dans la politique danoise parce qu'il est devenu un leader dans le développement industriel du pays.

Le Danemark est non seulement très petit, environ un tiers de la taille de l'Alabama, mais il n'est même pas particulièrement fertile. C'est un pays extrêmement plat, sans collines, sans vallées ou sans cours d'eau dignes de mention. On m'a dit que le point culminant du Danemark, appelé « la colline du ciel », n'est qu'à environ 550 pieds au-dessus du niveau de la mer, c'est-à-dire environ la moitié de la hauteur de la tour du Metropolitan Building de New York. En conséquence, une grande partie du pays est balayée par les vents et, dans le nord du Jutland, où la péninsule danoise s'étend sur une mince bande de terre dans les eaux agitées de la mer du Nord, il y avait, il y a quarante ans, 3 300 hectares carrés. des kilomètres de bruyère où même un arbre ne pousserait pas. Depuis lors, grâce à un processus complexe de manipulation physique et chimique du sol, la totalité, sauf mille kilomètres carrés, a été récupérée. Le résultat est que là où autrefois seuls erraient des bergers solitaires, « tricotant des bas », comme le dit Jacob Riis, « pour payer les impôts », se trouvent aujourd'hui de petites villes florissantes.

Un autre désavantage dont souffre le Danemark trouve son origine dans le fait que plus d'un tiers du pays est constitué d'îles, qui ne sont pas moins de quarante-quatre. Pour aller de Copenhague à Hambourg, le train avec lequel je voyageais, pour passer d'une île à l'autre et de là à la péninsule, fut obligé à deux reprises de faire le passage au moyen d'un bac, et à l'un de ces passages nous nous trouvâmes sur le bateau pendant environ une heure et demie.

Traverser le Danemark à vélo ou en voiture aujourd'hui, c'est comme traverser l'Illinois ou n'importe quelle autre région agricole des États du Moyen-Ouest, à l'exception du fait que les champs sont plus petits et que le nombre d'hommes, de bétail et de fermes est beaucoup plus grand qu'on ne le voudrait. voir dans n'importe quelle partie des États-Unis. J'ai entendu des voyageurs à travers le Danemark exprimer leurs regrets parce qu'avec les progrès du pays, les costumes pittoresques des paysans et les autres caractéristiques de la vie primitive des communautés paysannes, que l'on peut encore voir dans d'autres parties de l'Europe, ont disparu. Un de mes compagnons de voyage a essayé de me faire croire que les paysans d'Europe étaient bien plus heureux dans la vie tranquille et simple de ces petites communautés agricoles isolées, chacune avec ses costumes pittoresques, ses traditions locales intéressantes et ses curieuses superstitions. .

Cela semble être l'avis de bon nombre de touristes. Mais après ce que j'ai vu en Europe, je suis parvenu à la conclusion que les gens et les lieux les plus intéressants à contempler ne sont pas toujours les plus heureux et les plus satisfaits. Au contraire, j'ai constaté que les endroits où la vie des paysans intéresse le plus les touristes sont généralement ceux que les paysans quittent en plus grand nombre. L'émigration vers l'Amérique banalise une grande partie de l'Europe, mais elle en fait un meilleur endroit où vivre.

La réorganisation de la vie agricole au Danemark s'est produite autrement que par l'émigration, mais elle n'a laissé que très peu de choses de la vie paysanne pittoresque, et la plupart de ce qui reste est aujourd'hui conservé dans des musées. J'ai cependant remarqué, en parcourant le pays, deux types de bâtiments agricoles qui semblent avoir survécu à une époque antérieure. L'une d'elles consistait en un bâtiment long et bas, dont une extrémité était une grange et l'autre une habitation. L'autre type de bâtiment avait à peu près la même forme, sauf qu'il formait un côté d'une cour dont les deux autres côtés étaient entourés de granges et d'écuries.

En m'enquérant, j'appris que le premier type d'habitation appartenait à un homme qu'on appelait husmaend , ou homme de maison ; en d'autres termes, un petit agriculteur dont la propriété consistait en sa maison, entourée d'une toute petite bande de terre. L'autre type d'habitation appartenait à un homme appelé *gaardmaend* , ou yardman, parce qu'il possédait suffisamment de terrain pour avoir une *gaarde* , ou cour. Au Danemark, les agriculteurs sont encore généralement divisés en *huse* et *gaarde* ; tous les fermiers possédant moins de vingt-quatre acres sont appelés « hommes de maison », et tous ceux qui en possèdent plus sont appelés « hommes de jardin », quelle que soit la manière dont leurs bâtiments sont construits.

En fait, il n'y a pas si longtemps, les conditions au Danemark étaient à peu près aussi primitives qu'elles le sont aujourd'hui dans d'autres régions d'Europe. Jacob Riis, dont j'ai appris lors de mon séjour au Danemark qu'il est tout aussi connu et admiré au Danemark qu'aux États-Unis, dit qu'il se souvient de l'époque où les conditions étaient très différentes selon les foyers. « Par exemple, dit-il, je me souviens de l'époque où, dans chaque famille de paysans, c'était la coutume que tous s'asseyaient et mangeaient dans le même bol au centre de la table, puis , une fois le repas terminé, chacun il essuyait la cuillère avec laquelle il avait plongé dans le bol commun et, sans autre cérémonie, la rangeait sur une petite étagère au-dessus de sa tête.

"Aujourd'hui", a-t-il ajouté, "les agriculteurs danois lavent leurs porcs. Les mamelles des vaches sont lavées avec un liquide désinfectant avant la traite. Quand un homme va traire, il met un costume blanc et propre."

Non seulement c'est vrai, mais le fermier danois soigne ses vaches et les couvre lorsqu'il fait froid. Il le fait non seulement parce que c'est bon pour la vache, mais aussi parce que cela permet d'économiser de l'alimentation. Bien que le Danemark ait plus de bétail, en proportion du nombre d'habitants, que n'importe quelle autre partie de l'Europe, j'y ai remarqué très peu de pâturages. Au contraire, en parcourant le pays, j'observais de longues rangées de bœufs attachés, se nourrissant des récoltes vertes. Dès que les vaches ont consommé tout le fourrage vert, généralement quatre ou cinq fois par jour, un homme arrive et avance les piquets pour que le bétail avance de manière ordonnée, fauchant les récoltes par sections. L'eau est apportée aux vaches dans une charrette et elles sont traites trois fois par jour. Tout cela nécessite une forte augmentation de travail ainsi qu'une étude, des soins et une attention constantes. En d'autres termes, le paysan danois est devenu un agriculteur scientifique.

Une différence entre l'agriculteur danois et celui des autres pays est que, alors que l'agriculteur ordinaire cultive ses récoltes et les expédie au marché pour être vendu, l'agriculteur danois ne vend que le produit manufacturé et, dans la mesure du possible, il le vend directement. au consommateur. Par exemple, jusque vers 1880, le Danemark était encore un pays exportateur de céréales ; Toutefois, ces dernières années, il est devenu un pays importateur de céréales. Les agriculteurs danois en Russie et dans les pays voisins achètent chaque année des céréales et des fourrages de toutes sortes pour une valeur d'environ vingt-cinq millions de dollars . Les produits agricoles ainsi importés sont nourris pour le bétail, les porcs et les poulets et ainsi transformés en beurre, porc et œufs. Le beurre est fabriqué dans une laiterie coopérative ; le porc est abattu dans une entreprise coopérative de conditionnement du porc; les œufs sont collectés et emballés par une association coopérative de collecte d'œufs. Ensuite, ils sont soit vendus directement, soit remis à une association coopérative centrale de vente, qui en dispose pour la plupart en Angleterre. Les exportations annuelles vers l'Angleterre s'élèvent à près de 90 000 000 $ par an, dont 51 000 000 $ pour le beurre, près de 30 000 000 $ pour le bacon et le reste pour les œufs.

Comme l'a dit un monsieur que j'ai rencontré au Danemark : « Si le Danemark, comme l'ancienne Gaule, était divisé en trois parties, l'une serait le beurre, l'autre le porc et la troisième les œufs. » C'est de ces choses-là que le pays vit, pour l'essentiel,. Il y a au Danemark, comme ailleurs, des chemins de fer, des journaux, des téléphones, des marchands, des prédicateurs, des enseignants et tous les autres accessoires d'une haute civilisation, mais ils vivent tous de la vente du beurre, du porc et des œufs, qui devraient Il faut y ajouter le bétail, car le Danemark exporte encore une quantité considérable de viande de bœuf et de bétail sur pied. L'exportation de bétail sur pied est cependant tombée d'environ 21 millions de dollars par an en 1880 à environ 7 millions de dollars, mais dans la même période, l'excédent de beurre, de bacon et d'œufs est passé d'environ 7 millions de dollars à plus de 70 millions de dollars. Entre-temps, la production brute des fermes danoises a augmenté de 50 pour cent. et plus encore, la différence étant qu'au lieu de produire des céréales pour la fabrication de farine et de semoule, les agriculteurs danois se sont tournés vers la production de plantes-racines pour nourrir leur bétail.

Cela signifie que le paysan danois n'est pas simplement un agriculteur scientifique, comme je l'ai déjà suggéré, mais qu'il est en même temps, dans une certaine mesure, un homme d'affaires.

Le succès du paysan danois est, comme je l'ai déjà suggéré, dû dans une très large mesure aux sociétés coopératives qui fabriquent et vendent ses produits agricoles. Grâce à cela, le paysan danois est devenu un homme d'affaires, je pourrais presque dire un capitaliste. Je ne sais pas combien d'argent est investi dans ces différentes coopératives laitières , de collecte d'œufs et de conditionnement de porc, mais tout le Danemark en est parsemé, et le montant total d'argent investi dans ces entreprises doit être considérable. Il existe par exemple 1.157 laiteries coopératives , qui comptent 157.000 adhérents. Il existe 34 sociétés coopératives de conditionnement du porc, qui comptent 95 000 membres.

Dès que j'ai découvert dans quelle mesure les paysans fabriquaient et vendaient leurs propres produits, j'ai naturellement voulu savoir comment ils avaient réussi à obtenir les capitaux nécessaires à l'exploitation de ces grandes entreprises, car dans la région du pays dont je suis originaire Non seulement l'agriculteur moyen n'a pas d'argent à investir dans quelque activité que ce soit en dehors de sa ferme, mais il doit en outre emprunter de l'argent, souvent à un taux d'intérêt élevé, pour poursuivre ses activités agricoles. J'ai découvert que lorsque les agriculteurs danois ont commencé à créer des laiteries coopératives , certains agriculteurs aisés se sont réunis et ont signé un contrat pour envoyer tout leur lait qu'ils ne pouvaient pas utiliser chez eux à la laiterie communautaire. Ils ont ensuite emprunté de l'argent sur leurs terres pour réunir les fonds nécessaires au démarrage de leurs opérations. En empruntant cet argent, ils s'engageaient « conjointement et solidairement », comme le dit l'expression juridique, à garantir le paiement de l'argent emprunté, c'est-à-dire que chaque homme devenait individuellement responsable de la totalité du prêt. Cela donnait à la banque qui accordait le prêt une sécurité bien meilleure que si chaque particulier avait obtenu un prêt sous sa propre responsabilité, et il était ainsi possible de fournir le capital nécessaire à un taux d'intérêt très modéré.

Lorsque l'agriculteur apportait son lait à la laiterie commune , il en recevait un prix légèrement inférieur au prix moyen du marché. Cela a ajouté quelque chose au fonds de roulement. À la fin de l'année, une partie des revenus de la laiterie était mise de côté pour payer les intérêts, une autre partie était utilisée pour rembourser le prêt et le reste était divisé en bénéfices entre les membres de l'association, chacun recevant un montant. proportionné au lait qu'il avait apporté. Ainsi, l'agriculteur se retrouva, au bout de quelques années, avec une somme d'argent égale à sa part individuelle, investie dans une entreprise payante dont la valeur augmentait chaque année. Entre- temps , il avait reçu plus pour son lait que s'il l'avait vendu de la manière ordinaire.

En même temps, grâce aux bénéfices annuels qu'il tirait de sa part dans la laiterie, il avait peut-être pu mettre un peu d'argent dans la caisse d'épargne. Les caisses d'épargne ont toujours été populaires et ont joué un rôle beaucoup plus important dans la vie des gens qu'ailleurs. A l'heure actuelle, le montant moyen des dépôts, proportionné au nombre d'habitants, est plus élevé que dans tout autre pays du monde. Par exemple, le montant moyen des dépôts dans les caisses d'épargne danoises est de 77,88 dollars ; en Angleterre, 20,62 $; aux États-Unis, 31,22 $. Dans le même temps, le nombre de déposants dans les caisses d'épargne danoises est considérablement plus important que dans les autres pays. Par exemple, il y a cinquante et un déposants pour cent personnes au Danemark. En Angleterre, le nombre correspondant est vingt-sept.

Mais ce qu'il y a de plus remarquable à propos des caisses d'épargne danoises, c'est que 78 pour cent d'entre elles, soit près des quatre cinquièmes, sont situées dans les districts ruraux. C'est une des raisons pour lesquelles les agriculteurs danois n'ont pas eu de difficulté à obtenir le capital dont ils avaient besoin pour organiser et exploiter leurs entreprises coopératives . Avec l'argent qu'ils avaient économisé et mis dans la caisse d'épargne grâce aux revenus des laiteries coopératives , ils ont pu emprunter de l'argent pour démarrer leurs abattoirs coopératifs et leurs sociétés de collecte d'œufs.

Mais ce ne sont là que quelques-uns des différents types d' organisations coopératives . Un paysan danois peut être membre d'une société d'achat d'outils, d'instruments et d'autres articles nécessaires, qui est au nombre de quinze au Danemark et qui compte entre soixante et soixante-dix mille membres. Il peut appartenir à une société d'exportation de bétail, de collecte et d'exportation d'œufs, d'élevage de chevaux, d'élevage de bovins, d'ovins et de porcins. Il peut enfin appartenir à des sociétés dites de "contrôle", organisées dans le but de tenir compte, au moyen d'un enregistrement minutieux, de la production laitière de chaque vache appartenant à un membre de la société, ainsi que de la matière grasse du beurre. le lait et le rapport entre la production laitière et le fourrage consommé. La valeur de ces sociétés réside dans le fait que le rendement annuel par vache dans le cas des membres de la société témoin était de 67 760 livres, tandis que dans le cas des vaches appartenant à l'extérieur de la société, le montant était de 58 520 livres.

Grâce à ces différentes sociétés, dont certaines sont purement commerciales, tandis que d'autres existent dans le but d'améliorer les méthodes et les techniques de l'agriculture, l'industrie agricole s'est profondément organisée. Tout d'abord, de grandes économies ont été réalisées sur les coûts de manutention et de vente des produits agricoles. Il n'y a pas si longtemps, le fermier danois envoyait son beurre en Angleterre via Hambourg, et il y avait à cette époque, m'a-t-on dit, pas moins de six intermédiaires qui s'interposaient entre le fermier et son client. Aujourd'hui, les sociétés coopératives de fabrication et de vente vendent une grande partie de leurs produits directement aux sociétés coopératives d'achat d'Angleterre. De cette manière, l'agriculteur et son client, le producteur et le distributeur, sont à nouveau réunis, pas exactement de la même manière qu'ils se réunissent encore sur certains des marchés à l'ancienne en Europe, mais néanmoins d'une manière qui profite aux deux. Des classes. D'une part, cette organisation de l'industrie agricole a grandement profité aux méthodes agricoles et à tout l'aspect technique de l'industrie. Une preuve frappante de ce fait se trouve dans les statistiques suivantes montrant l'augmentation rapide du rendement annuel de lait par vache au cours de la période de 1898 à 1908 :

Année	Rendement annuel par vache dans livres sterling
1898	4 480
1901	4 884
1904	5 335
1907	5 689
1908	5 874

Je pourrais ajouter, pour montrer à quel point l'agriculture danoise a été organisée de la manière que j'ai décrite, que le Danemark produit actuellement environ 253 000 000 de livres de beurre chaque année. De cette somme, 220.000.000 de livres proviennent des laiteries coopératives .

Derrière toutes les autres organisations qui ont servi à accroître l'efficacité de la population agricole se trouvent les écoles, en particulier les lycées ruraux et les écoles d'agriculture. Il est généralement admis au Danemark que les organisations coopératives qui ont tant fait pour la population agricole de ce pays ne pourraient exister si les écoles secondaires rurales ne leur avaient pas préparé la voie.

J'ai décrit assez longuement, ailleurs, mes impressions sur les écoles danoises, et je n'essaierai pas de répéter ici ce que j'ai dit ailleurs. [5] Je voudrais cependant souligner certaines particularités de ces écoles qui m'ont particulièrement impressionné. En premier lieu, les écoles que j'ai visitées et, à ce que j'ai compris, pratiquement toutes les écoles qui ont été construites au profit de la population rurale, sont situées soit aux alentours des petites villes, soit en rase campagne . En d'autres termes, ils sont proches de la terre et des personnes qu'ils sont censés aider. En second lieu, et cela est tout aussi vrai dans les lycées ruraux, où presque aucune formation technique n'est tentée, comme dans les écoles agricoles, les cours ont été spécialement élaborés, après des années d'expérience et d'études, pour s'adapter aux besoins des personnes auxquelles ils sont destinés. Il n'y a aucune tentative d'importer dans ces écoles l'apprentissage, le style ou les méthodes des lycées ou collèges de la ville. Il n'existe en effet, à ma connaissance, aucune école qui corresponde ou dont le lycée rural danois soit en quelque sorte une copie.

En troisième lieu, toutes ces écoles sont destinées aux élèves plus âgés. L'âge des étudiants varie de seize à vingt-quatre ans et, en plus des cours réguliers, des conférences et des cours de courte durée pour les personnes âgées ont été organisés , comme c'est le cas dans de nombreuses écoles industrielles noires du Sud. En fait, tout est mis en œuvre pour associer le travail à l'école à la vie et au travail de la terre.

Enfin, et cela me paraît tout aussi important que toute autre chose, ces écoles, comme les sociétés coopératives auxquelles j'ai fait allusion, se sont développées grâce à l'initiative privée. Les lycées trouvent leur origine dans un mouvement populaire lancé il y a plus de cinquante ans par Nicola Frederik Severin Grundvig , un grand réformateur religieux, parfois surnommé le Luther du Danemark.

Le Danemark était alors presque au désespoir. L'Angleterre, au cours de la guerre contre Napoléon, avait détruit la flotte danoise et, plus tard, en 1864, l'Allemagne avait pris au Danemark deux de ses meilleures provinces et un tiers de son territoire. Grundvig pensait que le travail de reconstruction et de régénération du Danemark devait commencer par le bas. Il prêcha la doctrine selon laquelle ce que le Danemark avait perdu à l'extérieur, il devait le regagner à l'intérieur, et, avec cette devise, il entreprit de développer les ressources négligées du pays, à savoir celles qui se trouvaient dans le peuple lui-même.

L'œuvre commencée par Grundvig a été reprise et poursuivie dans le même esprit par ceux qui l'ont suivi. Les résultats de ce mouvement se manifestent dans tous les domaines de la vie au Danemark : dans l'augmentation rapide des exportations danoises et dans le sain esprit démocratique de l'ensemble de la population danoise. Le peuple danois est probablement le peuple le plus instruit et le mieux informé d'Europe. Ce n'est pas simplement mon impression ; c'est celui de voyageurs plus expérimentés que moi.

En route de Copenhague à Londres, je rencontrai un gentleman anglais qui revenait tout juste de cinq semaines d'études et d'observation des conditions agricoles au Danemark. J'ai pu obtenir de lui un grand nombre de détails intéressants qui ont confirmé mes propres impressions.

Il me raconta, je m'en souviens, qu'il avait remarqué dans la chaumière d'un paysan, un homme qui ne cultivait pas plus de quatre ou cinq acres de terre, des exemplaires d'au moins quatre périodiques auxquels il était un abonné régulier.

« Bien plus, poursuit-il, les journaux paysans que je voyais dans les maisons de paysans que je visitais me paraissaient remarquablement techniques et littéraires. Cette remarque m'a frappé, car il ne m'était jamais venu à l'esprit qu'aucun des journaux agricoles que j'avais vus en Amérique pouvait être qualifié de « technique et littéraire ». S'ils l'étaient, je crains que les agriculteurs, du moins ceux de ma région, ne les lisent pas.

Pour illustrer l'intelligence générale de la population agricole, ce même monsieur m'a raconté qu'il avait autrefois fait appel à un directeur de crèmerie dans un district éloigné dont le salaire, en plus de sa maison qui lui était fournie, était d'environ vingt-quatre shillings. , ou six dollars, par semaine. Dans sa maison, il a trouvé un exemplaire récent du *Studio*, une publication artistique anglaise bien connue. Sur ses étagères, outre les publications ordinaires d'un expert en produits laitiers, il avait aperçu des volumes en anglais, français, allemand et suédois.

J'ai été impressionné par le fait que presque toutes les personnes que j'ai rencontrées au Danemark semblaient capables de parler au moins trois langues : l'allemand, l'anglais et le danois. J'ai été très surpris le dimanche soir de mon arrivée de rencontrer un auditoire de 3 000 personnes et de constater qu'au moins la majorité des personnes présentes étaient capables de comprendre mon discours. En fait , je n'avais pas parlé dix minutes lorsque je me suis retrouvé à parler aussi naturellement et aussi facilement à ce public danois que si je m'adressais à un nombre similaire de personnes en Amérique. Les gens me flattaient même en riant de mes blagues, et aux bons endroits. Je suis convaincu que quiconque peut comprendre une blague américaine peut comprendre presque tout ce qui est en anglais.

Il y a un dicton selon lequel si vous voyez un grand bâtiment en Allemagne, vous savez peut-être que c'est une caserne militaire, en Angleterre c'est une usine, au Danemark une école. Je n'ai jamais vu d'écoliers aussi sains, heureux et robustes qu'au Danemark et, avec tout le respect que je porte à l'agriculture danoise, je suis convaincu que la meilleure récolte du Danemark, ce sont ses enfants.

Alors que d'autres pays ont cherché à accroître la richesse et le bien-être nationaux en développant les ressources matérielles, le Danemark, n'ayant ni charbon, ni fer, ni pétrole, ni aucun autre minerai, rien que la terre, a augmenté non seulement la richesse nationale mais aussi le confort et le bien-être du pays. bonheur en améliorant son peuple. Alors que d'autres nations ont commencé l'œuvre d'éducation et, j'allais dire, de civilisation, par le haut, le Danemark a commencé par le bas. Ce faisant, le Danemark a démontré qu'il est payant d'éduquer les hommes les plus bas.

NOTE DE BAS DE PAGE:

[5] « Ce que j'ai appris sur l'éducation au Danemark », chapitre XI. « Mon éducation plus large », Doubleday, Page & Company, 1911.

CHAPITRE XVIII
RECONSTRUCTION DE LA VIE DE L'OUVRIER À LONDRES

À la fin de mon long voyage à travers l'Europe, je suis retourné à Londres. J'avais vu, lors de mon séjour au Danemark, quelques résultats de la réorganisation de la vie à la campagne. Dans ce chapitre, je veux raconter quelque chose de ce que j'ai vu et appris à Londres concernant les efforts visant à reconstruire la vie des Underman dans les conditions plus complexes d'une grande ville.

Au cours de mes voyages à travers diverses régions des États-Unis, dans le but de susciter l'intérêt du public pour le travail que nous essayons de faire pour les Noirs à Tuskegee, j'ai fréquemment rencontré des personnes qui m'ont demandé, avec une certaine anxiété, quant à ce qui, à mon avis, pourrait être fait pour les Noirs des villes, en particulier pour cette classe qui entre chaque année en nombre considérable dans la vie des grandes villes des États du Nord et du Sud. Ceux qui ont posé cette question ont supposé, apparemment parce que la grande majorité de la population noire vit dans les plantations et dans les petites villes du Sud, que le travail d'une école comme le Tuskegee Institute, situé au centre d' un grand La population agricole noire doit être confinée aux Noirs ruraux et au Sud.

En réponse à ces questions, j'ai parfois essayé de souligner qu'un grand nombre des problèmes de la ville ont leur source dans la campagne et que, peut-être, la meilleure façon d'améliorer la situation des Noirs des villes est d'améliorer la condition des Noirs. les masses de la race dans le pays. Faire cela, expliquai-je, reviendrait à attaquer le mal à sa racine, car si la vie à la campagne devenait plus attrayante, le flux de population vers la ville cesserait en grande partie.

Ce qui est vrai à cet égard pour les masses noires d'Amérique l'est également, comme je l'ai découvert, pour des classes similaires en Europe. Quiconque prendra la peine d'examiner les causes de l'émigration européenne sera certainement frappé par le fait que les conditions de l'agriculture en Europe ont eu un effet marqué sur la croissance et le caractère des villes américaines.

Ce fait suggère le lien étroit entre les conditions des campagnes et le problème des villes, mais il existe encore un autre aspect à la question. Ce qui m'a surtout impressionné par mon observation des couches inférieures de la vie londonienne et par les efforts qui ont été faits pour l'améliorer, c'est qu'il est beaucoup plus simple et, à long terme, beaucoup moins cher de vivre. construire et développer un peuple qui a grandi dans l'air sain de la campagne que régénérer un peuple qui a vécu toute ou la majeure partie de sa vie dans l'atmosphère fétide d'un bidonville urbain. En d'autres termes, il est plus facile de traiter avec des personnes physiquement et moralement saines qu'avec des personnes qui, en raison de leur environnement malsain et immoral, sont devenues démoralisées et dégénérées. Le premier est un problème d'éducation ; la seconde, celle de la reconstruction et de la régénération.

Je pense que ce qui m'a le plus aidé à comprendre l'étendue et la difficulté de ce travail de régénération à Londres, c'est la connaissance que j'ai acquise là-bas de la multitude d'institutions et d'agences, de toutes sortes, qui sont engagées dans ce travail.

J'avais été impressionné, lors de mes visites à Whitechapel et dans d'autres parties de l'East End de Londres, par le nombre d'abris, de foyers, de refuges et de missions de toutes sortes que j'avais vu annoncés en passant sur Whitechapel Road. Lorsque j'ai demandé au révérend John Harris, secrétaire organisateur de l'Anti-Slavery Society, qui avait lui-même été engagé dans un travail missionnaire dans cette partie de la ville, s'il était possible d'obtenir une liste complète de tous les différents types d'esclaves. des œuvres caritatives et des institutions d'amélioration sociale de Londres, il a remis entre mes mains un volume de près de sept cents pages entièrement consacré à la classification et à la description des diverses œuvres caritatives, dont la plupart étaient situées à Londres.

Ce livre, qui s'appelait « Annual Charities Register and Digest », j'ai lu et étudié avec le plus grand intérêt. J'avoue que j'ai été étonné aussi bien par le nombre et la variété des différents organismes de bienfaisance que par le temps, l'énergie et l'argent nécessaires pour les maintenir et les entretenir.

Dans un autre volume, « London Statistics », publié par le London County Council, j'ai trouvé les faits sur les organisations caritatives londoniennes résumées de manière concise. Grâce à ces livres, j'ai appris qu'il existe environ 2 035 institutions caritatives de toutes sortes rien qu'à Londres. Peut-être puis-je mieux donner une idée du caractère de ces institutions, dont un certain nombre remontent au XVIIIe siècle et peut-être à des périodes encore antérieures, en donnant quelques détails tirés de ces deux volumes.

Il existe à Londres, par exemple, 112 institutions pour aveugles et 143 institutions qui fournissent une aide médicale sous une forme ou une autre, pour lesquelles le montant total des dépenses est d'environ cinq millions sept cent mille dollars par an. Il existe 214 institutions de soins aux convalescents, pour lesquelles la dépense annuelle s'élève à près d'un million trois quarts ; 220 foyers pour enfants et foyers de formation pour domestiques, qui sont entretenus pour une dépense annuelle de plus de quatre millions de dollars par an ; 257 institutions de « secours général et spécifique », qui sont soutenues pour un coût annuel de près de six millions .

Il existe en outre 159 institutions pour « pénitents », qui reçoivent un revenu d'un million par an ; 156 institutions d'amélioration sociale et physique, qui comprennent une multitude des espèces les plus diverses, comme, par exemple, les associations d'éducation, de tempérance et chrétiennes, les établissements sociaux, les brigades de garçons, les sociétés pour l'amélioration des habitations, pour l'amélioration de l'état national. la santé, la suppression de la traite des esclaves blanches, etc. Ces 156 institutions sont entretenues au prix d'environ trois millions et demi de dollars par an.

Enfin, il existe 47 institutions dites « spirituelles » qui s'occupent de propager de diverses manières et sous diverses formes la connaissance de la Bible et la croyance en la religion chrétienne. Bien que les associations spirituelles représentent moins d'un dix-septième du nombre total des organisations caritatives, près d'un quart du montant total des œuvres caritatives est consacré à leur entretien.

Selon la meilleure estimation qu'on puisse faire, la somme d'argent ainsi dépensée n'est pas inférieure à cinquante millions par an. Cela n'inclut pas non plus les sommes collectées et dépensées par les différentes églises – les églises congrégationalistes, catholiques et établies. Dans deux diocèses de l'Église d'Angleterre, à savoir ceux de Londres et de Southwark, les sommes ainsi récoltées s'élevaient à plus de six cent mille dollars.

Mon attention a été particulièrement attirée par le nombre de refuges et de refuges où hommes, femmes et enfants sans abri reçoivent une aide temporaire d'une sorte ou d'une autre. En plus des huit refuges gérés par l'Armée du Salut dans différents quartiers de la ville, où les hommes et les femmes sans abri peuvent obtenir un lit et de quoi manger, il existe l'asile pour les pauvres sans abri, qui prétend avoir hébergé des nuits pendant les mois d'hiver, à 80 000 ; le Free Shelter, dans Ratcliffe Street East, qui a hébergé 125 000 nuitées ; la Ham Yard Soup Kitchen and Hospice, qui en 1908-1909 s'est occupée de 343 personnes pendant seize nuits en moyenne ; le Providence Right Refuge and Home, avec des rapports faisant état de près de 2 100 logements, dîners et petits déjeuners chaque semaine.

En plus de ceux-ci, il existe un nombre considérable de refuges et d'abris pour diverses classes de personnes : pour les marins, les soldats, les Juifs, les Asiatiques et les Africains ; pour les danseuses de ballet ; "les dames qui, en raison de leur conversion à la foi catholique, sont obligées de quitter leur foyer ou leur situation"; pour les « servantes respectables » ; garçons et filles sans abri, gouvernantes ; « Serviteurs protestants alors qu'ils cherchent un emploi dans les familles de la noblesse » et pour « jeunes femmes employées dans les hôtels et les clubs du West End ».

Ce ne sont là que quelques-uns des nombreux logements, maisons d'hébergement et abris dont la ville est dotée. Dans la plupart des cas, on affirme à propos de ces institutions que les vagabonds sont strictement exclus, et que le but de la plupart d'entre elles semble être d'empêcher les gens respectables mais malheureux d'aller aux hospices publics.

En plus des cinquante millions et plus dépensés en charité, près de vingt millions supplémentaires sont dépensés par les différents arrondissements de Londres pour le secours aux pauvres dans les institutions et les foyers. Au total, il en coûte environ soixante-dix millions de dollars par an pour subvenir aux besoins des pauvres et des infortunés de la ville.

Dans les États du Sud, où neuf des dix millions de Noirs que vivent les États-Unis, pratiquement rien n'est dépensé en charité envers les Noirs. Dans deux ou trois États, des maisons de correction ont été créées afin que les enfants noirs arrêtés pour des délits mineurs ne puissent pas être envoyés dans les gangs et confinés avec des criminels plus âgés et plus endurcis employés dans les mines et ailleurs. Lors de la dernière session de la législature de l'État d'Alabama, un projet de loi a été adopté prévoyant que l'État devrait prendre en charge et soutenir une maison de correction pour enfants de couleur qui avait été créée et soutenue par les femmes noires de l'État. Dans plusieurs des plus grandes villes du Sud, des associations chrétiennes de jeunes hommes ont été créées, soutenues par la charité, et dans certains cas, des hôpitaux ont été créés.

Le seul but pour lequel les Noirs ont demandé ou reçu une aide philanthropique a été le soutien à l'éducation. Le peuple des États-Unis a été généreux dans ses contributions à l'éducation des Noirs. Malgré ce fait, les revenus de tous les collèges noirs, écoles industrielles et autres établissements d'enseignement dit supérieur du Sud ne représentent pas un cinquantième de ce qui est dépensé chaque année à Londres en charité et en secours, non dans le but de de l'éducation, mais simplement pour sauver d'un désastre encore plus grave ceux qui sont bloqués, les exclus et ceux qui sont déjà perdus. [6]

Je trouve, comme la plupart des gens, qu'il est très difficile de comprendre la signification d'un fait énoncé dans de simples chiffres abstraits. Ce n'est qu'après avoir traduit ces abstractions en termes de ma propre expérience que je suis capable de les saisir. Cela doit être mon excuse ici pour ce qui peut sembler une comparaison plutôt tirée par les cheveux.

La population noire des États du Sud s'élève actuellement à environ neuf millions. En d'autres termes, le nombre de Noirs dans le Sud est à peine supérieur d'un quart à la population du Grand Londres, qui dépasse les sept millions. Les quatre cinquièmes de cette population noire du Sud vivent encore dans les plantations et dans les petites villes.

De temps en temps, des personnes réfléchies et intéressées, dont quelques-uns d'ailleurs sont des Anglais, ont visité les États du Sud, parlé avec les Blancs et observé les Noirs. Puis ils sont revenus en arrière et ont écrit avec découragement, parfois avec pessimisme, sur le problème des Noirs. J'aimerais que certains de ces écrivains étudient assez longtemps la situation des races dans le Sud pour déterminer ce qu'il serait possible de faire là-bas, non pas avec soixante-dix ni même cinquante, mais avec un million de dollars par an, à condition que cet argent soit utilisé. non pas dans le but de nourrir, d'abriter ou de protéger la population noire, pour laquelle cela n'est pas nécessaire, mais pour l'éduquer ; dans la construction des écoles publiques dans les districts ruraux ; en créant un système d'écoles secondaires, d'écoles industrielles et agricoles, comme il en existe, par exemple, au Danemark ; en étendant l'agriculture de démonstration à tous les habitants de la terre et en encourageant les petits collèges à adapter leur enseignement aux besoins réels de la population, de sorte qu'au fil du temps, l'éducation des Noirs dans le Sud puisse être progressivement organisée et coordonnée en un un seul système cohérent.

Peut-être puis-je illustrer d'une manière générale la différence entre la situation de l'homme pauvre dans la vie complexe d'une grande ville comme Londres et celle d'une classe similaire dans les conditions plus simples d'une communauté relativement rurale, par une comparaison plus approfondie. L'État de l'Alabama est presque aussi grand que l'Angleterre et le Pays de Galles réunis. Elle comptait, en 1900, un peu plus du tiers de la population actuelle de ce qu'on appelle la « Londres administrative », ce qui signifie une ville de 4 720 729 habitants. Sur cette population, il y avait en moyenne 139 916 pauvres. En Alabama, avec une population de 1 828 696 habitants en 1900, il y avait, en 1905, 771 pauvres dans les hospices, dont 414 blancs et 357 noirs. En d'autres termes, alors qu'à Londres il y avait près de trois pauvres pour mille habitants, en Alabama, il y avait un peu plus de quatre pauvres pour dix mille habitants. Cela n'inclut pas les personnes confinées dans des asiles ou celles qui sont assistées à domicile. En Alabama, le nombre des pauvres soignés de cette manière est très faible. Par rapport aux 2 000 institutions caritatives de Londres, il y en avait vingt en Alabama en 1904. Trois d'entre elles, un hôpital, une maison de retraite et un asile d'orphelins, et une école pour sourds et aveugles, étaient destinées aux nègres.

J'ai cité ces chiffres pour montrer le contraste entre les conditions d'une grande ville et celles d'une communauté relativement rurale. Mais l'Alabama contient trois villes de taille considérable, qui peuvent abriter un assez grand nombre de pauvres, de sorte que je soupçonne que si la comparaison était strictement effectuée, on constaterait que le paupérisme est bien plus une maladie urbaine qu'une maladie urbaine. semble.

Les institutions londoniennes auxquelles j'ai fait référence, qu'elles soient gérées par la philanthropie privée ou par le public, sont principalement entretenues pour le bien de ceux qui sont déjà tombés dans la lutte pour l'existence. Ils sont destinés aux malades et aux blessés, pour ainsi dire. Ces dernières années, un mouvement s'est progressivement développé, visant à s'attaquer à la source de ce mal urbain et à en éliminer, dans une certaine mesure, les causes en améliorant les conditions de vie en ville.

Le travail de réorganisation de la vie des classes les plus pauvres à Londres semble avoir commencé il y a cinquante ou soixante ans. La condition de la population ouvrière à cette époque a été décrite dans les termes suivants par M. Sidney Webb, qui a fait une étude approfondie de la condition des classes ouvrières à Londres :

> Les deux tiers de l'ensemble de la population infantile grandissaient non seulement pratiquement sans scolarité ni influence religieuse d'aucune sorte, mais aussi dans une brutalité et une immoralité indescriptibles ; vivant au milieu de la crasse de tribunaux ignobles et surpeuplés, sans approvisionnement en eau ni installations sanitaires, existant toujours au plus bas niveau de santé physique et constamment décimé par la maladie ; sans cesse sous la tentation des flamboyants palais du gin qui seuls soulagent la monotonie des rues mesquines auxquelles ils étaient voués ; finissant presque inévitablement vers le vice et le crime au milieu de la vie de rue désormais incroyable d'une métropole sans police. [7]

La première chose tentée fut de fournir une éducation publique à ceux qui ne pouvaient pas fréquenter les écoles privées et, comme le dit un écrivain, de « sauver les enfants de l'abîme ». C'est dans ce travail de sauvetage que les écoles publiques anglaises ont vu le jour. Ces écoles, créées de cette manière, se sont progressivement développées et élargies jusqu'à ce que Londres dispose d'un système élaboré d'écoles complémentaires, commerciales et techniques, aboutissant à la réorganisation de l'Université de Londres. Ce système n'est en aucun cas parfait ; il est encore en cours, mais il donne les grandes lignes d'un projet éducatif large et généreux, égal dans sa conception et son organisation au moins aux besoins de la plus grande ville du monde.

Londres compte déjà, par exemple, 327 écoles du soir, avec 127 130 élèves, dans lesquelles les jeunes hommes et femmes sortis des écoles de jour peuvent continuer leurs études du soir ou se perfectionner dans quelque branche de leur métier.

La cuisine, la gestion du ménage, le travail de la lessive et le travail du fer sont enseignés dans plus de la moitié des écoles élémentaires de Londres. Le Conseil du comté de Londres soutient quatorze écoles qui dispensent un enseignement dans les arts et métiers et dans les métiers. En outre, le gouvernement prête son aide à environ soixante et un autres établissements, fréquentés par plus de 6.000 personnes, dans lesquels est dispensé un enseignement technique et commercial sous une forme ou une autre. Un certain nombre de ces écoles, comme le Shoreditch Technical Institute et la Brixton School of Building, sont consacrées à un seul métier ou à un groupe de métiers connexes. Au Shoreditch Institute, les garçons sont préparés pour le métier de meuble. La moitié de leur temps est consacrée aux études universitaires et l'autre moitié au travail dans le métier. À la Brixton School, l'enseignement est dispensé en maçonnerie et maçonnerie, plomberie, peinture, architecture, bâtiment et arpentage. Dans d'autres écoles, les élèves reçoivent un enseignement en photogravure et lithographie, en travaux d'aiguille et en gravure, en reliure et dans de nombreux autres métiers exigeant un haut niveau d'intelligence et d'habileté.

Avec le développement de ces écoles, l'idée a fait son chemin selon laquelle il ne suffit pas de secourir ceux qui, par malheur ou par maladie, sont incapables de subvenir à leurs besoins ; qu'au contraire, au lieu d'attendre qu'un individu soit effectivement victime de ce que j'ai appelé le « mal de la ville », des mesures de prévention soient prises contre le paupérisme comme contre d'autres maladies.

Ce changement de point de vue s'est accompagné de la prise de conscience selon laquelle l'efficacité de la nation dans son ensemble dépend de sa capacité à tirer le meilleur parti des capacités de l'ensemble de la population.

"En effet", comme le dit M. Webb, l'auteur que j'ai déjà cité, "nous voyons maintenant avec une pénible clarté que nous n'aurons à long terme, pour le maintien de notre position industrielle prééminente dans le monde, rien sur quoi dépendre sauf L'éducation publique en est donc insensiblement venue à être considérée, non pas comme une question de philanthropie, entreprise pour le bien des enfants qui en bénéficient, mais, comme une question d'intérêt national, entreprise dans l'intérêt de la communauté. dans son ensemble."

Après les écoles, la prochaine direction dans laquelle on s'efforça d'améliorer la condition des pauvres à Londres fut celle du logement. Le Board of Works d'abord, puis le London County Council, ont commencé il y a une quarantaine d'années à acheter de vastes zones dans les quartiers surpeuplés de Londres, à les débarrasser de leurs bâtiments peu recommandables, puis à les proposer à nouveau à la vente à des personnes qui accepteraient d'y construire des sanitaires. logements pour les classes populaires. Le Metropolitan Board of Works, par exemple, a acheté quarante-deux acres dans différentes parties de la ville pour les défricher. Après la démolition des bâtiments et la revente des sites, on a estimé que le coût net serait d'environ 1 320 619 £, soit environ 6 603 395 $. 22 872 personnes vivaient dans cette zone, de sorte que le coût net du nettoyage de cette zone et du déplacement de la population dans de meilleurs quartiers était d'environ 281 dollars par habitant.

Ensuite, le conseil du comté de Londres a repris les travaux et a décidé de commencer à construire ses propres maisons. Finalement, une loi fut votée selon laquelle les immeubles ainsi créés devraient se louer à un prix supérieur aux loyers en vigueur dans le quartier et payer les frais d'entretien, 3 pour cent. sur le capital investi.

À ces conditions, le Metropolitan Board of Works et le London County Council ont défriché dans diverses parties du centre de Londres une superficie de près de quatre-vingt-six acres, abritant une population de 41 584 habitants, pour un coût moyen d'environ 250 dollars par personne. Sur la propriété ainsi acquise, le London County Council avait construit en 1907 8 223 immeubles comptant 22 331 pièces. A cette époque, en 1907, on projetait des habitations contenant un total de 28.000 pièces, ce qui, avec celles déjà construites, fait un total de plus de 50.000 pièces. Ces immeubles se louent en moyenne environ 70 cents par semaine et par chambre, de sorte que la ville du Grand Londres dispose d'un revenu annuel de près de 760 000 $ provenant de ses seuls loyers, sur lesquels la ville a gagné en 1901, après paiement de toutes les charges, un bénéfice. de 10 000 $.

Au début, le conseil départemental cherchait simplement à remplacer les bâtiments qu'il avait supprimés, et les nouveaux bâtiments occupaient l'emplacement des anciens. Sur ou à proximité de Boundary Street, dans le quartier de Bethnal Green, vingt-deux acres ont été débarrassés des bidonvilles et recouverts d'habitations modèles, dotées de lavoirs, de salles de club et de tous les appareils modernes pour la santé et le confort. Le plus triste, c'est qu'une fois les bâtiments achevés et occupés, il ne restait plus que onze des anciens habitants. Ils se sont répandus dans les bidonvilles des quartiers les plus anciens de la ville et ont accru la population de ces régions déjà surpeuplées.

Pendant ce temps, dans d'autres régions du pays, l'entreprise privée et la philanthropie privée avaient devancé le London County Council. En dehors de Birmingham et de Liverpool, des cités-jardins avaient été construites dans lesquelles chaque famille recevait un acre de terre, sur laquelle les hommes employés dans les usines, lorsqu'ils ne travaillaient pas, augmentaient leurs gains dans certains cas jusqu'à 50 £. , ou 250 $, par an.

Puis le Conseil départemental commença à se doter de tramways rayonnant dans toutes les directions jusque dans les banlieues. À l'heure actuelle, la ville possède plus de cent milles de tramway dans la ville, et sur les 300 milles ou plus du Grand Londres, la majorité appartient soit à Londres, soit aux arrondissements de banlieue.

Aux extrémités de ces lignes, le London County Council, et plus souvent des particuliers, ont construit des habitations modèles sur une grande échelle et déplacent ainsi progressivement la population urbaine vers la campagne.

Entre- temps , beaucoup a été fait ces dernières années pour augmenter le nombre de terrains de jeux et d'espaces de respiration, pour fournir des salles de bains, des lavoirs et d'autres commodités permettant de maintenir la ville et ses habitants dans un état de santé et d'hygiène. Dans de nombreuses rues principales de Londres, j'ai remarqué des panneaux indiquant aux gens les bains publics situés quelque part sous la rue. Les différents arrondissements ont contribué en 1907 à 738 545 $ en taxes pour soutenir ces bains publics et ces bains publics, et en même temps, les habitants de Londres ont payé plus de 400 000 $ pour les tickets de bain et 85 000 $ pour les tickets de blanchisserie afin d'utiliser ces commodités publiques.

Le centre de Londres, sans compter les banlieues, a maintenant une superficie de 6 588 acres de parcs, grands et petits, pour lesquels la ville a dépensé un capital de 9 125 910 $ et pour laquelle elle dépense annuellement la somme de 548 065 $ ou environ.

Maintenant, ce qui me frappe dans tout cela, c'est que ces énormes sommes d'argent que Londres a dépensées pour nettoyer ses bidonvilles, pour fournir des maisons décentes, des rues plus larges, des espaces de respiration, des bains publics, des piscines et des toilettes, ont été dépensées principalement du soleil, de l'air et de l'eau, choses que chacun peut avoir gratuitement dans le pays.

J'ai visité certains de ces lavoirs et j'ai vu des centaines de femmes venues des environs pour faire leur lessive de la semaine. Ils payaient à l'heure l'usage des lavoirs et de l'eau municipale, mais je suis sûr qu'ils n'étaient pas mieux pourvus à cet égard que les femmes de couleur du Sud qui descendent les jours de soleil au ruisseau pour faire leur lessive. , faisant bouillir leurs vêtements dans une grande bouilloire en fer. J'ai vu les garçons dans certaines piscines, mais je n'en ai vu aucun qui semblait plus heureux que le garçon qui va au ruisseau avec son hameçon et sa ligne et qui, en passant, plonge dans une piscine à l'ancienne. .

C'est ainsi que Londres semble avoir découvert que la meilleure façon, sinon la seule, de résoudre le problème de la ville est de transporter sa population à la campagne, en l'installant dans des colonies situées dans les banlieues, où elle pourra obtenir, à un coût énorme, ce qui lui revient. quatre cinquièmes de la population noire de ce pays possèdent déjà ce qu'ils peuvent apprendre à valoriser et à conserver si une partie de l'argent qui est actuellement dépensé ou qui sera dépensé dans les bidonvilles des villes était dépensé pour donner aux gens de la ferme une partie de leurs revenus. les avantages qu'offre la ville, dont le principal est la possibilité de s'instruire.

NOTES DE BAS DE PAGE :

[6] Le revenu annuel de vingt collèges noirs aux États-Unis était, en 1908, de 804 663 $.

[7] London Education, XIXe siècle, octobre 1903, p. 563.

CHAPITRE XIX
JOHN BURNS ET L'HOMME LE PLUS LOIN DE LONDRES

J'avais beaucoup entendu parler de John Burns, de temps en temps, avant de partir en Europe, et lorsque j'arrivai à Londres , je profitai de la première occasion qui s'offrait pour faire ma connaissance personnelle avec lui. Cette réunion a été pour moi une chance particulière à l'époque car, comme je le savais déjà, il n'y a, selon toute probabilité, personne en Angleterre qui comprend mieux les espoirs, les ambitions et les perspectives des classes laborieuses que le RT . L'hon. John Burns, président du Local Government Board, lui-même le premier ouvrier à devenir membre du cabinet britannique.

John Burns est né dans la pauvreté et a commencé à travailler à l'âge de dix ans. Il savait ce que signifie errer dans les rues de Londres pendant des semaines et des mois à la recherche de travail. Il a vécu une expérience de ce genre après avoir perdu son emploi parce qu'il avait prononcé un discours socialiste. Ayant appris par expérience la vie de ce paria de l'industrie, l' ouvrier occasionnel , il organisa en 1889 la grande grève des dockers , qui rassembla dans les syndicats 100 000 ouvriers affamés et désorganisés , auparavant exclus de la protection du travail organisé. . En plus de cela, il a été un agitateur ; fut pendant des années un homme marqué, et à un moment donné, il reçut le surnom de « l'homme au drapeau rouge ». Il a été arrêté à plusieurs reprises pour avoir prononcé des discours et a été emprisonné une fois pendant trois mois pour émeute.

Entre-temps, il était devenu l'idole des masses laborieuses et gagnait même l'admiration et le respect des dirigeants de l'opinion publique. Il fut élu en 1889 au premier conseil du comté de Londres, où il travailla aux côtés d'hommes aussi distingués que Frederic Harrison et Lord Rosebery. Il a été choisi député en 1890, où il s'est distingué pour la réserve d'informations pratiques qu'il a accumulées au cours de ses dix-huit années d'expérience pratique au sein du conseil du comté de Londres.

À l'âge de vingt et un ans, M. Burns partit comme ingénieur en Afrique, où il passa un an dans les marécages du bas Niger, combattant occasionnellement des alligators et consacrant ses loisirs à l'étude de l'économie politique. À son retour , il a dépensé l'argent qu'il avait économisé en Afrique au cours de six mois de voyage et d'études en Europe.

Parlant de ce qu'il a appris en Afrique, M. Burns a dit un jour : « Vous parlez de sauvagerie et de misère dans les pays païens, mais d'après ma propre expérience, je peux vous dire qu'il y a plus de tout cela, et plus de dégradation des femmes, dans le monde. bidonvilles de Londres que vous n'en verrez sur la côte ouest de l'Afrique. »

Il a eu une plus grande expérience que la plupart des hommes face à la foule, car non seulement il les a dirigées, mais en 1900, il s'est défendu avec une batte de cricket pendant deux jours dans sa maison de Lavender Hill, à Battersea, contre une foule estimée à 10 000 personnes qui a jeté des pierres à travers les fenêtres et a tenté d'enfoncer la porte de sa maison parce qu'il avait dénoncé la guerre des Boers au Parlement.

En 1906, après avoir réussi à inscrire une centaine de lois sur le travail dans les lois du Parlement, il accepta le poste de président du gouvernement local et devint alors, comme je l'ai dit, le premier ouvrier à accepter une place au sein du gouvernement local. Cabinet britannique.

En réponse aux critiques qui ont été formulées lorsqu'il a accepté ce poste élevé et responsable au sein du gouvernement, M. Burns a déclaré : « Je devais choisir si, au cours des dix prochaines années, je devais me livrer, peut-être, à la futilité des factions. peut-être dans l'impuissance de l'intrigue, ou si je dois accepter une fonction que, de nos jours et de notre génération, je peux mettre à profit de bonnes œuvres. J'ai pris note de cette déclaration parce que c'est un choix que la plupart des réformateurs et des agitateurs devront faire tôt ou tard.

Il reconnaissait, comme il le disait, que « le jour de l'agitateur était sur le déclin et celui de l'administrateur avait commencé », et il n'a pas hésité à accepter un poste où il devenait responsable de l'application des lois qu'il avait contribué à élaborer. Dans sa position actuelle à la tête du Local Government Board, M. Burns fait probablement plus que tout autre homme pour améliorer la situation des pauvres à Londres et dans les autres grandes villes d'Angleterre.

Il est rare qu'un homme qui a commencé sa vie dans la pauvreté se retrouve au milieu de la vie dans une position aussi puissante et utile qu'occupe le chef d'une grande branche du gouvernement britannique. Il est encore plus remarquable, cependant, qu'un homme qui a commencé sa vie comme agitateur, représentant des chômeurs, la classe la plus impuissante et la plus malheureuse de la communauté, se retrouve, relativement peu d'années plus tard, chargé de la tâche de porter mettre en œuvre les réformes qu'il avait prêchées depuis le banc des accusés devant un tribunal de police. Il est d'autant plus heureux pour l'Angleterre que le gouvernement ait trouvé un homme possédant ces qualifications, qui possède en même temps la formation et les qualités d'un homme d'État, pour mettre en œuvre les réformes. Comme l'a dit un jour M. Burns lui-même : « Soyez-en sûrs, il n'existe pas d'endroits tels que la prison de Pentonville et le conseil du comté de Londres pour faire un homme public. »

Cependant, pour moi, le plus surprenant dans tout cela est qu'un homme avec son histoire et ses qualifications ait réussi, par les méthodes politiques ordinaires, à occuper un poste qu'il est si bien placé pour occuper. Cela me suggère que, malgré toute la misère que l'on peut encore voir à Londres, en Angleterre du moins, il y a de l'espoir pour l'homme d'en bas.

Mon propos n'est pas dans ce chapitre d'écrire une biographie de John Burns, mais plutôt de décrire ce que j'ai vu, sous sa direction, de ce qui a déjà été fait à Londres dans le travail de « reconstruction », auquel j'ai déjà fait référence. . Il m'a cependant semblé qu'il n'était pas hors de propos de dire quelque chose, en guise d'introduction, à propos de l'homme qui est peut-être autant sinon plus que tout autre responsable du travail en cours , et dont la vie est liée d'une manière particulière à cette partie de la ville que j'ai eu l'occasion de visiter et aux améliorations qui y ont été apportées.

John Burns est né et vit toujours à Battersea, un quartier de la ville habité pour la plupart par des artisans, des mécaniciens et des ouvriers de toutes sortes, avec une pincée de colporteurs gitans et de très pauvres. Battersea se trouve directement de l'autre côté de la rivière et bien en vue des édifices du Parlement, et il y a une histoire selon laquelle, alors qu'il rentrait à la maison une nuit d'hiver, il aidait sa mère à ramener à la maison le linge avec lequel elle subvenait à ses besoins et famille, ils se sont arrêtés tous les deux à l'ombre de ces bâtiments pour se reposer. Se tournant vers sa mère, le garçon dit : "Mère, si jamais j'ai la santé et la force, aucune mère n'aura à travailler comme toi."

John Burns est en bonne santé et fort, et fait maintenant un effort courageux pour tenir la promesse faite à sa mère. En dehors du colonel Roosevelt, je ne pense pas avoir jamais vu un homme qui semblait son égal en vigueur d'esprit et de corps ; qui semblait capable de compresser tant de choses en peu de temps ; ou celui qui s'acquitte de la tâche qui lui est confiée avec un plus grand enthousiasme. Dans toute l'Angleterre, je ne crois pas qu'il existe un homme qui travaille plus dur, accomplisse davantage pour le bien de son pays et du monde, ou qui soit plus heureux dans le travail qu'il accomplit.

Je l'ai retrouvé fin août, alors que tous les autres membres du gouvernement avaient quitté Londres pour leurs vacances, plongés dans les détails et les préoccupations de son bureau, mais débordant d'énergie et d'enthousiasme.

Ce que fait John Burns et l'esprit dans lequel il le fait apparaîtront peut-être au cours de la description d'un voyage que j'ai effectué avec lui à travers son propre district de Battersea et la région qui lui est adjacente afin de voir ce que le Conseil du comté de Londres fait là-bas pour améliorer la vie des pauvres. Je suis désolé de ne pas pouvoir décrire en détail tout ce que j'ai vu au cours de ce voyage, car nous avons parcouru en peu de temps tellement de chemin et vu tellement de choses différentes qu'il a fallu attendre mon retour à mon hôtel. , et j'ai eu l'occasion d'étudier l'itinéraire de ce voyage, que j'ai pu me faire une idée précise de la direction dans laquelle nous étions allés ou de la connexion et du plan général qui sous-tendaient tout le plan des améliorations que nous avions vues.

Je pense qu'il était environ deux heures de l'après-midi lorsque nous avons quitté les bureaux du Conseil du gouvernement local. M. Burns a insisté pour que, avant de commencer, je visite un peu les édifices du Parlement, et il a promis de me servir de guide. Ce voyage précipité à travers les édifices du Parlement m'a montré que John Burns, bien qu'il soit entré dans la vie politique en tant que socialiste, a un profond respect pour toutes les traditions historiques et une connaissance très intime de l'histoire anglaise. Je n'oublierai pas de sitôt la manière éloquente et vivante avec laquelle il m'a rappelé, alors que nous traversions Westminster Hall, sur le chemin de la Chambre des Communes, quelques-unes des grandes scènes et événements historiques qui s'étaient déroulés dans cette ancienne et salle splendide. J'ai été impressionné non seulement par la familiarité dont il faisait preuve avec toutes les associations du lieu, mais j'ai été enthousiasmé par l'enthousiasme avec lequel il en parlait et les décrivait. Cela m'a paru très étrange que le même John Burns surnommé autrefois « l'homme au drapeau rouge », qui avait été emprisonné pour avoir dirigé une foule d'ouvriers contre la police, cite l'histoire avec tout l'enthousiasme d'un étudiant et d'un savant.

Au cours de notre voyage, nous avons traversé une petite partie de Chelsea. Je me souviens que parmi les autres endroits où nous sommes passés, il a souligné la maison de Thomas Carlyle. J'ai découvert qu'il connaissait tout autant les noms et les actes de tous les grands écrivains qui avaient vécu dans ce quartier de Londres que l'histoire politique.

Lorsqu'il m'a dit plus tard qu'il avait eu très peu d'éducation scolaire, parce qu'il avait été obligé d'aller travailler à l'âge de dix ans, je lui ai demandé comment il avait depuis trouvé du temps, au cours de sa vie bien remplie, pour acquérir la vaste connaissance de l'histoire et de la littérature qu'il possédait évidemment.

"Vous voyez," répondit-il avec un sourire tranquille, "J'ai gagné ma vie pendant un certain temps en tant que fabricant de bougies et depuis, j'ai allumé bon nombre de bougies la nuit."

M. Burns avait promis de me montrer, dans l'espace de quelques heures, des exemples du genre de travail qui se déroule actuellement dans tous les quartiers de Londres. Il y a quelques années, sur le site d'une ancienne prison, le Conseil du comté de Londres a érigé plusieurs immeubles d'habitations ouvrières. Ce furent, je crois, les premiers, ou presque les premiers, des immeubles construits par la ville dans le but de nettoyer les zones insalubres et de fournir des logements décents à la classe ouvrière.

C'est dans ces bâtiments, dans lesquels vit une population d'environ 4 000 personnes, que nous nous sommes rendus en premier. Les bâtiments sont de belles structures en briques, bien éclairées, avec de larges cours pavées de briques entre les rangées de maisons, de sorte que chaque bloc ressemblait à une gigantesque lettre H avec la ligne de connexion horizontale laissée de côté.

Bien sûr, ces bâtiments n'étaient, comme quelqu'un l'a dit, que des casernes comparées aux maisons qu'on construit aujourd'hui pour les travailleurs dans certaines banlieues de Londres, mais ils sont propres et salubres et, pour quiconque connaît l'étroitesse de l'environnement, , rues crasseuses de l'East End de Londres, il était difficile de croire qu'ils se trouvaient au milieu d'une région qui, il y a quelques années, était un bidonville typique de Londres.

Un peu plus loin, nous avons traversé la rivière et sommes entrés dans ce que M. Burns appelait « mon propre district », Battersea, où il est né et où il a vécu et travaillé toute sa vie, à l'exception d'une année passée comme ingénieur au Nigeria. , Afrique.

Le grand lieu de respiration des habitants de cette région est Battersea Park, et tandis que nous longeons ce magnifique espace vert, nous nous arrêtons pour regarder un instant les buvettes sur les terrains de cricket ou pour parler à un groupe de personnes bien -des garçons habillés allant de l'école aux terrains de jeux, M. Burns entrecoupait ses informations sur les salaires des ouvriers, le prix des loyers et l'amélioration générale des classes ouvrières avec des commentaires sur les associations historiques des lieux que nous traversions. Là où se trouve actuellement Battersea Park, il y avait autrefois un marécage infect et malsain. Près d'ici, le duc de Wellington s'était battu en duel avec le comte de Winchelsea, et un peu plus haut, Jules César , il y a près de deux mille ans, franchit la rivière à gué avec une de ses légions.

C'était une expérience heureuse et nouvelle d'observer le plaisir que M. Burns prenait à souligner l'amélioration des gens, des habitations et de la vie des gens en général, et de noter, en retour, la manière familière et joyeuse avec lequel toutes sortes de gens que nous rencontrions dans les rues le saluaient à notre passage.

"Bonjour ! Johnny Burns", appelait un groupe d'écoliers à notre passage. Un jour, nous sommes passés devant un groupe d'une quinzaine ou d'une vingtaine d'ouvrières assises dans l'une des buvettes, buvant leur thé de l'après-midi et tenant apparemment une réunion de quartier d'une sorte ou d'une autre. En reconnaissant l'homme qui, en tant que membre du Conseil du comté de Londres, était responsable de la plupart des améliorations apportées aux maisons et aux environs dans lesquels ils vivaient, ils se levèrent et agitèrent leurs mouchoirs, et tentèrent même un léger mouvement. et féminin « hourra pour Johnny Burns », le membre de Battersea.

Il y a 150 000 habitants à Battersea, mais M. Burns semblait connaître chacun d'entre eux, et lorsqu'il a voulu me montrer l'intérieur de certaines des nouvelles « maisons du conseil de comté », comme on les appelle, il n'a pas hésité à me montrer l'intérieur de certaines des nouvelles « maisons du conseil de comté », comme on les appelle, frappez à la porte la plus proche, où nous avons été accueillis avec plaisir. Les gens semblaient tout aussi fiers de leurs nouvelles maisons et de M. Burns que lui-même.

Les maisons que nous visitâmes n'avaient, pour certaines, que trois ou quatre pièces, mais chacune d'elles était aussi propre et saine que si elle eût été un palais. Ils étaient de construction très compacte, mais dotés de toutes sortes de commodités modernes, notamment de l'éclairage électrique et des bains.

Il y avait des maisons de cinq ou six pièces destinées aux employés et aux petits commerçants, qui se louaient pour une livre par semaine, et il y avait des maisons moins chères, pour les ouvriers ordinaires , qui se louaient pour deux dollars par semaine. Ces maisons sont construites directement sous la direction du London County Council et devraient payer 3 pour cent. dès l'investissement, après l'achèvement.

Le Conseil du comté de Londres n'a pas été le premier à faire l'expérience de construire des logements décents et substantiels pour les classes laborieuses . Une trentaine d'années auparavant, sur ce qu'on appelle le Shaftbury Park Estate, 1 200 maisons, pouvant accueillir onze mille personnes, avaient été construites et l'investissement avait été rentabilisé.

J'ai parcouru les longues ruelles de petits bâtiments couverts de vignes qui composent ce domaine. Il semblait qu'une grande armée s'était installée sur le territoire et y avait construit des quartiers permanents.

Ces colonies de travail étaient intéressantes, non seulement par l'amélioration qu'elles avaient apportée à la vie d'une grande partie de la population vivant dans cette partie de la ville, mais aussi en tant que précurseurs de ces cités-jardins que l'entreprise privée a érigées dans des endroits comme Port Sunlight. , près de Liverpool ; Bourneville, dans la banlieue de Birmingham, et à Letchworth , à trente-quatre milles de Londres.

Non loin de Battersea Park, et dans une partie de la ville autrefois peuplée presque exclusivement de très pauvres, nous avons visité les bains publics et un lavoir public où, durant une année, 42 000 femmes viennent laver leur linge, payant au tarif de trois cents l'heure pour l'utilisation des cuves municipales et de l'eau chaude. Les enfants paient un ou deux centimes pour utiliser les bains publics. Le bâtiment est également pourvu d'un gymnase à l'usage des enfants en hiver et contient une salle qui est louée à des clubs ouvriers à un prix symbolique.

Ce qui me plaisait le plus, c'était de voir la manière ordonnée avec laquelle les enfants avaient appris à se conduire dans ces lieux qui, comme cela était évident, étaient devenus non seulement des lieux de récréation, mais en même temps des écoles de bonnes manières.

Nous avons croisé dans les rues des groupes de garçons bien élevés et bien habillés, leurs livres en bandoulière, rentrant de l'école ou se dirigeant vers le parc. M. Burns était ravi à la vue de ces gars à l'allure nette et virile.

« Regardez ces garçons, M. Washington », s'exclamait-il en désignant fièrement l'un ou l'autre de ces groupes. "N'est-ce pas plutôt bien pour le prolétariat ?"

Puis il sautait hors de l'automobile, avant que le conducteur ait pu s'arrêter, passait son bras autour du garçon le plus proche et, en un instant, revenait triomphant avec la confirmation de sa déclaration selon laquelle le père du garçon n'était, comme il l'avait dit, que un petit commis ou un facteur, ou, peut-être, le fils d'un simple ouvrier , un terrassier .

Lorsque j'ai comparé l'apparence de ces garçons bien habillés et bien élevés avec certains de ceux que j'avais vus ailleurs, avec les enfants qui fréquentent les écoles dites « en haillons », par exemple, j'ai compris et partagé son enthousiasme.

De Battersea Park, nous sommes allés à Clapham Common et, alors que nous traversions à toute vitesse ce qui semblait être un quartier de maisons d'artisans aisés, M. Burns a hoché la tête nonchalamment en direction d'une petite maison recouverte de vigne et a dit :

"C'est là que j'habite."

Bien que M. Burns occupe désormais l'un des postes les plus élevés du gouvernement britannique, dans lequel il perçoit un salaire de 10 000 dollars par an, il n'a pas encore assumé le chapeau haut de forme et le manteau à longue queue qui sont l'uniforme reconnu à Londres d'un gentilhomme. Au contraire, il porte le même caban bleu et le même chapeau de feutre doux, parle la même langue, vit dans le même style et est apparemment à tous égards le même homme qu'il était lorsqu'il vivait avec les 25 dollars par semaine qui lui étaient garantis. par la Battersea Labour League lors de son entrée au Parlement. Il est toujours un travailleur et fier de la classe à laquelle il appartient.

C'est à Clapham Common, bien que M. Burns n'en ait pas parlé, qu'il fut arrêté pour la première fois, en 1878, pour avoir prononcé un discours public. C'est également quelque part dans cette région, si je me souviens bien, que M. Burns nous a montré un domaine privé sur lequel avaient été construites 3 000 maisons de la classe la moins chère.

"Et attention, il n'y a pas de pub", a déclaré M. Burns. Au lieu de cela, il nous a montré une toute nouvelle salle de billard de tempérance qui avait été érigée pour concurrencer et remplacer les salles de bar disparues.

À Lower Tooting, un domaine d'environ trente-huit acres, le conseil du comté de Londres est en train de construire une ville d'environ 5 000 habitants, en traçant les rues, en construisant les maisons et en aménageant même un petit jardin de fleurs bien rangé dans chaque cour séparée de la porte d'entrée. . C'était comme si le conseil du comté de Londres s'était mis à jouer à la poupée, tant cette petite cité-jardin est entièrement planifiée et parfaitement réalisée dans les moindres détails.

M. Burns, qui a été toute sa vie un défenseur de la tempérance, bien qu'il ait autrefois servi comme garçon de pot dans un pub, a souligné ici, comme il l'a fait ailleurs, qu'il n'y avait pas de pub.

Dans la construction de ce petit paradis, tous les problèmes architecturaux et techniques avaient en effet été résolus. Restait cependant le problème de la nature humaine, et la question que je me posais était : ces gens seront-ils capables d'être à la hauteur de leur environnement ?

Il est heureux, à cet égard, que les habitants aient en la personne de M. Burns un chef qui ose leur parler clairement de leurs défauts comme de leurs vertus et qui soit capable, en même temps, de leur inspirer une ambition et une ambition. l'enthousiasme pour la vie meilleure qui s'offre à eux. L'ingénierie et l'architecture ne peuvent pas tout faire, mais l'éducation et un leadership approprié peuvent achever ce qu'ils ont commencé.

À Warden Street et Lydden Road, sur le chemin du retour vers la ville, nous nous sommes arrêtés pour regarder un instant ce que M. Burns disait être la partie la plus misérable de la population de ce quartier de la ville. Les maisons étaient des habitations à deux étages, dont les rebords affleuraient le trottoir, devant lesquelles des groupes d'hommes et de femmes oisifs se tenaient ou s'accroupissaient sur le trottoir. Une partie de la rue était réservée aux fourgons gitans, et toute la population était composée, comme je l'ai appris, de colporteurs et de vendeurs de charrettes, une classe de personnes qui, au centre même de la civilisation, parviennent tant bien que mal à entretenir une vie nomade et existence à moitié barbare, errant d'un endroit à un autre au gré des saisons, vivant au jour le jour, travaillant irrégulièrement et pas plus de la moitié du temps.

Un peu plus loin, nous passâmes devant l'usine de bougies Price, « où j'ai commencé à travailler avec un dollar par semaine », dit en passant M. Burns. Un groupe d'ouvriers sortait justement de l'usine au moment où nous passions, et les hommes ont reconnu M. Burns et lui ont crié alors qu'il passait.

Nous avons ensuite traversé le pont de Chelsea et longé la rivière jusqu'aux édifices du Parlement. "Maintenant", a déclaré M. Burns à la fin de notre voyage, "vous avez vu un échantillon de ce que Londres fait pour sa population ouvrière . Si vous alliez plus loin , vous verriez davantage, mais peu de choses nouvelles ou différentes."

CHAPITRE XX
L'AVENIR DE L'HOMME LE PLUS LOIN

A mon arrivée à Londres , je me suis retrouvé, au terme de mon voyage, de nouveau à mon point de départ. Quelques jours plus tard, le 9 octobre pour être précis, je quittai Liverpool pour New York. J'étais en Europe depuis moins de sept semaines, mais il me semblait que j'étais absent depuis un an. Ma tête était pleine d'impressions étranges et confuses et je me rappelais les paroles du voyageur qui, après avoir traversé l'Europe de Londres à Naples, après avoir visité fidèlement tous les musées et négligé aucun des « monuments » habituels, écrivait à à ses amis qu'il avait rendu visite en Europe, une lettre pleine d'appréciation, se terminant par la remarque : "Eh bien, j'ai beaucoup vu et beaucoup appris, et je remercie Dieu que tout soit fini ".

Il me vient à l'esprit que les lecteurs qui m'ont suivi jusqu'ici dans mon récit se retrouveront peut-être à la fin de ce livre à peu près dans la même situation que moi à la fin de mon voyage. Dans ce cas, il ne serait peut-être pas déplacé de profiter de ce dernier chapitre pour faire pour eux du mieux que je peux ce que j'ai essayé de faire moi-même pendant mes heures de loisir pendant le voyage de retour : faire en sorte que le rapport entre tout ce que j'avais vu et appris et le problème du nègre et de l'homme le plus loin en bas était un peu plus clair.

J'ai abordé, au cours de ces chapitres, de nombreuses phases de la vie. J'ai eu quelque chose à dire, par exemple, sur la pauvreté, l'éducation, le socialisme et les problèmes raciaux en Europe, puisque toutes ces différentes questions sont liées d'une manière ou d'une autre au sujet et au but de mon voyage et de ce livre. .

Cependant, en essayant d'ajouter une morale à mon histoire et d'énoncer en termes généraux le résultat de tout cela, je me trouve dans une position désavantageuse. Je peux peut-être mieux expliquer ce que je veux dire en rappelant le fait que je suis né esclave et que, depuis que je suis devenu libre, j'ai été si occupé par la tâche qui m'attendait immédiatement que je n'ai jamais eu le temps de réfléchir à mes expériences et de formuler mes idées en termes généraux. En fait, presque tout ce que je sais sur les problèmes des autres races et des autres peuples, je l'ai appris en cherchant une solution et une issue pour mon propre peuple. C'est pour cette raison que j'aurais peut-être mieux fait de confier à quelqu'un de plus instruit et de plus de loisirs que moi la tâche d'écrire sur l'Underman en Europe. En fait , je l'aurais fait si je n'avais pas cru qu'en faisant ce voyage, je pourrais acquérir une certaine compréhension et, peut-être, être en mesure de jeter une lumière nouvelle sur la situation de mon propre peuple en Amérique. En effet, j'avoue que je n'aurais jamais dû prendre le temps, aussi bref soit-il, de faire ce long voyage si je n'avais pas cru qu'il aurait un rapport direct avec le travail que j'ai essayé d'accomplir pour les gens de ma race en Amérique.

En cela, permettez-moi d'ajouter, je n'ai pas été déçu. En fait, s'il y a une chose plus qu'une autre, dans toutes mes expériences européennes, qui m'est venue à l'esprit, c'est le fait que la situation des Noirs en Amérique, tant dans l'esclavage que dans la liberté, n'a pas changé. été aussi exceptionnel qu'il l'a souvent semblé. Même s'il existe de grandes différences entre la situation des gens des niveaux inférieurs de la vie en Europe et celle des Noirs en Amérique, il existe encore de nombreux points de ressemblance, et la vérité est que l'homme le plus bas en Europe a beaucoup de points communs avec la population noire. l'homme au plus bas en Amérique.

Par exemple, les peuples d'en bas en Europe ont été, dans la plupart des cas, pendant la plus grande partie de leur histoire au moins, comme les Noirs en Amérique, un peuple soumis, non pas des esclaves, mais des esclaves ou des serfs, en tout cas un peuple défavorisé. personnes.

Dans la plupart des cas, les différentes classes populaires en Europe n'ont conquis leur liberté qu'au cours du siècle dernier. Depuis lors, ils se sont engagés dans une lutte presque incessante pour obtenir les privilèges politiques qui appartenaient autrefois aux seules classes supérieures.

Même là où l'homme d'en bas a acquis des privilèges politiques ressemblant à bien des égards à ceux des classes supérieures, il constate, comme l'a constaté le Noir en Amérique, qu'il n'a fait qu'un début et que le véritable travail d'émancipation reste à faire. L' ouvrier anglais , par exemple, jouit de la liberté politique depuis plus longtemps que n'importe quel autre représentant de cette classe en Europe. Malgré cela, dans l'état actuel des choses, il ne peut que dans de rares cas acheter et posséder le terrain sur lequel il vit. Les travailleurs d'Angleterre vivent, pour la plupart, entassés avec des millions d'autres de leur classe dans les bidonvilles des grandes villes, où l'air et l'eau sont un luxe. Ils dépendent d'une autre nation pour leur approvisionnement alimentaire, pour le beurre, le pain et la viande. Et puis, conséquence supplémentaire de la manière dont elles sont contraintes de vivre, les masses populaires se retrouvent partie intégrante d'un arrangement ou d'un système économique si vaste et si compliqué qu'elles ne peuvent ni le comprendre ni le contrôler.

Le résultat est que le travailleur anglais , dont le monde a tant entendu parler de son indépendance, est, à bien des égards, plus dépendant que toute autre classe ouvrière en Europe. Cela n'est pas dû au fait que le travailleur anglais n'a pas de droits politiques, mais au fait qu'il lui manque des opportunités économiques – des opportunités d'acheter de la terre et des opportunités de travailler ; posséder sa propre maison, entretenir un jardin et cultiver sa propre nourriture.

Les socialistes ont découvert que l'indépendance des classes laborieuses a été minée par le développement des usines et de la vie urbaine et croient avoir trouvé un remède.

Il est difficile de dire ce que feraient réellement les socialistes en Angleterre ou ailleurs, s'ils parvenaient à accéder au pouvoir, car, comme mon expérience en Europe me l'a appris, il existe presque autant de types de socialistes que de types de personnes. . Les vrais socialistes à l'ancienne mode, ceux qui attendent encore avec impatience une grande catastrophe sociale qui mettrait fin au régime actuel, croient qu'il sera alors possible d'utiliser le pouvoir politique des masses pour réorganiser la société de manière à donner à chacun individu une opportunité économique égale à celle de tout autre.

En prenant les êtres humains tels que nous les trouvons, je n'ai jamais pu imaginer comment cela pourrait se produire de la manière précise décrite dans le programme socialiste . Certains individus seront bons à une chose, d'autres à une autre, et il y aura toujours, je suppose, un certain nombre qui ne seront bons à rien. Comme ils ont des capacités différentes, ils auront des opportunités différentes. Certains voudront faire une chose et d'autres une autre, et certains individus et certaines personnes, comme les Juifs par exemple, sauront faire de leurs désavantages leurs opportunités et ainsi tirer le meilleur du reste du monde, peu importe comment les choses se passent. arrangé.

J'ai parlé des socialistes et de la révolution qu'ils proposent, non pas parce que je souhaite m'opposer à leurs doctrines, que j'avoue ne pas bien comprendre, mais parce qu'il m'a semblé qu'en parcourant l'Europe et en étudiant les conditions, je pouvais voir le preuves d'une grande révolution silencieuse déjà en plein progrès. Et cette révolution à laquelle je fais référence touche et change la vie de ceux qui se trouvent au bas de l'échelle, en particulier ceux des communautés agricoles isolées, parmi lesquelles la classe inférieure d' ouvriers de la ville est constamment recrutée.

Permettez-moi d'illustrer ce que je veux dire : sous l'ancien système en Europe – le système féodal, ou peu importe comment on l'a appelé à diverses époques – la civilisation a commencé au sommet. Il y avait quelques personnes libres. Ils avaient toute la richesse, le pouvoir et le savoir entre leurs mains ou sous leurs ordres. Quand quelque chose était fait, c'était parce qu'ils le souhaitaient ou parce qu'ils le commandaient. Afin de leur donner cette liberté et de leur assurer ce pouvoir, il était nécessaire qu'un grand nombre d'autres personnes vivent dans l'ignorance, sans aucune connaissance ni participation à autre chose que la vie mesquine du domaine ou de la communauté à laquelle ils appartiennent. appartenait. Ils n'étaient pas autorisés à quitter le lieu où ils étaient nés, sans l'autorisation de leurs maîtres. C'était, dans leur cas, presque un crime de penser. C'était le même système, dans une très large mesure, que celui qui existait dans les États du Sud avant la guerre, à la différence près que les serfs en Europe étaient blancs, tandis que les esclaves dans les États du Sud étaient noirs.

En Europe aujourd'hui, le grand problème auquel les hommes d'État consacrent leur réflexion et leur attention n'est pas de savoir comment contenir les masses populaires mais comment les relever ; pour les rendre plus efficaces dans leur travail et leur donner une part et un intérêt plus intelligents dans la vie de la communauté et de l'État dont ils font partie. Partout en Europe, l'idée gagne du terrain et gagne du terrain selon laquelle le travail de civilisation doit commencer par le bas plutôt que par le haut.

L'école est le meilleur moyen de provoquer ces changements. Dans toutes les régions d'Europe que j'ai visitées, j'ai été impressionné par la multitude d'écoles de toutes sortes qui surgissent pour répondre à la nouvelle demande. Le mouvement a commencé plus tôt et est allé plus loin au Danemark qu'ailleurs, et le développement remarquable de la vie rurale danoise en a été le résultat. Ce qui a été accompli au Danemark, grâce aux lycées nationaux, et en Allemagne, grâce aux universités et aux écoles de formation technique, est activement imité ailleurs.

En Angleterre, j'ai découvert que les gens disaient que si les fabricants allemands avaient pu rivaliser avec autant de succès avec les produits anglais, c'était parce que l'Allemagne avait l'avantage de disposer de meilleures écoles. En Allemagne, j'ai constaté que l'armée allemande, organisée en premier lieu pour la défense nationale, est maintenant considérée comme une grande école nationale, dans laquelle les masses populaires reçoivent une éducation et une discipline qui, prétend-on, s'élèvent progressivement. l'efficacité industrielle de la nation.

Là comme ailleurs, l'éducation cherche à atteindre et à toucher chaque classe et chaque individu de chaque classe de la communauté. Les sourds, les aveugles, les déficients de toutes sortes commencent maintenant à recevoir une éducation industrielle les préparant à des métiers dans lesquels ils seront plus utiles à la communauté et plus indépendants qu'il ne leur était possible de l'être quand aucune tentative n'était faite pour s'adapter. eux pour n'importe quelle place dans la vie de la communauté.

L'effet de ce mouvement, ou révolution, comme je l'ai appelé, n'est pas de « démolir et d'élever le niveau » afin d'instaurer une égalité artificielle, mais de donner à chaque individu une chance de « se rétablir », de déterminer pour lui-même sa place et sa position dans la communauté par le caractère et la qualité du service qu'il est capable d'accomplir.

Un des effets de ce changement de point de vue que j'ai décrit est qu'aujourd'hui il n'y a guère de chose qui préoccupe plus les peuples d'Europe que le progrès et l'avenir de l'homme le plus en bas.

Dans tout ce que j'ai écrit dans les chapitres précédents, j'ai cherché à souligner principalement deux choses : premièrement, que derrière tous les mouvements qui ont touché les masses populaires, le socialisme ou le nationalisme, l'émigration, les mouvements de réorganisation Dans la vie urbaine et rurale, il y a toujours eu l'Underman, qui tâtonnait pour s'élever, luttant pour s'élever ; deuxièmement, tout ce qui a été fait pour élever l'homme du bas, ou pour l'encourager à s'élever, a eu pour effet d'élever le niveau de chaque homme au-dessus de lui.

S'il est vrai, comme je l'ai si souvent dit, qu'un homme ne peut retenir un autre dans le fossé sans rester avec lui dans le fossé, il est tout aussi vrai qu'en aidant celui qui est à terre à se relever, l'homme celui qui est debout se libère d'un fardeau qui autrement l'entraînerait vers le bas. C'est parce que le monde semble s'en rendre compte de plus en plus que, au-delà et surtout des difficultés locales et passagères, l'avenir de l'homme d'en bas s'annonce radieux.

Et maintenant, au terme de mes recherches sur l'homme le plus éloigné d'Europe, permettez-moi d'avouer que je n'ai pas réussi à le retrouver. Je n'ai réussi à atteindre aucun endroit en Europe où les conditions étaient si mauvaises que je n'ai pas entendu parler d'autres endroits que des amis m'avaient conseillé de visiter et où les conditions étaient bien pires. En fait, ma propre expérience ressemblait beaucoup à celle d'un certain monsieur venu dans le Sud il y a quelques années pour étudier la condition du peuple noir. Il avait entendu dire que dans de nombreuses régions du Sud, les Noirs retombaient progressivement dans quelque chose qui ressemblait à la sauvagerie africaine, et il désirait particulièrement trouver un exemple bien précis de cette rechute dans la barbarie. Il commença avec de grands espoirs et une somme considérable d'informations sur ce qu'il pouvait s'attendre à trouver et sur les endroits où il pouvait espérer le trouver. Mais partout où il allait dans ses recherches, il se rendait compte qu'il était arrivé quelques années trop tard. Il rencontrait partout où il visitait des gens qui étaient heureux de lui raconter le pire qu'il y avait à savoir sur les gens de couleur ; certains ont même eu la gentillesse de montrer ce qu'ils pensaient être le pire qui puisse exister parmi les Noirs dans leur région particulière du pays. Il était néanmoins déçu car il ne trouvait jamais rien qui approchait des conditions qu'il recherchait, et il était généralement obligé de se contenter de la déclaration, que lui faisaient tour à tour chacun de ses guides, qui ressemblait à ceci : "Conditions n'étaient pas aussi mauvais qu'ils l'avaient été. Il y a quelques années, s'il était arrivé par là, il aurait pu voir des choses, etc.; mais maintenant les conditions s'améliorent. Cependant, s'il voulait voir la barbarie réelle qu'il devrait visiter »- puis ils nommaient généralement une partie éloignée du pays qu'il n'avait pas encore connue.

Ainsi ce monsieur, qui chassait le pire qu'on puisse voir chez les nègres, comme je chassais le pire qu'on puisse voir chez les peuples d'Europe, parcourait les États du Sud, allant d'un coin obscur à l'autre. un autre, mais sans jamais trouver les choses aussi mauvaises qu'annoncées. Au lieu de cela, aussi arriérés que soient les gens dans de nombreuses régions reculées du pays, il a constaté, tout comme moi en Europe, que partout les gens faisaient des progrès. Dans certains endroits, ils progressaient plus lentement que dans d'autres, mais partout il y avait, dans l'ensemble, un progrès plutôt qu'un déclin. Le résultat dans son cas était le même que dans le mien : plus il allait loin et plus il voyait le pire qu'il y avait à voir, plus il avait espoir pour le peuple dans son ensemble.

J'ai vu beaucoup de choses primitives et beaucoup de choses positivement mauvaises dans les conditions en Europe, mais nulle part je n'ai trouvé des choses aussi mauvaises qu'elles m'ont été décrites par des personnes qui les connaissaient quelques années auparavant. Et je n'ai trouvé presque aucune région du pays où des progrès substantiels n'avaient pas été réalisés ; en bref, aucun endroit où les masses populaires étaient sans espoir.

Il paraîtra peut-être curieux à beaucoup de personnes qu'après être allé en Europe dans le but exprès de faire la connaissance des gens d'en bas et de voir, autant que je le pouvais, le pire de la vie européenne, J'aurais dû revenir avec une vision pleine d'espoir plutôt que pessimiste de ce que j'ai vu.

Mais le fait est que plus j'ai voyagé en Europe et plus je suis entré dans la vie des gens d'en bas, plus je me suis retrouvé à regarder les choses du point de vue de ceux qui regardent en haut, plutôt que de celui des gens qui sont au sommet et qui regardent vers le bas, et, aussi étrange que cela puisse paraître, il n'en reste pas moins vrai que le monde semble, dans l'ensemble, plus intéressant, plus plein d'espoir et plus rempli de la providence de Dieu, quand vous êtes en bas, regardant vers le haut, plutôt que lorsque vous êtes en haut, regardant vers le bas.

Pour l'homme dans la tour, le monde en dessous de lui semblera probablement très petit. Les hommes ressemblent à des fourmis et toute l'agitation de leur vie trépidante semble pitoyablement confuse et sans but. Mais l'homme de la rue qui regarde et s'efforce de s'élever se trouve dans une situation différente. Quelle que soit sa situation actuelle, la chose qu'il vise et vers laquelle il s'efforce de se démarquer clairement et distinctement au-dessus de lui, lui inspirant de l'espoir et de l'ambition dans sa lutte vers l'ascension. Pour l'homme qui est en bas, il y a toujours quelque chose à espérer, toujours quelque chose à gagner. L'homme qui est en bas et qui regarde en haut peut apercevoir de temps en temps le ciel, mais l'homme qui est dans une position telle qu'il ne peut regarder qu'en bas a toutes chances de voir un autre endroit tout à fait différent.

LA FIN